б⁴⁸ 2485.

CONGRÈS

DE

VERONE.

IMPRIMERIE D'EVERAT ET COMP.,
16, rue du Cadran.

CONGRÈS DE VÉRONE.

GUERRE D'ESPAGNE.

NÉGOCIATIONS.

COLONIES ESPAGNOLES.

PAR

M. DE CHATEAUBRIAND.

II.

PARIS.

DELLOYE, ACQUÉREUR ET ÉDITEUR
des *Mémoires d'Outre-Tombe* et des OEuvres inédites de M. DE CHATEAUBRIAND
PLACE DE LA BOURSE, 13.

LEIPZIG,
CHEZ BROCKHAUS ET AVENARIUS;
Même maison à Paris, rue Richelieu, 60.

—

1838.

GUERRE
D'ESPAGNE.

———◆———

L'EMPEREUR DE RUSSIE A M. DE CHATEAUBRIAND.

Saint-Pétersbourg, ce 15 mars 1825.

J'ai reçu, monsieur le Vicomte, la lettre que vous m'avez écrite le 1ᵉʳ mars. Vos principes me donnaient les meilleures espérances, et chaque jour fournit une preuve nouvelle de vos honorables intentions. Vous les avez développées à la tribune avec une rare supériorité de talent. La bonne cause a trouvé en vous le plus éloquent défenseur, et profondément convaincu vous-même, vous avez dû, j'aime à le croire, opérer la conviction. Ma franchise habituelle ne me permet pas néanmoins de vous dissimuler un regret: je crois qu'il y a eu méprise dans la manière de nous comprendre. Dans nos entretiens à Vérone, je ne m'étais attaché à vous fournir qu'une juste définition de l'*alliance*. Identifié à mes alliés, et connaissant leurs pensées les plus intimes, je vous ai exprimé à cet égard *nos sentiments communs*. Vous avez cité les *miens particulièrement,* ce qui leur prête un caractère exclusif et particulier. En vous bornant à rapporter la définition des engagements qui unissent les monarques alliés, en la présentant comme celle qu'ils leur donnent tous, vous vous seriez rapproché davantage et de mes désirs et des termes réels de nos conversations[1]. La nuance est délicate sans doute, mais vous êtes fait pour l'apprécier, et je ne peux m'empêcher de la relever ici, car elle tient aux *intérêts de l'alliance.* Vous savez qu'à mes yeux ces intérêts sont les premiers de tous.

Croyez, monsieur le Vicomte, que je saisirai toujours avec plaisir les occasions de vous réitérer l'assurance de mon estime particulière.

ALEXANDRE.

---

[1] Voyez la page 225 du Ier volume.

M. DE LA FERRONNAIS A M. DE CHATEAUBRIAND.

Saint-Pétersbourg, le 26 mars 1823.

Je vous envoie de bien volumineuses dépêches, monsieur le Vicomte, et vous trouverez tout simple qu'il me reste peu de choses à ajouter aux détails qu'elles contiennent; je craindrais d'être accusé d'une trop grande prolixité, si je ne pensais qu'à l'énorme distance qui me sépare de ceux de qui j'attends des conseils et ma direction, il peut importer beaucoup de ne rien laisser ignorer, et que les moindres nuances, les plus minutieux détails peuvent quelquefois avoir leur gravité et leur utilité; j'aime donc mieux encourir le reproche de trop dire que celui de ne pas assez parler, je vous demande seulement pardon de tout l'ennui que vous causera cette longue lecture.

Je crois avoir épuisé, dans mes conversations avec l'empereur et avec son ministre, tous les arguments que l'on peut faire contre les conférences: je n'ai pas la consolation d'y avoir réussi; l'on y tient plus fortement que jamais

J'ai reçu des lettres qui me mandent qu'à Vienne les Anglais se démènent de leur mieux, pour donner contre nous et notre bonne foi toutes les préventions possibles; M. de Metternich se montrerait bien disposé, dit-on, à les accueillir et à les étendre, surtout jusqu'ici; ce serait de la plus mauvais grâce du monde et avec tous les ménagements que permet la convenance, que le chef du cabinet autrichien se verrait forcé de dire à ses bons amis de Londres que leur conduite n'est dans ce moment ni sage, ni loyale, et que, malgré toute son affection pour eux, il pourrait mal leur arriver de prendre parti contre nous. Il faut que cela ait quelque chose de vrai, que cette partialité pour l'Angleterre soit apparente, *puisque tout le monde* la voit. Il doit exister entre ces deux cabinets quelques liens secrets dont il serait important de connaître la force et la nature : ce serait un excellent moyen d'ouvrir ici les yeux qui sont jusqu'à présent fascinés de la manière la plus extraordinaire et la plus fâcheuse.

Ce que vous avez mandé à l'empereur de la prochaine entrée de nos troupes en Espagne ajoute encore à l'impatience avec laquelle les nouvelles sont et vont être attendues. Soyez donc assez bon, monsieur le Vicomte, pour ne pas m'oublier, pour multiplier les lettres, les détails sur tout ce qui sera relatif aux opérations militaires; enfin mettez-moi à même d'être ici ce que devraient être partout les ambassadeurs du roi, quand la France sort de l'oubli dans lequel on espérait la tenir, et s'empare du rôle le plus beau, le plus difficile, le plus important et le plus généreux.

Adieu, monsieur le Vicomte, comptez sur mon zèle pour le service du roi, sur mon exactitude et mon activité, et sur l'inviolable attachement que je vous ai voué.

La Ferronnais.

M. DE CHATEAUBRIAND A M. DE LA FERRONNAIS.

Paris, le 24 avril 1823.

Je vous mande à peu près, monsieur le Comte, dans ma longue dépêche tout le gros des affaires. Je vais entrer avec vous dans quelques détails.

L'Angleterre a été si mauvaise, qu'il a fallu prendre un parti et ne pas repousser la proposition de l'empereur de Russie au moment où le cabinet de Londres prononçait avec tant de fureur une neutralité forcée. Maintenant toute votre habileté consistera à faire valoir cet abandon et cette condescendance aux vœux de l'empereur, à lui faire voir que cet abandon pourrait avoir pour nous les plus graves inconvénients, en excitant la jalousie de l'Angleterre et en redoublant sa mauvaise humeur. Nous n'avons pas hésité à choisir entre les deux chances, et nous venons de donner à l'alliance la preuve de notre bonne foi et de notre adhésion à ses intérêts.

Mais la prudence veut maintenant que cette armée de Pologne ne soit pas trop considérable, de peur qu'elle produise justement l'effet qu'elle est destinée à prévenir. Si elle alarmait l'Angleterre en lui faisant voir qu'un si grand nombre de soldats ne peuvent être réunis pour une simple mesure de précaution, l'Angleterre, se croyant sûre de l'intervention de la Russie, pourrait prendre les devants et se déclarer. Vous développerez cette idée. Il faut aussi que l'article semi-officiel ne soit mis dans les journaux de l'Allemagne, soit à Francfort ou ailleurs, que lorsque nous pourrons savoir de combien de mille hommes se composera l'armée de Pologne.

Je crois, monsieur le Comte, que cette pièce, que je n'ai pas voulu qu'on appelât protocole au procès-verbal d'une conférence, mais résumé d'une réunion, empêchera tous les commentaires que M. de Metternich n'aurait pas manqué de faire sur les pièces officielles publiées par l'Angleterre. Il n'aurait pas manqué de dire que dans mes conversations avec sir Charles Stuart, et mes communications avec l'Angleterre, je n'avais jamais parlé de l'alliance et avais au contraire toujours parlé de paix. La réponse serait pourtant bien simple. L'Angleterre nous menaçait de la guerre, si celle que nous allions faire était une guerre *européenne*, et si nous ne profitions pas de toute ouverture pacifique pour faire un arrangement avec les Cortès. Je devais donc me défendre de deux choses pour prévenir une rupture que le reste de l'Europe, et la Russie la première, craignait ; je devais éviter de mêler les alliés dans mes conversations, et repousser les propositions sans cesse renaissantes de sir Charles Stuart. Tout ce qui était *paroles* est dans ce sens; mais dans les choses *écrites*, j'ai parlé des alliés.

Nous sommes à Burgos. Rien n'est changé à nos plans : c'est toujours à Madrid, où nous arriverons du 20 au 25 mai, que nous établirons le conseil de Castille pour désigner un gouvernement provisoire. Nous aurons un ambassadeur auprès de ce gouvernement. Les puissances continentales y auront les leurs, et les alliés travailleront de concert avec nous à la pacification future de l'Espagne. Ce plan est excellent par sa simplicité. Nous aurons pris pour nous les hasards de la guerre; les alliés auront les honneurs de la paix. Mais cette paix sera une grande question. Vous devez travailler d'avance à préparer l'esprit de l'empereur à ce sujet. Si l'on s'obstine à ne vouloir la paix que quand Ferdinand sera physiquement libre, ou quand l'armée des Cortès sera licenciée, il est évident que la France ferait une guerre qui pourrait durer trente ans. Les Cortès ne voudront jamais être pendues, et Quiroga et Riego ne consentiront pas à être fusillés. Maîtres du roi, ils ne le lâcheront jamais et l'enfermeront dans Cadix où, protégé par les flottes de l'Angleterre, personne ne pourra l'atteindre. Si donc on nous proposait des changements si considérables dans la constitution, que Ferdinand fût réellement roi, il est clair qu'il pourrait faire après la paix, et en vertu même de la constitution, ce que nous désirerions en vain qu'il fît avant la paix. Le bon sens, la saine politique indiquent cela. Nous avons mis la monarchie française sur une carte pour faire la guerre : notre enjeu est trop fort pour que nous ne demandions pas à être écouté sur la suite de la partie; c'est notre sang qui coule; ce sont nos trésors que nous répandons; les alliés sont tranquilles chez eux; ils ne peuvent pas prétendre faire tuer quatre ou cinq cent mille Français de plus, et dépenser un milliard, parce qu'il y aurait telle nuance dans une constitution, tel article dans un traité de paix, qu'ils ne voudraient pas y voir. Vous commenterez ce texte.

Le général Pozzo va bien, mais il se tourmente trop pour des conférences. Je veux bien des conférences, mais rarement et à propos, autrement elles nous ôteraient cette indépendance que nous devons conserver, surtout parce que nous *sommes royalistes;* elles nous rendraient impopulaires et par conséquent nous ôteraient notre force, qui commence à être très-grande sur le public. Jamais ministère n'a été placé dans des circonstances plus graves. Nous les surmonterons.

Insistez toujours pour des ambassadeurs à Madrid; il faut de plus que les grandes puissances engagent les petites à envoyer aussi leurs ministres auprès du gouvernement que nous aurons reconnu. Plus le corps diplomatique sera nombreux, plus la position de l'Angleterre sera embarrassante, ou plutôt la position de sir William A'Court, gardien de Ferdinand à Séville, ne sera pas tenable.

Nous sommes convenus d'admettre l'ambassadeur de Naples à nos conférences, quand il y en aura. Le prince de Carignan a fait demander, par le roi de Sardaigne, à servir comme volontaire sous Mgr. le duc d'Angoulême; le roi lui a accordé cette permission. C'est un moyen noble de revenir à Turin.

Nous avons déclaré à l'Angleterre que nous n'armerions point en course, et que nos vaisseaux de guerre ne prendraient point les vaisseaux marchands espagnols : cela était aussi généreux que politique. Nous demandions en même temps que l'Angleterre ne souffrît dans ses ports la vente des prises faites sur nous par des corsaires espagnols : croiriez-vous que M. Canning, pour nous ôter ce mérite aux yeux de l'Angleterre, n'en a pas parlé au parlement, et qu'il a proposé à Marcellus de retirer l'*office* qu'il lui avait passé à ce sujet? Je ne crois pas que mon illustre ami Canning aille loin : il me semble tout-à-fait fourvoyé.

Vous mettrez aux pieds de l'empereur mes remerciements pour la lettre qu'il a bien voulu m'écrire. Tâchez de lire ce long griffonnage. Vous voyez qu'au milieu de mes embarras de tout genre, je trouve en prenant sur mon sommeil le moyen de causer avec vous, et de vous dire que je vous suis sincèrement attaché et dévoué.

CHATEAUBRIAND.

M. DE MARCELLUS A M. DE CHATEAUBRIAND.

Londres, 15 mai 1825.

Monsieur le Vicomte,

D'après ce que je vois chez les ministres et leurs amis, ce que j'entends chez l'opposition, et d'après les observations de mes collègues, notre cause me paraît s'améliorer sensiblement. Cet effet est principalement dû, on ne peut le nier, à la modération et à l'éloquence de votre dernier discours. Notre marche triomphale en Espagne a détrompé bien des esprits, et M. Canning lui-même disait récemment que cette guerre à peine commencée touchait déjà à sa fin. Il ne regarde plus le succès comme douteux, et il n'a plus qu'une pensée, c'est celle de le partager. Le ministère entier éprouve le même sentiment : ils comprennent qu'ils ont besoin, pour leur popularité et leur position envers le parlement, de reparaître médiateurs et actifs sur le théâtre de la Péninsule. M. Canning a beau déclarer qu'il n'agira plus sans avoir des points fixes, et des bases de négociation arrêtées; il agira, monsieur le Vicomte, à la moindre demande; et tout ce qu'il craint au monde, c'est qu'on ne se passe de lui.

Lord Melleville m'assurait avant-hier qu'aucune flotte ne partait pour Gibraltar; mais six jours suffisent pour cet équipement. Les révolutionnaires exaltés seront accueillis sur les vaisseaux anglais; le roi même pourra y être conduit par eux, et de là, le cabinet de Londres traitera des institutions à donner à l'Espagne. Il faut tout prévoir, même cette bizarre complication d'événements. D'un autre côté, si on réclame l'*intervention amicale* de l'Angleterre, M. Canning, pour donner plus de poids et d'éclat à cette *médiation*, ira jusqu'à envoyer le duc de Wellington dont il s'est moqué dans ses discours, car il veut agir à tout prix. La session va se terminer, et, s'il n'a pu défendre cette année que des plans arrêtés avant son entrée au ministère, il voudra se présenter l'année prochaine au parlement avec la pacification de l'Espagne, la reconnaissance de l'indépendance des colonies espagnoles, et peut-être du Brésil, etc., etc. Il lui faut ces succès extérieurs, pour faire oublier son silence sur la question catholique, et la réforme parlementaire.

M. Canning nous revient, monsieur le Vicomte; la correspondance qu'il veut rouvrir avec vous le prouve. Éclairé comme vous l'êtes sur son caractère, vous dirigerez cette correspondance avec avantage, et dans le sens de vos vues; il a fait quelques pas vers la modération, et, subtilisant sur un de ses discours : « J'ai sans doute exprimé » des vœux pour l'Espagne, a-t-il dit, mais point » pour les Cortès; j'ai souhaité la prospérité de » l'Espagne, mais non le triomphe du parti des » *exaltés*. J'abhorre l'intervention armée de la » France, continuait-il; elle est injuste et coupa- » ble en principe, mais je dois avouer qu'elle rend » la paix plus facile et plus prochaine, et elle aura » beaucoup contribué au repos intérieur de la Pé- » ninsule. »

Par ces contradictions pénibles, le ministre n'exprime autre chose que le désir d'intervenir lui-même; il feint une grande frayeur du despotisme, et il s'appuie dans ses raisonnements sur toute la haine qu'on porte unanimement ici au roi Ferdinand. Il parle fréquemment de sa destitution comme possible et désirable. Vous m'avez recommandé de ne traiter ces divers points politiques que dans des lettres particulières, et je continuerai jusqu'à nouvel ordre.

Le prince Estherhazy et le baron de Werther, qui dînaient hier chez moi, ne pouvaient se lasser de rendre hommage à l'à-propos et à l'éloquence de votre dernier discours; ils m'ont chargé de vous transmettre leurs sincères félicitations. Madame de Lieven qui, dit-elle, n'est pas suspecte de partialité pour vous, y joint les siennes.

Le roi a témoigné à diverses reprises, monsieur le Vicomte, combien votre discours l'a touché. Il en a parlé avec enthousiasme, et réellement le succès de ce discours est merveilleux.

J'ai l'honneur, etc.

Le Vicomte DE MARCELLUS.

M. DE POLIGNAC A M. DE CHATEAUBRIAND.

Cher et noble Vicomte,

Je vous remercie de votre petit billet; on ne peut qu'être fier et heureux de travailler sous un chef tel que vous. Je ferai mes préparatifs aussi secrètement que possible; j'irai vous remercier moi-même demain matin.

Tout à vous,

Le prince DE POLIGNAC.

Ce 16 mai.

M. DE FLAVIGNY A M. DE CHATEAUBRIAND.

Burgos, le 14 mai 1823.

Vous avez bien voulu m'autoriser à vous écrire : je vais de nouveau profiter de cette permission, pour vous soumettre, avec une juste défiance, quelques observations que j'ai faites depuis que je suis en Espagne.

Il paraît aujourd'hui démontré que la révolution n'a point de racines; on peut déjà la regarder comme vaincue : ainsi le but principal de la guerre, celui de nous préserver des dangers de cette révolution, va être atteint. Comment ferons-nous maintenant, pour nous assurer de cette juste influence qui doit être aussi le prix de nos efforts? — Laisserons-nous se rétablir le pouvoir absolu, ou imposerons-nous à l'Espagne un gouvernement mixte?

La grande masse de la population ne veut pas de constitution; le roi non plus. Le peuple, par sa propre force, reconquerra le despotisme, et se tournera contre nous si nous lui parlons liberté. Déjà l'on murmure sourdement contre notre système de modération : que ne sera-ce pas à Madrid, dans cet éternel foyer d'intrigues, lorsque tant d'ambitions seront désappointées !

Il est très-probable qu'à Madrid, on trouvera

des instructions royales, dans le sens du pouvoir absolu; nouvel embarras: ces instructions seront chez Odgarte, l'homme qui a la confiance intime du roi, et on va commencer par l'éloigner.

Est-ce pour donner plus de poids au nouveau gouvernement, qu'on recourrait à une sorte d'élection? Les Espagnols ne font point cas de l'élection; ils aiment ce qui vient d'en haut, et méprisent ce qui s'élève d'en bas. — Choisissez des hommes sans tache, considérables, justes et fermes; ils gouverneront : le peuple obéira sans s'inquiéter pourquoi.

Mais, dit-on, les classes éclairées veulent des institutions : c'est possible. Mais où est la force? où est l'action? dans le clergé et dans le peuple. Sous Joseph, les riches avaient fléchi : le peuple seul a secoué le joug : aujourd'hui encore, c'est lui qui doit gagner la partie. Il n'y a pas de mitoyen parti.

Rougirons-nous de laisser se rétablir en Espagne le seul gouvernement qui paraisse convenir à ses habitants? Et pour échapper aux sarcasmes de M. G.... et compagnie, forcerons-nous le peuple Espagnol d'accepter des institutions qu'il repousse?

Ne s'agit-il que d'un simulacre d'institutions? ceux que nous voulons réconcilier ne prendront pas le change, et il faudra bien peu de chose pour nous aliéner nos amis. De cette manière, nous pouvons être bien sûrs d'être aussi froidement accueillis à notre départ que nous l'avons été chaudement à notre entrée.

Personne, monsieur le Vicomte, n'est plus zélé partisan que moi du gouvernement représentatif en France, mais j'avoue qu'en Espagne, j'y trouve de graves inconvénients.

Une autre observation qu'on ne saurait trop reproduire, c'est l'importance de terminer promptement.

Si vous voulez que votre ambassadeur, monsieur le Vicomte, influe aussi par l'argent (et dans une foule de cas ce sera le seul moyen), ouvrez-lui un crédit séparé et indépendant.

En voilà déjà trop, monsieur le Vicomte, pour votre patience, si vous avez celle de me lire. Je vous écris avec franchise et avec liberté. Votre vieille indulgence pour moi, mon dévouement sans bornes pour vous, voilà mes titres. J'espère que vous les admettrez.

Agréez, etc.

Le Vicomte DE FLAVIGNY.

M. DE LA FERRONNAIS A M. DE CHATEAUBRIAND.

Saint-Pétersbourg, 19 mai 1825.

Je devrais avoir peu de choses intéressantes à ajouter au long résumé que je vous adresse aujourd'hui, monsieur le Vicomte, mais il est des détails et des réflexions qui seraient peu convenables dans une dépêche officielle, et qui cependant, n'étant pas toujours sans utilité, peuvent et doivent trouver place dans une lettre.

Je vous dois, avant tout, les plus sincères remerciements pour les deux lettres particulières que vous aviez jointes à votre dernière expédition; plus je sais combien vos moments sont comptés, et plus je suis reconnaissant de ce qu'au milieu de vos occupations et de vos travaux, vous puissiez encore trouver le temps de causer aussi longuement avec nous; mais je dois vous avouer que vous avez trouvé par ce moyen celui d'être le moins mal possible secondé par vos agents. J'ai trop reconnu l'avantage dont peut être ici cette double correspondance pour ne pas vous demander de la continuer, et de suivre la même marche toutes les fois que les circonstances en vaudront la peine; je pourrais même demander qu'ainsi que vous venez de le faire, cette correspondance fût triple, c'est-à-dire une dépêche officielle destinée à rester dans les archives, et pouvant être lue par les secrétaires de l'ambassade; une lettre toute confidentielle, dans laquelle vous faites connaître vos véritables intentions et la manière dont vous entendez qu'elles soient comprises et suivies; enfin une lettre particulière ostensible, qui puisse être mise sous les yeux de l'empereur. Vous n'imaginez pas tout le parti et l'avantage que nous pourrons tirer de ce dernier moyen. Une lettre confidentielle que je fais ainsi remettre produit plus d'effet et de meilleurs résultats que ne pourraient le faire dix conversations, d'abord parce que vous avez une manière de dire qui vaut mieux, et de plus, parce que c'est une preuve de confiance et d'abandon qui manque rarement son effet. Vous ne pouvez, par exemple, vous faire une idée de celui qu'a produit ici une lettre particulière de vous, écrite à M. de Caraman, sous la date du 13 avril, la copie en a été envoyée à l'empereur; elle a été lue, relue, admirée. On m'a communiqué, monsieur le Vicomte, cette lettre véritablement excellente et surtout remarquable par un caractère de franchise et de loyauté, si propre à déjouer les petites noirceurs et perfidies politiques. Nesselrode ne me rencontre plus sans me parler de cette lettre; elle vous a acquis la confiance entière de l'empereur, et la plus extrême considération. Aussi, monsieur le Vicomte, il faut bien que je vous avoue ce que je ne pourrais faire lire à la table du conseil, c'est que vous êtes réellement bien regardé, sous le rapport politique, comme celui qui dirige et doit diriger le ministère.

L'empereur se flatte encore que vous conserverez la supériorité que vous avez acquise; que cette grande entreprise, que seul vous avez déterminée, ne sera achevée que par vous, et que vous en saurez rendre les conséquences et les résultats dignes du but qu'elle doit se proposer. Je ne sais ce qu'il y a de vrai et d'exagéré dans cette opinion de l'empereur sur M. de Villèle; mais je devais vous la faire connaître; vous y trouverez l'explication de toutes ses méfiances et de ses soupçons.

Tout ceci, monsieur le Vicomte, ressemble un peu à un hors-d'œuvre, j'en conviens; mais il m'importait cependant de vous faire bien connaître la cause véritable des difficultés que je puis et dois rencontrer ici. Je suis obligé de marcher avec d'autant plus de précautions que je suis seul, et que tout le monde diplomatique est contre moi.

Cette situation n'est point commode ni facile, et je n'ai de moyens de m'en tirer que de profiter de mes conversations avec l'empereur pour lui parler avec autant de franchise que je le fais. Tant qu'il croira à ma loyauté, cela ira bien; mais si on parvient à lui inspirer de la méfiance, alors, monsieur le Vicomte, ce moment devra être celui de mon rappel et de mon remplacement; je serai usé et ne pourrai plus être ici bon à rien; or, vous voyez que déjà il m'accuse de *chercher le défaut de la cuirasse.* C'est me soupçonner de finesse; de là à me croire trompeur il n'y a qu'un pas. Si l'empereur le franchit, j'aurai soin de vous en avertir.

Il ne faut pas, monsieur le Vicomte, savoir au cabinet russe un trop grand gré de la preuve de condescendance qu'il croit nous avoir donnée en renonçant à faire insérer dans les journaux l'article relatif à l'armée de l'alliance. Vous aviez remarqué dans ma dernière dépêche que l'empereur semblait attacher à cette mesure beaucoup moins d'importance que le général Pozzo; votre observation était juste, et je vous avoue que je ne vous en ai parlé que comme Nesselrode m'en avait parlé lui-même, comme d'une simple proposition. Je ne suis point allé sur les lieux; mais j'ai de fortes raisons pour ne pas croire à la force effective de l'armée que l'on voulait mettre à votre disposition. Je sais d'ailleurs que l'état des finances ne permettrait pas de mobiliser cette armée; car enfin ce n'est pas chose facile ni peu chère que d'envoyer cent mille hommes à quinze cents lieues de chez eux. Je crois donc, monsieur le Vicomte, que tout ce que nous avons de mieux à faire, c'est de déterminer seuls et largement notre grande entreprise, et non-seulement de ne pas nous effrayer de cette terrible intervention russe, dont au loin on s'épouvante si fort, mais même de ne jamais compter sur elle, si malheureusement elle nous devenait nécessaire, à moins d'avoir un grand nombre de millions à mettre à cette fantaisie. Telle est mon opinion, et je n'attache pas d'autre valeur au sacrifice que l'on a voulu me faire croire que j'avais obtenu.

Voilà, monsieur le Vicomte, un appendice bien long à une dépêche qui déjà n'est pas courte; ne voyez, je vous prie, dans toutes ces écritures, qu'une preuve de mon zèle et de la haute idée que j'ai de votre patience. J'aurais pu être beaucoup plus prolixe encore, mais il aurait fallu pour cela toucher une corde trop délicate pour moi, c'est-à-dire vous répéter les hommages que j'entends rendre à votre caractère et à vos talents. Il n'y a personne d'aussi gauche que moi, pour dire ces sortes de choses, surtout quand elles s'adressent à quelqu'un, à l'estime de qui j'attache un prix véritable. Je serais moins embarrassé pour vous parler de vos fautes, si vous en pouviez commettre, que je ne le suis pour vous dire que le comte de Nesselrode me répétait hier ce que l'empereur me disait le jour d'avant. C'est que depuis la restauration, vous êtes le seul dont les actes et le langage aient donné lieu de croire qu'il existait encore des hommes d'état en France. On ajoute à cela beaucoup d'autres réflexions, je les supprime, et je me borne à vous dire qu'elles sont de nature à causer un indicible plaisir à ceux qui servent sous vos ordres, et qui, comme moi, joignent à la haute estime et à la considération qui vous sont dues l'attachement le plus sincère et le plus inviolable.

La Ferronnais.

M. LE DUC DE MONTMORENCY-LAVAL A M. DE CHATEAUBRIAND.

Rome, 19 mai 1825.

Le nonce est chargé, monsieur le Vicomte, de vous communiquer une dépêche du prince de Metternich au comte Appony, en date du 17 avril, et la réfutation du cardinal, du 9 mai.

Vous ne pouviez me donner un moyen plus assuré de plaire au cardinal, qu'en me chargeant de lui porter quelques paroles qui promettent intérêt et protection au Saint-Siége dans ses différents avec l'Autriche.

On est peut-être à tort convaincu que l'intention de l'Autriche est d'occuper militairement les trois légations, immédiatement après la mort du pape. On en est tellement persuadé, qu'on prétend avoir connaissance de lettres circulaires déjà imprimées à Modène, par lesquelles on invitera les fournisseurs du duché à concourir pour les approvisionnements nécessaires à un corps de vingt mille hommes.

Le gouvernement romain est beaucoup trop circonspect pour oser lui-même parler de telles révélations, mais elles nous sont parvenues, au ministre de Russie et à moi, par une voie indirecte.

Il me reste à vous répondre, au sujet du désir de la démission de l'archevêque de Lyon, dont vous me parlez dans votre lettre particulière du 23 avril : j'ai consulté des gens qui l'approchent ; jamais le cardinal Fesch ne se pliera à ce sacrifice. Les anciennes tentatives ont été inutiles ; celles-ci le seraient encore.

Je n'ai plus, monsieur le Vicomte, qu'à me féliciter avec vous de nos progrès en Espagne, et dans le cœur des Espagnols. Mais que fait-on à Séville, et sir William A'Court laissera-t-il jamais M. le duc d'Angoulême approcher de la personne du roi ?

Je ne connais rien de plus noble et de plus digne d'un ministre du roi que vos paroles dans les deux chambres. C'est mon plaisir d'en faire convenir quelques libéraux anglais que nous avons encore ici ; vous les dépeignez parfaitement.

Vous ne doutez, monsieur le Vicomte, de mon ancien et inaltérable attachement.

Montmorency-Laval.

M. DE CHATEAUBRIAND A M. LE COMTE DE CAUX.

Paris, ce 22 mai 1823.

Quand vous recevrez cette lettre, monsieur le Comte, vous ne serez plus qu'à quelques journées de Madrid. Je vais entrer avec vous dans de dernières explications.

Je vous ai dit que le plan original a été un peu altéré. Au lieu d'instituer le conseil de Castille seul, on assemblera les membres, autant que faire se pourra, des divers conseils qui administrent l'Espagne. Ces membres choisiront chacun dans leur conseil deux commissaires, lesquels éliront à leur tour une régence composée de cinq membres. Ceux-ci sont à peu près désignés. C'est le duc de l'Infantado, président, le duc de San-Carlos, un archevêque, le baron d'Eroles, à moins qu'il ne préfère être ministre de la guerre; le cinquième membre est encore inconnu.

Ici naîtront des difficultés. Le duc de l'Infantado voudra-t-il accepter? Le trouvera-t-on à Madrid? Il est timide en politique. Les membres de la junte actuelle n'auraient-ils pas des prétentions? M. d'Éro est nommé ministre des finances, et il est probable qu'il sera satisfait. Calderon est vieux et sans ambition; mais le vieil Éguia, qu'en ferez-vous? Son nom effarouche tout le côté modéré de l'Espagne; on ne peut guère le mettre dans la régence. Il faudrait lui trouver quelque grande place honorifique. Les ministres de la régence nous ont été presque tous désignés par le roi Ferdinand : c'est le baron d'Eroles pour la guerre (on ne le dit pas propre à cet emploi); M. d'Éro pour les finances; M. de Casa-Irujo pour les affaires étrangères : celui-ci est à Paris et va partir; don Garcias pour ministre des grâces et de la justice.

La régence ne peut être et ne doit être qu'administrative. Si elle faisait des lois et des constitutions dans l'absence du roi, elle tomberait dans le vice des Cortès.

Pourtant la régence doit faire deux choses aussitôt qu'elle sera installée, lesquelles choses doivent avoir force de loi, parce que la nécessité les commande. Elle doit faire des emprunts à l'étranger, car elle se trouverait sans finances; elle doit reconnaître tous les traités qui ont été faits par les Cortès avec des puissances étrangères. Car les tiers ne peuvent jamais perdre leurs droits. Ce sera d'ailleurs une excellente politique, et l'Angleterre en sûreté pourra être plus facilement amenée à reconnaître elle-même la régence.

Je vous ai dit, monsieur le Comte, que toute l'Europe continentale reconnaîtra la régence et enverra ses ambassadeurs à Madrid. L'Autriche est déjà prête; nous aurons dans quelques jours les désignations des cours de Berlin et de Pétersbourg. Rome, Naples et la Sardaigne, se joindront aux cours alliées, et j'espère que l'Autriche déterminera les petits états d'Allemagne à imiter son exemple. Plus le corps diplomatique sera nombreux, plus l'impression sera grande sur l'esprit des peuples; et il sera impossible que l'Angleterre tienne longtemps dans l'isolement auprès de Ferdinand et de ses geôliers : il y a une force morale qui entraîne tout et qui vaut mieux que des armées.

Le roi a désigné M. de Talaru, pair de France, pour être son ambassadeur auprès de la régence espagnole pendant la captivité du roi Ferdinand. Il aura pour premier secrétaire de légation M. de Gabriac. J'écrirai à M. de Flavigny pour lui apprendre à quel emploi sa majesté le destine. Quant à vous, monsieur le Comte, vous allez être nommé ministre; mais le roi désire que vous restiez auprès de M. de Talaru tant que vous pourrez lui être utile.

M. le marquis de Mata-Florida et le reste de la régence d'Urgel sont arrivés à Paris.

Si M. le duc d'Angoulême vous le permettait, vous pourriez mettre cette lettre sous ses yeux.

Je vous prie de la communiquer à M. de Martignac.

Croyez, monsieur le Comte, etc.

CHATEAUBRIAND.

M. DE CHATEAUBRIAND A M. DE LA FERRONNAIS.

Paris, 27 mai 1823.

Le jour même que vos lettres et vos dépêches, monsieur le Comte, m'arrivèrent par M. de Cussy, qui me les apportait de Berlin, un courrier de Vienne me remit des dépêches de M. de Caraman, et une lettre du prince de Metternich. Je reviendrai bientôt sur vos propres dépêches.

Il y avait deux dépêches de M. de Caraman : l'une, sur les affaires générales et disant positivement que le prince de Metternich allait envoyer à M. Brunetti des instructions pour Madrid ; l'autre était relative à la réclamation officielle de Naples, que l'on regardait comme la chose la plus juste, la plus simple, et comme devant être du plus grand secours aux alliés. La première dépêche était remplie d'éloges de la conduite de la France et de choses flatteuses pour moi. La lettre du prince de Metternich contenait les mêmes éloges, particulièrement sur le dernier discours que j'ai prononcé à la chambre des pairs ; le prince finissait par me dire un petit mot en passant sur l'affaire de Naples, qu'il regardait *comme de simple forme*.

M. l'ambassadeur de Naples me demanda une

conférence avec les représentants des trois cours alliées. Cette conférence eut lieu. Le prince de Castelcicala nous lut une longue note, et exhiba de pleins pouvoirs du roi de Naples, en vertu desquels il était autorisé à se rendre à Madrid pour entrer dans la régence et y sanctionner tout ce qui serait fait par cette régence.

Tout prévenu que j'étais par la première lettre de M. de Caraman, je ne revenais pas de ma surprise. Il m'était presque impossible d'imaginer qu'un vieux roi qui chasse à Vienne au lieu de gouverner ses états, et dont la capitale est occupée par des troupes autrichiennes, vînt déclarer que l'Espagne était à lui en cas de mort de la famille royale d'Espagne; que la France avait fait tant de sacrifices pour mettre M. le duc d'Angoulême et cent mille soldats français sous le sceptre du prince de Castelcicala. Je me contins cependant. Il fut convenu qu'on s'assemblerait le lendemain, que chacun ferait une réponse, et que l'on dresserait un protocole de toute l'affaire.

La séance fut assez vive. Le prince de Castelcicala fut extrêmement aigre; et il alla jusqu'à manifester ouvertement le désir que les trois grandes puissances continentales n'envoyassent pas leurs agents diplomatiques à Madrid. J'avais fait dans la nuit une réponse assez longue, où je démontrais jusqu'à l'évidence non-seulement les inconvénients, mais les dangers d'une intervention, qui pouvait suspendre une entreprise qui, selon moi, pouvait et devait avoir les plus heureux résultats. M. le baron de Vincent, frappé de la force de ma note, dit qu'elle était d'une nature si grave, qu'il ne pouvait plus, si elle restait telle qu'elle était, faire partir M. Brunetti pour Madrid, et qu'il serait obligé de demander de nouveaux ordres à Vienne. Comme il ne faut pas que les mots arrêtent les choses, je dis à M. le baron de Vincent que je ne mettrais rien du tout au protocole s'il le voulait; il insista pour que j'y consignasse quelque chose; et, d'accord avec lui et les autres ambassadeurs, je la réduisis aux termes où vous la verrez au protocole; mais je vous envoie la note originale, dont le général Pozzo m'a demandé aussi une copie. Je ne doute point que l'excellent esprit de l'empereur et de son cabinet ne soit frappé de toutes les impossibilités des prétentions de la cour de Naples, et des dangers manifestes que ces prétentions nous auraient fait courir, si elles nous avaient fait retarder l'envoi de nos ambassadeurs à Madrid.

Et vous remarquerez que je n'ai pas même tout dit dans la note; car il n'est pas clair aux yeux des Espagnols que la couronne soit dévolue au roi de Naples, si la famille royale d'Espagne venait tout à coup à manquer. Il n'est pas du tout prouvé par la loi des Espagnes que les femmes n'héritent pas; et, dans ce cas, la princesse de Lucques et son fils arrivent avant la branche de Naples : tout cela est pitoyable. Le prince de Castelcicala m'avait fait l'aveu qu'il avait parlé de cette affaire à l'Angleterre. « Eh bien ! lui dis-je, » vous aurez été bien reçu ; car elle doit être char-» mée de tout ce qui pourrait amener des divi-» sions dans l'alliance. — Non, me répondit-il, » car elle veut que ce soit la maison de Bragance » qui règne en Espagne ; ainsi elle n'est pas pour » notre intervention. » Je contai cela à sir Charles Stuart, qui me dit : « Eh bien! s'il vous a dit cela » de *nous*, voilà ce qu'il est venu me dire de *vous*, » en nous invitant à l'appuyer. Il faut, m'a-t-il » dit, *défranciser* cette affaire d'Espagne. » Et c'est le ministre d'un Bourbon qui parle ainsi, quand notre sang coule pour un Bourbon, et que l'héritier de la branche aînée de cette famille s'expose pour la cause de toutes les monarchies de l'Europe aux balles des soldats des Cortès ou au poignard des assassins.

Le bon génie l'a emporté sur celui de la discorde ; un autre petit protocole a été dressé en même temps que l'autre ; on y a fixé les bases d'après lesquelles nous envoyons nos agents diplomatiques à Madrid. On n'y a laissé rien de douteux, rien de sujet à contestation ; le protocole a été signé par les représentants des quatre grandes cours. En conséquence, le marquis de Talaru est parti ce matin même pour Madrid, et MM. Brunetti et Bulgari partiront à la fin de la semaine. M. de Talaru est nommé ambassadeur auprès du roi Ferdinand, et accrédité comme tel auprès de la régence d'Espagne et des Indes pendant la captivité du roi. Quant à la question de Naples, vous voyez qu'elle est renvoyée à l'époque où nous connaîtrons le sentiment des cabinets de Pétersbourg et de Berlin; et je ne doute pas que ce sentiment ne soit conforme à celui que j'ai exprimé au nom du roi dans ma note.

Le malheur des distances, monsieur, est que cette affaire, sur laquelle je vous écris si longuement, sera oubliée, ou n'aura plus qu'un faible intérêt, lorsque je recevrai votre réponse. Les événements auront marché, la scène aura changé; nous en serons à d'autres combinaisons et d'autres actions. Dans ce moment nous voilà arrivés au second acte du drame. Si, jusqu'ici, au milieu d'une marche militaire, quelques irrégularités ont été commises; si, dans des proclamations et des actes, il y a eu quelque chose de trop ou quelque chose d'oublié, maintenant tout va marcher correctement. Nos agents établis à Madrid agiront de concert d'après les conventions stipulées dans le protocole.

Vous verrez par les journaux que deux colonnes mobiles marchent sur Badajos et Séville. Nous sommes persuadés que les Cortès n'attendront pas nos soldats, et qu'elles emmèneront leur royal prisonnier à Cadix. On dit que l'île de Léon n'est pas en état de défense, et que les Cortès manquent d'une garnison assez nombreuse pour l'occuper. Si Bordessoulle peut s'y jeter, Cadix ne tiendra pas longtemps. Buonaparte n'y put jamais pénétrer, et c'est ce qui l'empêcha de se rendre maître de Cadix.

Nous envoyons douze mille hommes de réserve à M. le duc d'Angoulême. Il en restait à peu près autant dans les dépôts; de sorte qu'au commencement de juillet, l'armée aura reçu un renfort de vingt-quatre à vingt-cinq mille hommes. Nous aurons de plus, si cela est nécessaire, les quarante mille hommes de la conscription. J'ai admiré ce que vous a dit l'empereur sur la nécessité de nous créer une réserve pour alimenter notre armée. Nous sommes persuadés que s'il y a un cabinet, en Europe, qui se réjouisse de notre résurrection militaire, c'est celui de Saint-Pétersbourg. L'empereur est un prince trop généreux, son pays est trop puissant, pour avoir jamais à craindre de nous voir remonter au rang dont nos malheurs nous avaient fait descendre. Nous redevenons le boulevard naturel de l'Europe contre la puissance de l'Angleterre.

Pour moi, monsieur, je vous avoue que je suis bien fier, pour ma part, de la petite place que j'ai eue et que j'occupe dans ces grands événements. Je vous prie de dire à l'empereur combien je suis touché et reconnaissant de sa bienveillance. Dites-lui que je l'en remercie.

Que nous fallait-il? un gouvernement royaliste à Madrid, tel quel, le meilleur possible, avec lequel nous pussions combattre les Cortès et parler au nom des Espagnols. Quand les alliés vinrent à Paris, en 1814, ils n'hésitèrent pas à regarder le sénat comme un gouvernement: pourquoi? parce qu'il fallait marcher, agir, frapper un coup. Aujourd'hui nous avons à Madrid les premiers hommes de l'Espagne, des hommes honorables de toutes les façons, et nous hésiterions à les reconnaître, quand ils exposent leur fortune et leur vie? En vérité, il faudrait ignorer profondément les affaires humaines, ne rien entendre aux révolutions, et ne savoir pas surtout comment on les finit. Vous avez dû recevoir un courrier que la régence envoie à Pétersbourg pour notifier son existence; elle va vous envoyer aussi un ambassadeur. Le duc de San-Carlos est arrivé ici aujourd'hui en cette qualité, et nous allons le reconnaître : le gouvernement des Cortès n'existe plus pour nous; et, puisque nous avons notre ambassadeur auprès de la régence, il est tout simple qu'elle ait le sien auprès de nous. Nous supposons que l'alliance en fera autant; cela découle du principe.

Ainsi, monsieur le Comte, vous voyez que l'affaire de l'Espagne n'est plus qu'une affaire *de temps;* elle se réduit à ceci : Combien de jours Cadix sera-t-il bloqué sans ouvrir ses portes?

Il ne peut rien nous arriver dans l'intérieur de l'Espagne; il n'y a pas trace de résistance un peu sérieuse, et l'arrivée de nos agents di-

plomatiques va donner un nouvel élan à la nation. L'Angleterre est singulièrement vexée de cette mesure, que j'ai toujours regardée comme décisive; les journaux anglais font de longs commentaires, et sir Charles Stuart est encore venu ce matin me parler, avec un chagrin mal dissimulé, de cette résolution des cours. Je lui ai dit en riant : « Eh! sir Charles, faites
» comme nous : reconnaissez la régence, et que
» S. W. A'Court revienne rejoindre ses amis,
» et cesse de boire de cette mauvaise eau des
» citernes de Cadix. »

Vous voyez, monsieur le Comte, que je n'épargne pas les lettres. Je me suis aperçu que les dépêches des bureaux rendaient mal mes idées. C'est un courrier du général Pozzo qui vous portera ce paquet. Je vous expédierai M. de Fontenay dans le courant de la semaine prochaine. J'espère que vous vous accoutumerez à ma mauvaise écriture.

Mille compliments, monsieur le Comte, etc.

CHATEAUBRIAND.

LE PRINCE DE METTERNICH A M. DE CHATEAUBRIAND.

Vienne, ce 25 mai 1823.

Monsieur le Vicomte,

Je ne saurais me refuser au besoin de témoigner directement à votre excellence le plaisir que m'a fait éprouver la lecture du discours excellent qu'elle a tenu le 30 avril dernier, à la chambre des pairs. Il ne renferme pas une parole qui n'ait droit de porter coup ; plein de modération et de force, il a retenti dans toute l'Europe, et si vous établissez en thèse que les tribunes ne doivent pas se répondre, vous avez saisi un moyen bien adroit pour gêner celle dans le parlement britannique.

Je vous félicite de même, et avec vous l'Europe, de la marche que suivent vos opérations en Espagne. Je regarde comme l'une des chances les plus heureuses, tant pour la consolidation des choses en France que pour le salut du corps social dans son entier, qu'il soit entré dans la destinée du pays qui a servi de foyer à tant de soulèvements, d'être appelé à porter un coup à la révolution, duquel, s'il est porté avec vigueur, celle-ci ne se relèvera pas. La démonstration de l'isolement des factieux au milieu d'une masse inerte, à laquelle ils ne manquent jamais de prêter leur propre couleur, ne saurait être faite trop souvent. L'Espagne offre aujourd'hui le même spectacle que Naples; le même qu'eût offert la France, si le remède eût été autrement employé en 1792; le même enfin qu'offrira toute révolution si elle est attaquée avant que les fortunes n'aient été entièrement déplacées. Vous m'avez vu convaincu, monsieur le Vicomte, à Vérone, que la difficulté de l'entreprise consistait principalement dans plus d'une gêne à laquelle serait exposée tout naturellement le gouvernement français : ce n'est effectivement que là que j'ai pressenti et reconnu des obstacles à la restauration de l'Espagne. Le tableau que je m'étais fait de l'état des choses dans ce royaume n'a jamais différé de ce qui, aujourd'hui, est démontré vrai jusqu'à l'évidence. Il doit me suffire de vous rappeler ces faits pour vous prouver combien je dois, en mon particulier, reconnaître de mérite aux hommes qui ont su déployer assez de caractère pour arriver au lieu où ils sont arrivés déjà.

Soyez assurés que, de notre côté, nous serons constamment prêts à servir la cause à laquelle s'attache l'avenir de tous les gouvernements comme de toutes les institutions. M. de Vincent reçoit par le présent courrier des instructions qui portent sur un objet qu'en mon âme et conscience je regarde comme de simple forme. Je prie votre Excellence de le saisir également sous ce point de vue, et d'aviser, avec MM. les représentants des cours, aux moyens les plus prompts pour tirer de la position les avantages incontestables qu'elle présente sous tous les points de vue moraux.

Continuez, monsieur le Vicomte, à vous vouer à votre grande et généreuse entreprise, et votre ministère sera tombé dans une époque bien heureuse et à la fois bien glorieuse, si la France qui, la première, a ouvert le gouffre de la révolution, devait avoir le bonheur de le fermer sous votre administration. Toutes les chances pour l'achèvement d'une œuvre aussi grande sont là, et ce qui trop souvent ne se présente que comme des vœux, s'offre aujourd'hui à votre action.

Veuillez agréer l'hommage de ma haute considération.

METTERNICH.

M. DE RAYNEVAL A M. DE CHATEAUBRIAND.

Berlin, 29 mai 1822.

Je ne saurais trop remercier votre Excellence des lettres particulières qu'elle veut bien m'écrire. En peu de mots, elles contiennent, de la manière la plus saillante, le résumé des instructions que les dépêches renferment, et si elle veut bien continuer à m'honorer de la même faveur, j'oserai me promettre de ne jamais m'écarter de la ligne qu'il conviendra au système général du gouvernement du roi, que tienne le ministre de S. M. à Berlin.

Quoique mon expédition de ce jour ne soit pas très-volumineuse, je n'y ajouterai que peu de chose. Votre Excellence se rappellera que M. de Bernstorff avait précédemment émis l'opinion que l'Angleterre ne serait pas fâchée de voir l'affaire d'Espagne tirer en longueur. Aujourd'hui il croit que le cabinet de Londres voudrait au contraire voir la guerre se terminer promptement, ce qu'il attribue à l'impossibilité où l'Angleterre se voit de mettre obstacle à la rapidité de nos succès. Si elle eût pu isoler la France de ses alliés ou donner aux Espagnols d'une manière quelconque des moyens de résistance, elle eût persévéré dans ses premières vues; mais elle voit aujourd'hui qu'elle ne peut exercer aucune influence, qu'en s'associant, en partie du moins, aux autres puissances. Elle espère y trouver son compte, et les alliés, selon lui, y trouveront aussi le leur, si l'Angleterre, ce qu'il croit possible, obtient la liberté du roi Ferdinand. Je ne sais si je me trompe, monsieur le Vicomte, mais il me semble qu'avec la vigilance que vous y porterez, l'intervention de l'Angleterre dans les négociations préliminaires, aujourd'hui surtout que sa neutralité paraît assurée par l'attitude des autres puissances plus encore que par ses déclarations, peut nous offrir le moyen de contrebalancer avec avantage ce qu'il y aurait de trop absolu dans la manière dont ce gouvernement-ci et les deux cours impériales voudraient envisager la question. Notre langage sur les principes, et c'est, je crois, un point très-essentiel pour la consolidation de notre système politique, continuera à être le même que celui de nos alliés, et les objections, les preuves de la nécessité des concessions, s'il faut en faire, seront présentées par l'Angleterre, qui n'a rien à ménager sous ce rapport, et qui restera dans son rôle naturel.

Je sais qu'on a fait valoir, pour faire sentir à l'Angleterre combien son attitude hostile envers la France pouvait devenir nuisible aux autres puissances, un argument qu'il est bon de connaître, que nous ne devons pas trop répéter, mais qui peut être reproduit avec utilité dans l'occasion. On a dit que si l'Angleterre poussait la menace trop loin, elle nous obligerait à des efforts extraordinaires, et par là nous mettrait dans le cas de *nous créer de nouveaux moyens de puissance sur le continent, qui plus tard pourraient devenir dangereux pour l'Europe ; qu'il serait d'autant plus fâcheux que ce fût là le résultat de la guerre d'Espagne, que cette guerre étant entreprise de la part de la France comme n'étant pas désagréable aux cours alliées, celles-ci ne pourraient mettre aucun obstacle au développement de ses forces, quoique prévoyant qu'elles pourraient, par la suite, être tournées contre elles.*

A ce raisonnement se rapporte secrètement un mot qui est échappé l'autre jour à M. de Bernstorff. Il s'échauffait contre M. Canning et contre sa fausse politique, qui le portait à s'écarter du système de lord Castelreagh. — « Il doit cependant bien s'apercevoir, me disait-il, combien il s'est trompé ; il a d'abord voulu vous faire peur pour retenir votre armée, et elle a marché. Il a en même temps voulu persuader aux Espagnols d'entrer en composition, et ils ont refusé tout net. Enfin il a prétendu isoler la France des autres grandes puissances, et c'est au contraire l'Angleterre qu'il a isolée, en les forçant à lui déclarer, et cela *malgré elles*, qu'elles appuieraient toutes sans exception la France, si elle était attaquée. » — Je n'ai point relevé ce *malgré elles*, mais je l'ai bien retenu et me suis promis d'en faire part à votre Excellence.

Nos succès en Espagne, ce qui revient de tous côtés sur l'accueil qu'on y fait à nos troupes, leur discipline, leur courage, leur fidélité et le dévouement que leur inspirent les grandes qualités que développe M. le duc d'Angoulême, tout cela produit un effet qui surpasse nos espérances. M. de Cussy pourra vous dire, monsieur le Vicomte, que les officiers les plus distingués de l'armée prussienne, loin de montrer de la jalousie de la rénovation de notre armée, y applaudissent hautement. Tout réservés qu'ils sont, les diplomates mêmes commencent à nous regarder d'un tout autre œil. M. d'Alopéus, qui ne sort pas aisément du langage officiel, commence à me parler des avantages d'une alliance entre la France et la Russie; il n'en concevait pas la possibilité, il y a quelque temps ; aujourd'hui il y voit toutes sortes d'avantages, et est même assez prêt d'avouer que ce système serait préférable à celui de la grande alliance, soit pour assurer le repos de l'Europe, soit pour agir s'il en était besoin.

Je crois devoir prier votre Excellence d'interroger M. de Cussy sur le jugement que porte M. de Bernstorff, de l'ambassadeur d'une des grandes cours à Paris.

Agréez, etc.

RAYNEVAL.

M. DE CHATEAUBRIAND A M. DE CARAMAN.

Paris, ce lundi soir, 2 juin 1823.

Je ne puis vous dire, monsieur le Marquis, à quel point j'ai été surpris de votre lettre du 27 du mois dernier. Le conseil que j'ai sur-le-champ rassemblé a partagé mon étonnement. J'espérais que votre lettre m'apporterait la nomination du ministre ou du chargé d'affaires de Vienne à Madrid, car c'est là aujourd'hui l'affaire capitale, l'affaire pressante, pour que tout se fasse de concert avec nos alliés dans la conclusion de la guerre d'Espagne. Nous avions réservé pour nous les dangers et les inconvénients de cette guerre, nous n'avions pas appelé nos alliés au combat; nous les appelions à la victoire; nous voulions qu'ils réglassent avec nous les destinées de l'Espagne, qu'ils profitassent du gain de cette partie où nous avions mis pour enjeu notre sang, nos trésors et la couronne de France. Au lieu d'un acquiescement à une mesure loyale et toute en faveur de l'alliance, nous recevons une proposition qui demande de mûres considérations et qui n'est plus en rapport avec la marche des événements.

Il faut bien songer, monsieur le Marquis, quand une guerre comme celle d'Espagne est commencée, que chaque jour varie la scène. La politique est entraînée par le mouvement des choses et la rapide complication des affaires. Il faut bien songer que si l'Europe continentale veut la paix, une paix longue et durable, la guerre d'Espagne doit être courte, et nous devons nous retirer promptement de la Péninsule; or, toute mesure qui tend à prolonger cette guerre amène avec soi des dangers. Une régence en Espagne, purement administrative; le corps diplomatique de l'Europe, placé immédiatement auprès de cette régence, faisaient disparaître les difficultés et portaient l'Angleterre elle-même à favoriser la délivrance du roi

Ferdinand. En serait-il ainsi dans le plan proposé relativement à la cour de Naples? c'est ce qu'il convient d'examiner.

Que désire le prince Ruffo? que nous reconnaissions les droits du roi de Naples à succéder au trône d'Espagne. Eh! qui lui conteste ce droit? Certes, ce n'est pas la France. La guerre que nous faisons aujourd'hui est au profit du roi des Deux-Siciles, puisque nous défendons ses droits sur la couronne d'Espagne, en défendant ceux de Ferdinand VII. Il ne s'agit donc pas du principe, puisqu'il est accordé sans contestation.

C'est donc d'une certaine conséquence de ce principe, conséquence d'après laquelle rien ne serait légitime en Espagne, si la cour de Naples n'avait approuvé les mesures prises ou à prendre.

Mais, monsieur le Marquis, la cour de Naples peut-elle maîtriser cette nécessité qui sort du fond des choses, cette nécessité qui naît des accidents de la guerre, du caractère des hommes, des passions et des partis qui divisent l'Espagne? Nous qui portons le poids de la chaleur et du jour, nous serions sans doute très-disposés à soumettre notre humble avis aux ordres de M. le prince de Ruffo, mais nous ne sommes pas seuls dans la question. Nos intérêts ne sont pas séparés de ceux de l'alliance, et nous ne savons pas encore si l'alliance serait d'avis de remettre les destinées de l'Espagne entre les mains de la cour de Naples, afin que celle-ci les remît ensuite aux mains de l'alliance. Nous ignorons quel est sur ce point le sentiment de la Russie et de la Prusse. Il faudrait donc d'abord que nous consultassions ces deux puissances avant de prendre une résolution; or, je vous demande si, dans le mouvement de la guerre, il serait possible de suspendre la formation d'un gouvernement provisoire, et la reconnaissance de ce gouvernement, jusqu'au moment où nous aurions reçu des réponses définitives des cours alliées sur l'intervention de la cour de Naples? Ensuite remarquez deux difficultés insurmontables.

Aujourd'hui que la régence est formée, que la grandesse d'Espagne vient de reconnaître cette régence, croyez-vous que des hommes aussi puissants veulent reconnaître tout à coup qu'ils n'ont plus d'autorité? Quand ils ont eu le courage de prendre un parti, de courir les chances périlleuses des événements, leur juste orgueil, leurs intérêts ne seront-ils pas blessés, si nous venons leur dire : « Vous n'êtes rien, c'est la cour » de Naples qui règle votre sort et dispose de » votre avenir? Notre armée tout entière ne suf- » firait pas pour comprimer des mécontentements » si légitimes. »

En second lieu, que dirait l'Angleterre (et cette raison est d'un poids immense), si elle voyait d'autres Bourbons venir se mêler avec les Bourbons de France, les Bourbons d'Espagne? Elle nous a cent fois déclaré que si nous combattions pour notre sûreté, elle resterait neutre, mais que si nous avions pris les armes pour des *intérêts de famille*, pour *rétablir des alliances entre Bourbons*, elle ne le souffrirait pas. Prenons garde de réveiller la jalousie du cabinet de Saint-James.

Rien de plus juste que d'admettre l'ambassadeur des Deux-Siciles pour les affaires de la Péninsule aux conférences des ambassadeurs des quatre grandes cours alliées; rien de plus juste que la cour de Naples soit appelée à donner son avis sur tout ce qui concerne l'Espagne, qu'elle envoie avec nous un ministre à Madrid auprès de la régence, qu'elle soit la première consultée; c'est ce que nous désirons, c'est ce que nous avons été les premiers à demander; mais les ouvertures que vous me faites sont d'une nature si grave, si inattendue, si en retard des événements, qu'il faudra que je connaisse, avant de rien déterminer, les dispositions des cours alliées.

Je n'ai point encore vu le prince de Castelcicala, mais quand il me parlera, je lui répondrai dans le sens que je vous indique ici.

Ce qui étonne le plus le conseil, c'est que n'ayant pas de pouvoirs pour décider un point aussi important, vous n'ayez pas auparavant pris les ordres de la cour. Je n'ai pas osé mettre votre lettre sous les yeux du roi, dans la crainte qu'il ne se prononçât d'une manière que je n'aurais pas pu vous dissimuler. J'espère que tout s'arrangera, que M. le prince de Metternich sentira la nécessité d'envoyer un agent diplomatique auprès de la régence, et que l'idée relative à Naples sera ou abandonnée ou remise à une exécution éloignée, dans le cas où d'autres chances viendraient à s'ouvrir. Je vous le répète en finissant, l'Angleterre prendrait très-certainement en mauvaise part l'intervention de Naples; ensuite, je ne vois aucun moyen possible d'amener les Espagnols maintenant en pouvoir à céder leur place; ils ont été accoutumés depuis vingt ans à régir l'Espagne sous le nom de Junte et de Régence, pendant la captivité de leur roi. Je ne sais pas comment on pourrait leur persuader d'abandonner un pouvoir qu'ils exercent de nouveau au péril de leur fortune et de leur vie. Si l'intervention de Naples avait été proposée il y a quatre mois, on aurait pu s'entendre; mais comment tout changer, quand nos troupes sont en marche sur Séville, où elles seront peut-être arrivées au moment où vous recevrez cette lettre?

Je m'aperçois qu'en dictant rapidement ces explications, je vous ai parlé des grands d'Espagne, c'est qu'ils ont fait une adresse à monseigneur le duc d'Angoulême, qui sera demain dans *le Moniteur*.

J'ai l'honneur, etc.

CHATEAUBRIAND.

M. DE CHATEAUBRIAND A M. DE LA FERRONNAIS.

Paris, 2 juin 1825.

Il faut, monsieur le Comte, une grande dose de patience quand on est ministre, et je suis mis tous les jours à de rudes épreuves. La lettre à M. de Caraman, et ma réponse à cette lettre, vous instruiront du fond de l'affaire, si déjà vous ne l'avez apprise de Vienne.

Je ne doute point qu'un ambassadeur de Russie qui aurait passé ses pouvoirs à ce point, et qui n'aurait pas senti davantage la conséquence de sa démarche, eût été sur-le-champ rappelé. Le roi est très-irrité, et si M. de Caraman reste encore à Vienne, c'est uniquement par considération pour M. le prince de Metternich.

Après ma lettre et celle de M. de Caraman, vous trouverez dans l'ordre des dates celle du roi de Naples et la réponse de notre roi. Vous puiserez dans ces lettres tous les arguments contre le projet de M. Ruffo. J'espérais ajouter quelques considérations que vous ferez valoir auprès du cabinet de Pétersbourg.

Il ne peut plus être question du plan de M. Ruffo et de la régence de Naples en Espagne, puisque le roi de France trouve les plus grands inconvénients à ce projet, et qu'il a d'ailleurs une régence déjà établie en Espagne. Mais voyez, monsieur le Comte, le résultat de cette proposition désastreuse. La mesure de l'envoi du corps diplomatique à Madrid a été suspendue. Le marquis de Talaru est parti seul. Vous sentez combien l'Angleterre, les agitateurs en Europe et les Cortès en Espagne peuvent profiter de cette circonstance s'ils la remarquent. Ils ne manqueront pas de dire qu'un principe de division a éclaté. Les intrigues, les complots, les espérances renaîtront de toutes parts, et on court risque d'éterniser une guerre qui pourrait être finie avant le mois d'août. Si cette guerre se prolonge, que de chances peuvent naître! Qui nous répond que l'Angleterre, dont on a eu tant de peine à obtenir la neutralité, ne se déclarera pas! et si elle se déclare, n'allumera-t-elle pas une guerre européenne?

Nous avons rempli scrupuleusement toutes nos conditions. Nous nous sommes prêtés à tout ce que l'on demandait de nous. Il résulte du plan proposé par la cour de Naples que l'on paraît maintenant se refuser aux arrangements convenus.

Mais, au milieu de tous les hasards d'une guerre prolongée, quel parti prendrions-nous? Nous exposerions-nous à perdre le fruit d'une entreprise aussi hasardeuse et si difficile pour la bizarre ambition d'une puissance qui, toute faible qu'elle est, ne jouit pas même de son indépendance, puisque son territoire est occupé par une armée autrichienne? La guerre avec l'Espagne, d'abord si impopulaire en France, rendue ensuite populaire par nos succès, redeviendrait bientôt impopulaire. Si elle se prolongeait, et s'il fallait y faire de nouveaux sacrifices, alors nous nous verrions forcés de chercher notre salut dans une paix qui, sans blesser les intérêts de l'alliance, ne renfermerait cependant pas tout ce qu'elle pourrait désirer. Tout cela n'arrivera sans doute pas. J'espère que M. Brunetti recevra bientôt de Vienne l'ordre de partir pour Madrid, et alors le général Pozzo pourra inviter M. Bulgari à se rendre de son côté à son poste; mais vous conviendrez, monsieur le Comte, qu'il est dur pour vous, et pour moi en particulier, qui ai eu tant de peine à conduire cette immense affaire d'Espagne, de nous voir contrariés, arrêtés, tandis que le sang français coule et que nous épuisons notre trésor.

Je connais trop la magnanimité de l'empereur de Russie et la loyauté de son cabinet, pour douter un moment qu'il ne ressente avec autant de peine que nous ce que cet incident a de fâcheux, et pour qu'il ne donne pas l'ordre à son chargé d'affaires de se rendre auprès de la régence à Madrid. Je me souviens très-bien avec quelle sagesse et quelle force il a écarté, il y a quelques mois, les prétentions que la cour de Naples renouvelle aujourd'hui; mais les distances sont si grandes, que le mal ne peut pas être réparé promptement.

CHATEAUBRIAND.

M. DE CHATEAUBRIAND A M. DE CARAMAN.

Paris, le 8 juin 1825.

Le courrier de M. le baron de Vincent m'a apporté, monsieur le Marquis, vos lettres et vos dépêches des 23 et 25 mai. Je vous prie de remercier, de ma part, M. le prince de Metternich, de toutes les choses obligeantes qu'il veut bien me dire. J'aurai l'honneur de répondre demain à sa lettre, par le courrier que compte expédier à Vienne le prince de Castelcicala.

Nous avons traité ici, dans des conférences longues et sérieuses, la proposition de S. M. le roi des Deux-Siciles. Vous verrez, par le protocole dont je joins ici la copie, ce qui a été décidé, et les notes auxquelles la discussion a donné lieu. J'avais fait la mienne beaucoup plus longue. J'avais exposé les inconvénients sans nombre que le gouvernement français voit dans la proposition de Naples. J'avais démontré, qu'en admettant un régent, ou le délégué d'un régent, ayant droit de *sanctionner*, c'était admettre un *souverain*. Que ce *souverain* aurait, par la conséquence de sa *souveraineté*, le droit de *faire des lois*, et que l'alliance ne voulait pas, surtout, qu'on pût faire des lois dans l'absence de Ferdinand. J'avais prouvé qu'un incident, qui retarde l'envoi des agents diplomatiques à Madrid, met en péril l'entreprise si heureusement commencée, peut changer les chances de la guerre, faire rompre à l'Angleterre sa neutralité toujours douteuse, etc., etc. M. le baron de Vincent m'a fait observer que, plus j'insisterais sur les difficultés, plus il serait embarrassé dans sa conduite avant d'avoir pris les ordres de sa cour. Je n'ai pas hésité, pour ne rien faire qui ne fût agréable à M. le prince de Metternich, de retrancher de ma note tout ce que M. l'ambassadeur de Vienne a voulu, et je l'ai réduite au point où vous la verrez, c'est-à-dire que la France n'a pas, pour l'avenir, préjugé la question.

Il a fallu ensuite régler le départ des agents diplomatiques pour Madrid. Nous avons établi les points principaux de la direction qui doit être suivie par les envoyés des alliés, d'une manière qui doit pleinement satisfaire la cour de Vienne. Cependant M. le baron de Vincent m'a dit que M. Brunetti allait partir pour Madrid, mais qu'il ne pourrait l'accréditer auprès de la régence que quand il aurait reçu le pouvoir du cabinet autrichien. Je suis persuadé que M. le prince de Metternich ne verra aucune raison pour retarder l'ordre qui donnera à M. Brunetti le droit de déployer son caractère auprès de la régence.

Les nouvelles de l'Espagne continuent à être très-bonnes, ou plutôt, il n'y a point de nouvelles, car la guerre n'existe plus. On ignore encore si les Cortès ont pu amener le roi à Cadix ou à Badajos. Nous marchons sur ces deux villes.

Recevez, etc., etc., etc.

Signé CHATEAUBRIAND.

P.-S. Mes lettres de Madrid, que je reçois à l'instant, en date du 5, portent que les Cortès voulaient partir le 4 de ce mois avec le roi pour Cadix; que la ville veut bien recevoir le roi, mais refuse d'admettre les Cortès. — Molitor doit être à Valence aujourd'hui même.

Le corps de réserve que le nouveau maréchal va mener en Espagne est de douze mille hommes. Il servira à faire la chaîne entre nos postes.

M. DE RAYNEVAL A M. DE CHATEAUBRIAND.

Berlin, ce 11 juin 1823.

Monsieur le Vicomte,

C'est le 6 de ce mois que j'ai reçu par un courrier prussien la lettre particulière que Votre Excellence a bien voulu m'écrire, en date du 31 mai. J'ai sur-le-champ envoyé à M. de la Ferronnais, par estafette, les paquets qui y étaient joints, et presqu'en même temps je lui ai adressé une copie de la dépêche télégraphique du 28, que M. de

Bernstorff a bien voulu me communiquer comme votre Excellence le lui avait fait demander.

On a fort approuvé la composition de la régence. M. de Bernstorff m'a parlé de l'omission du nom des alliés dans la proclamation de M. le duc d'Angoulême, mais avec beaucoup de calme, et sans en paraître fort étonné. Du reste, il a été extrêmement satisfait de tout ce qu'elle contient, et croit qu'elle produira le meilleur effet. Quoiqu'il m'eût annoncé la veille la nomination de M. de Royez, je n'ai pas cru inutile de lui parler encore des inconvénients du délai que les cours alliées avaient mis à accéder à notre demande d'envoyer des agents diplomatiques à Madrid; et pour produire plus d'impression sur son esprit, je lui ai lu ce que votre Excellence m'a mandé à ce sujet. Il en a paru frappé.

Agréez, je vous prie, monsieur le Vicomte, l'assurance de mon entier dévouement et de ma haute considération.

RAYNEVAL.

M. DE CHATEAUBRIAND AU GÉNÉRAL GUILLEMINOT.

Paris, ce 12 juin 1823.

Je suis fâché, général, de vous importuner de mes lettres; mais une idée utile peut se trouver mêlée dans beaucoup d'ennui, et nous sommes dans des circonstances où rien n'est à négliger.

Je veux vous parler encore de Cadix. Si vous ne pouviez pas entrer dans l'île de Léon par les deux entrées du côté de la terre, on dit qu'en embarquant des troupes à San-Lucar ou à Rota, on peut en deux ou trois heures doubler la pointe de Cadix, et débarquer sans obstacles du côté de la pleine mer, sur le rivage de l'île de Léon qui est tout à fait ouvert et sans défense de ce côté. Effectivement, je me suis moi-même promené sur le bord de la mer de ce côté, et je ne me rappelle pas y avoir vu aucune batterie, ni aucun ouvrage de fortifications. Si le fait est exact (et ce sont les Anglais, qui connaissent bien les lieux, et qui ne nous souhaitent aucun succès, qui le disent), rien ne serait donc si facile, avec notre flotte, de nous emparer de l'île de Léon. Nos soldats, descendus sur la plage, du côté de la pleine mer, prendraient à revers les ouvrages qui défendent l'île du côté de la terre ferme, s'empareraient de la ville de Léon, et seraient maître des fontaines qui fournissent de l'eau à Cadix. Du bout de la chaussée qui unit Cadix à l'île de Léon, il y a à peine portée d'obus; il serait impossible que la ville tînt longtemps dans cette position, privée de ses eaux, de ses arsenaux et de ses ports. Vous savez tout cela sans doute, mieux que moi, mais enfin il ne m'en coûte pas grand'chose de vous le dire.

Vous avez appris, général, qu'on a donné ici un

bâton de maréchal; j'aurais désiré qu'on eût attendu; mais enfin il y en a d'autres, et la puissance du roi n'est pas plus bornée que les services qu'on lui rend.

Mina a pris la position qu'occupait Pamphile La Croix, et menace l'Aragon et la Catalogne.

Je n'ai que le temps, général, de vous assurer de nouveau de mon entier dévouement.

Chateaubriand.

M. DE CHATEAUBRIAND A M. DE CAUX.

Paris, ce 12 juin 1825.

J'ai reçu, monsieur le Comte, vos lettres du 6 et du 7. M. le duc de San-Carlos est arrivé : nous allons nous occuper de le reconnaître. Voici une chose dont il faut prévenir la régence.

Le prince de Castelcicala, soutenu secrètement par l'Autriche, a passé une note à la France, dans laquelle il déclare que le roi de Naples, son maître, a le premier droit à la couronne d'Espagne, en cas que la ligne royale actuelle vînt à manquer; et qu'en conséquence de ce droit (qui n'est pas bien clair), il réclame pour son maître la régence d'Espagne, ou du moins le droit de sanctionner par un délégué tout ce que la régence actuelle peut faire en Espagne. Nous avons eu là-dessus deux conférences avec les ambassadeurs des cours alliées. J'ai représenté les dangers de cette proposition, et ils sont sans nombre. L'Autriche l'a appuyée; la Russie l'a repoussée, ainsi que la Prusse; mais ne voulant pas trancher trop vite une question qui pouvait retarder le départ de leurs agents pour Madrid, la Russie et la Prusse ont dit qu'elles prendraient les ordres de leurs cabinets. Cela m'a ouvert une porte, et j'ai dit que la France, avant de prendre une résolution sur la demande de la cour de Naples, attendrait à connaître le sentiment de la Russie et de la Prusse. Cela nous donne deux mois, et en attendant, les agents diplomatiques vont partir pour Madrid.

Mais j'ai appris qu'arrivé à Madrid, M. Brunetti, avant de déployer son caractère, demanderait à la régence de reconnaître la prétention du roi de Naples et de soumettre ses actes à sa sanction. La régence, selon moi, doit répondre avec politesse, mais avec fermeté, que cette mesure est de la plus haute importance, qu'il s'agit de prononcer sur un fait de succession, pour lequel elle ne se croit pas juge compétent; que cette mesure pourrait alarmer l'Angleterre, qui verrait dans cette question et cette guerre d'Espagne *un intérêt de famille*, ce qu'elle ne veut pas reconnaître; que d'ailleurs la régence étant à quatre-vingts lieues seulement du roi d'Espagne, elle ne pourrait pas encore prononcer sur une question si grave, sans savoir s'il plaît au roi Ferdinand d'avoir auprès de lui un souverain étranger, ou le délégué de ce souverain, régent de son royaume ; et que dans tous les cas la régence ne pourrait se prononcer que quand elle connaîtrait sur ce point l'opinion des cabinets de France, de Berlin, et de Pétersbourg.

Prenez bien garde à ceci : c'est grave, c'est un piége de la politique autrichienne. M. Saez le verra facilement, et comme c'est lui qui sera chargé de la réponse, il pourra s'entendre avec vous. M. de Talaru est prévenu; mais montrez-lui cette lettre aussitôt qu'il sera arrivé à Madrid.

Il a quitté hier Paris ; il part demain de sa maison de campagne. Je suppose qu'il arrivera le 24 ou le 25 à Madrid. M. Bulgari, chargé d'affaires de Russie, part demain 13 ; M. Brunetti, chargé d'affaires d'Autriche, part samedi 14, avec le chargé d'affaires de Sardaigne. Il est probable qu'ils arriveront à Madrid avant M. de Talaru. M. Boutourlin, aide-de-camp de l'empereur de Russie, qui va complimenter M. le duc d'Angoulême, est parti hier. Les courriers de la régence allant à Vienne et à Pétersbourg ont passé par ici. Dépêchez-vous vite d'envoyer quelqu'un à Londres ; j'ai quelque raison de croire que l'envoyé de la régence y sera mieux reçu qu'on ne le croit peut-être.

Tournez toutes vos pensées vers Cadix.

CHATEAUBRIAND.

LE GÉNÉRAL GUILLEMINOT A M. DE CHATEAUBRIAND.

Madrid, 15 juin 1823.

Monseigneur,

Je reçois la lettre que votre Excellence m'a fait l'honneur de m'écrire le 8.

Notre droite n'est point perdue de vue. Dans ce moment, la brigade Huber opère par Reynosa contre quelques troupes constitutionnelles, qu'on dit avoir passé la Deba, pour marcher contre Saint-Ander et Santona que bloque le général Marguerie. Nous avons dans cette partie 4,000 hommes, qui sont plus que suffisants. Bourke, qui est à Léon, agit en même temps sur Oviedo. Nous attendons de bons résultats de cette combinaison, et surtout de la désunion et du découragement qui règne chez l'ennemi. Une lettre que nous avons interceptée, et que j'ai envoyée hier au ministre de la guerre, vous donnera de justes espérances sur les succès de nos affaires dans les Asturies et la Galice.

Wilson y est venu; et, après avoir pris connaissance de l'état des choses dans cette partie, est entré en Portugal par Orensée. Il y arrivera trop tard, la contre-révolution y est consommée. Le roi et la famille royale y sont entièrement libres. Un de mes officiers, envoyé aux nouvelles à Salamanque, m'apprend que le comte d'Amarante a quitté cette ville le 8 au matin, pour se joindre aux troupes qui se sont déclarées pour le roi.

Morillo, à qui j'ai envoyé une lettre de sa femme, paraît bien disposé, ainsi que plusieurs de ses généraux. Bourke doit entrer en relations avec lui.

Nous en avons ouvert de nouvelles avec Saint-Sébastien et Pampelune. Une lettre que j'ai de L'Abisbal pour son frère, qui est dans la première de ces places, a déjà produit quelque division parmi les chefs de la garnison. L'Abisbal doit être arrivé à Bayonne. Il avait été arrêté par les autorités de Bergara, qui le croyaient en fuite; mais il a été relâché.

Je pense aussi que le roi sera emmené à Cadix. Bordesoulle prendra alors le commandement des deux colonnes expéditionnaires, et serrera Cadix de près. Il n'y a pas d'apparence que S. M. C. aille à Badajos. Cette place n'est pas en état, et la situation actuelle de Portugal ne permet pas d'y songer. Bourmont, qui suit la direction de Badajos, ne rencontre rien; il a passé le Tage sans coup férir, et était le   juin à Truxillo.

Nous espérons que les douze mille hommes que vous nous envoyez ne nous feront pas faute d'ici au moment où ils pourront entrer. Nous profitons de la disposition des esprits pour frapper vite. Je mets tous mes soins à bien coordonner la marche de tous ces *paquets* qui, dans les circonstances actuelles, produisent plus que de grandes masses. Ils font crouler de toutes parts l'édifice révolutionnaire, en favorisant l'organisation des autorités royales. Nous pourrions faire mieux encore; mais nous ne savons pas assez semer. Heureusement la peur, la méfiance, la force des choses, amèneront un résultat que notre prévoyance aurait pu hâter.

Ne craignez rien, monseigneur, pour nos communications. Le métier de partisan est impossible quand la population ne le favorise pas. Les voyageurs n'ont à craindre que quelques voleurs. L'argent, et non les dépêches d'un ou deux courriers arrêtés, faisait seul l'objet de la convoitise de ces brigands. Au reste, s'il se formait des partis, nous les dépisterions bientôt.

Je compte toujours sur les bontés de votre Excellence, comme je la prie de compter sur l'entier et respectueux dévouement avec lequel je suis,

 Monseigneur,

  de votre Excellence,

   le très-humble et très-obéissant serviteur,

    Le major-général,

    Comte Guilleminot.

M. DE PALMELLA A M. DE CHATEAUBRIAND.

Lisbonne, juin 1823.

J'ose croire que la nouvelle que votre Excellence recevra des événements mémorables qui viennent de se passer en Portugal ne pourra être accueillie avec indifférence ni par Sa Majesté très-chrétienne ni par son ministère, d'autant plus que l'étonnante et subite résurrection de la monarchie portugaise confirme l'opinion que votre cabinet s'était formée sur les affaires d'Espagne. Il y a tout lieu d'espérer que l'exemple glorieusement donné par la nation portugaise sera suivi par la plus grande partie des habitants de la Péninsule.

Un des premiers vœux de Sa Majesté Tres-Fidèle, aussitôt qu'elle s'est vue de nouveau libre sur son trône, a été celui de renouveler avec sa majesté le roi de France toutes les relations amicales qui se trouvaient interrompues et compromises par l'aveuglement de la faction révolutionnaire qui a gouverné le Portugal.

Je me félicite, monsieur, d'avoir été choisi par le roi, mon maître, pour adresser l'expression de ce vœu à votre Excellence, et j'espère qu'elle voudra bien permettre à M. le marquis de Marialva d'en être l'organe auprès de Sa Majesté Très-Chrétienne. Il aura l'honneur de lui exprimer toute la part que le roi mon maître prend à l'heureux succès de la glorieuse entreprise de Son Altesse Royale monsieur le duc d'Angoulême, entreprise qui certainement a contribué à faciliter et à avancer la contre-révolution portugaise. Sa Majesté se propose d'envoyer au plutôt un officier-général pour témoigner des mêmes sentiments au quartier-général de Son Altesse Royale.

Espérons, monsieur, que l'Europe pourra cueillir enfin le fruit de tant de malheurs, et profitera de sa triste expérience! Trois ans ont suffi pour démontrer aux Portugais le danger et la fausseté des doctrines démagogiques; et la charte que Sa Majesté se propose d'accorder à ses sujets, comme une juste récompense de leur fidélité et de leurs vertus patriotiques, suffira, sans doute, pour satisfaire l'opinion de la partie sensée de la nation, pour guérir graduellement les plaies que la révolution a laissées, et pour maintenir une tranquillité durable.   PALMELLA.

M. DE LA FERRONNAIS A M. DE CHATEAUBRIAND.

Saint-Pétersbourg, le 19 juin 1825.

Vous trouverez peut-être, monsieur le Vicomte, que je mets un peu trop de précipitation à vous renvoyer mon courrier, et que j'aurais dû attacher moins d'importance à la démarche que vient de faire le prince de Metternich, puisqu'après tout, le rejet ou l'adoption de la mesure qu'il propose dépend en quelque sorte de vous, et que si elle est réellement nuisible à la marche des affaires, il vous sera facile de faire comprendre et admettre aux autres cours les motifs qui vous la feront décliner. Cette réflexion cependant ne m'a point arrêté, j'aime mieux pécher par excès de précaution, que d'avoir à me reprocher une négligence qui pourrait avoir des inconvénients. Tout prouve que l'Autriche attache une extrême importance à faire admettre dans cette régence d'Espagne une voix de plus.

Les démentis que les actes du gouvernement et notre conduite en Espagne ne cessent de donner à nos détracteurs ne les découragent cependant pas. On fait croire que nous arrivons à Madrid nos poches pleines de constitutions; que dès que nous aurons libéralisé l'Espagne à notre façon, *la tête nous partira*, et que *l'on a tout à redouter des extravagances auxquelles nous pouvons nous porter*. Déjà même on fait remarquer l'emphase avec laquelle quelques-uns de nos journaux parlent du rôle que nous jouons, et de l'importance que nous donne à nos propres yeux la conduite de notre armée. Le fait est, monsieur le Vicomte, qu'on nous aimait bien mieux dans l'état où nous étions, lorsqu'on pouvait mettre en doute la fidélité de cette armée, et qu'il était possible de la supposer prête à se rallier aux factieux contre le gouvernement; alors les inquiétudes paraissaient avoir quelque chose de fondé, qui semblait donner aux autres le droit de s'entendre pour nous surveiller; on nous tenait ainsi dans une sorte de dépendance, dont on n'aime point à nous voir sortir; on doit donc chercher et saisir avec empressement tous les moyens possibles de faire naître sur nous de nouvelles inquiétudes, d'exciter des méfiances; et si on ne peut nous empêcher de devenir une nation, on veut au moins, autant que possible, nous isoler de toute l'Europe. On y était parvenu en effrayant tout le monde sur la faiblesse du gouvernement, et sur la force de nos révolutionnaires. Aujourd'hui ce sera notre ambition, ou l'abus que nous pourrions faire des forces que nous recouvrons, qui va devenir le moyen dont on se servira pour effrayer les imaginations.

Je vous ai déjà mandé, mais je vous le répète encore, la correspondance du général Pozzo est dans le meilleur sens possible; on commence à rendre plus de justice à M. de Villèle, à comprendre surtout combien serait malheureuse la désunion entre vous et lui : en tout nous ne pouvons pas désirer de meilleures dispositions que celles que l'on nous témoigne dans ce moment. Finissons notre affaire d'Espagne comme nous l'avons commencée, nous ferons taire alors la calomnie, et si nos ennemis le veulent, nous compterons avec eux. La Ferronnais.

M. DE CHATEAUBRIAND AU GÉNÉRAL GUILLEMINOT.

Paris, ce 25 juin 1823.

Comme nous avons été persuadés dès longtemps l'un et l'autre que les Cortès se réfugieraient à Cadix, l'événement ne nous aura pas pris au dépourvu. J'ai obtenu de nouveaux renseignements et recueilli de nouvelles idées, dont je dois vous faire part.

Bien décidément, général, les Cortès ne paraissent pas avoir assez de troupes pour occuper à la fois Cadix et tous les ouvrages militaires de l'île de Léon. On dit toujours qu'il est possible de pénétrer dans l'île par mer ; on assure qu'en payant bien les mariniers de la côte, vous aurez toutes les embarcations à votre service. On assure de plus que la marine militaire espagnole est toute royaliste, et que s'il y a quelques vaisseaux de guerre espagnols dans la baie de Cadix, il sera aisé d'avoir à vous les capitaines. Si vous pouvez parvenir à jeter des bombes dans Cadix, bientôt tout sera à vous. Vous n'êtes pas sans doute effrayé de cette sotte idée qu'une bombe peut atteindre le roi. J'espère qu'il ne lui arrivera aucun malheur; mais, après tout, il s'agit de la royauté; un roi n'est qu'un général en temps de guerre : il doit payer de sa personne ; et l'on ne consent à mourir pour lui qu'à condition qu'il saura aussi mourir pour le bien de ses sujets quand il le faut; avec des craintes et des pusillanimités, on arrête tout.

La plus grande partie du succès dépendra de notre marine. J'ai obtenu hier qu'on envoyât deux vaisseaux de plus. Soyez certain que vous ne pouvez rien obtenir que par un coup de violence, que la rapidité et l'audace peuvent seules faire tout votre succès.

Persuadons-nous bien que tout est maintenant dans Cadix; que toutes nos pensées, tous nos efforts doivent tendre à ce point; que toute la question est réduite à la prise ou à la reddition de cette dernière retraite des *comuneros*. S'ils s'échappaient par mer, cela est possible, mais c'est un événement hors de notre puissance; alors comme alors: la question ne serait plus que politique et diplomatique. On verrait que faire en Espagne et de l'Espagne. En attendant, notre métier est d'aller de l'avant.

Je vois qu'on dit à Bordesoulle d'aller doucement, et cela me désole; c'est d'aller vite qu'il s'agit à présent: vous connaissez dans les affaires décisives le prix d'un moment perdu. Il faut arriver brusquement devant Cadix, avant que ces gens-là aient eu le temps de regarder autour d'eux, de se remettre de leur terreur. Tout peut être emporté en un tour de main si l'on va vite, et durer six mois si l'on tergiverse. Votre gloire, général, et votre avenir sont là, songez-y bien. Je pense que Molitor, avec une partie de son corps, suivra Ballesteros; il ne faut pas que celui-ci puisse nous inquiéter sur nos derrières en Andalousie. Le refus qu'a fait sir W. A'Court de suivre le roi à Cadix est une chose immense pour nos intérêts. Ne croyez pas que cela soit un jeu. Les Anglais ne sont pas amis; mais il ne faut pas les voir partout, et supposer des finesses politiques là où il n'y a que des faits simples. Sir W. A'Court n'avait pas de pouvoirs pour reconnaître une république; il a dû s'arrêter pour en demander à sa cour : c'est ce qu'aurait fait tout ambassadeur.

Voyez dans ces longues lettres, général, la preuve de mon zèle pour le service du roi, de mon attachement pour vous, et aussi de mon intérêt dans une entreprise dont j'ai été le premier moteur, afin de nous sauver d'une nouvelle révolution et de donner une fidèle et vaillante armée aux Bourbons. Notre position est entièrement changée en Europe, et je suis fier, comme Français, de voir avec quelle dignité et quelle considération la France a repris son rang parmi les grandes puissances. Applaudissez-vous d'avoir contribué à relever votre patrie.

Tout à vous.

CHATEAUBRIAND.

J'apprends que Bordesoulle s'est porté directement sur Cadix. Dieu soit loué !

M. DE CHATEAUBRIAND A M. DE TALARU.

Paris, ce 26 juin 1825.

J'ai reçu votre lettre de Bayonne, mon cher ami; nous savons ici toute l'histoire de M. Ward. Quant à M. Brunetti, nous nous y attendions; et vous saurez par M. de Caux que j'en ai fait prévenir la régence. Je vous engage à ne pas vous laisser étourdir au premier moment de tout ce que vous entendrez de contradictoire. Les uns vous diront que la régence exagère, qu'elle perd tout, qu'elle est folle; les autres vous soutiendront qu'elle ne fait rien pour venger les royalistes et la cause royale. Le fait est que cette régence n'est pas composée d'hommes forts; mais, vous le savez, il n'y a pas d'hommes en Espagne. C'est là le côté fâcheux; mais il faut aller comme on peut. En se plaignant et s'effrayant de tout, on ne finirait pas. Votre rôle sera difficile, entre les *partis* français et les *partis* espagnols, vous en trouverez de toutes les sortes. Souvenez-vous de vos instructions; ayez des conférences avec vos collègues, aux termes de votre protocole; mais évitez toujours qu'elles soient trop fréquentes et qu'elles aient une apparence plus sérieuse qu'une conversation importante. Pourtant, quand M. Brunetti demandera les conférences, il faudra bien que vous sachiez s'il est accrédité, oui ou non, auprès de la régence. Car, s'il ne l'était pas, à quel titre demanderait-il des conférences? Vous lui en ferez poliment et légèrement la remarque. Attendez-vous à être désavoué par l'Autriche, et soyez sûr que les plus mauvais rapports contre nous sont maintenant arrivés de Madrid.

Ne vous laissez pas déconcerter au premier moment, et, en dernier résultat, nous triompherons avec de la fermeté et de la patience.

Tout à vous, mon cher ami.

CHATEAUBRIAND.

M. RAYNEVAL A M. DE CHATEAUBRIAND.

Berlin, 28 juin 1825.

Monsieur le Vicomte,

Le courrier Diancourt arrive au moment où je venais d'écrire une dépêche qui contient à peu près tout ce que j'ai à mander à votre Excellence dans ce moment-ci. Elle y verra que le langage de M. Alopéus confirme ce que doit lui mander M. de la Ferronnais des dispositions de la Russie, relativement aux prétentions du roi de Naples; c'est maintenant une affaire dont il ne sera plus question. A quelque intention qu'elle nous ait été suscitée, elle tournera à notre avantage de plus d'une manière. D'abord elle nous a permis, et non-seulement à nous, mais aux autres puissances aussi, de lire jusqu'au fond de la pensée de l'Autriche ; et ce que nous y avons lu nous donne, ce me semble, le droit de surveiller cette puissance d'un peu près, sans qu'on s'en formalise. Ensuite le gouvernement du roi a trouvé là une occasion toute naturelle, et dont il a parfaitement profité, de donner à nos alliés l'idée de la fermeté avec laquelle sera repoussée toute proposition qui blesserait ou nos intérêts ou notre dignité. Cette leçon ne sera pas perdue. Je suis bien persuadé, monsieur le Vicomte, que de longtemps vous n'éprouverez plus de semblables obstacles, et que nos alliés vont tous, sans exception et sans plus tergiverser, marcher enfin sur la même ligne que nous. L'article 3 du protocole du 7 juin ne laisse plus aucun prétexte à calomnier les intentions de la France. Sans doute il eût été telle circonstance où cet engagement eût pu gêner notre action ; mais rien de semblable n'est à craindre aujourd'hui, surtout après cette miraculeuse contre-révolution de Portugal, qui nous tire d'une situation si délicate, et dissipe si complétement tous les nuages qui obscurcissaient de ce côté l'horizon politique.

Tout ce que la France a fait politiquement et militairement depuis trois mois, monsieur le Vicomte, nous met dans une situation dont les heureux effets se font déjà sentir. Notre indépendance complète est assurée. Encore un dernier effort, et nous jouirons d'une influence d'autant plus grande, d'autant plus durable, que ce n'est point l'ambition qui nous a mis les armes à la main, et que la cupidité ne ternit point l'éclat de nos succès. La seule comparaison qu'on fera de la conduite des deux puissances qui ont été appelées à combattre la révolution, l'une au-delà des Alpes, l'autre au-delà des Pyrénées, sera pour nous une victoire décisive. L'opinion des peuples n'est pas peu de chose, et ce n'est pas peu de chose non plus que de la reconquérir si peu de temps après l'avoir si complétement perdue.

RAYNEVAL.

LE GÉNÉRAL GUILLEMINOT A M. DE CHATEAUBRIAND.

Madrid, 2 juillet 1825.

Monseigneur,

Je suis tellement pénétré de toutes les vérités contenues dans votre lettre du 25 juin, que j'en envoie copie à Bordesoulle. Je me suis seulement permis d'y faire une altération : c'est de lui appliquer le passage où votre Excellence veut bien me parler de mon avenir. Cela ne gâtera rien à l'affaire.

Rien, dans les instructions que j'ai transmises à Bordesoulle, ne lui prescrivait d'aller *doucement*. Je sais trop bien qu'on ne peut comparer la perte de quelques hommes laissés en arrière, avec les résultats immenses que doit amener la rapidité de nos opérations. C'est aussi dans ce sens que j'ai écrit à Molitor pour qu'il hâtât sur Grenade le mouvement d'une colonne destinée à déjouer les projets que pourrait avoir Ballesteros d'inquiéter les derrières de nos troupes devant Cadix. Je l'ai engagé, pour plus de promptitude, à user largement de tous les moyens de transport du pays, afin de faire suivre les hommes fatigués.

Une autre colonne d'environ 2400 hommes part à l'instant d'ici, pour Andujar, afin d'assurer les derrières de Bordesoulle, à qui j'ai laissé la faculté de l'appeler à lui. Comptez sur ce général, pour tout ce qu'il y aura de prompt, de vigoureux et de prévoyant. Il sent, comme moi, tout le prix d'un moment. Notre correspondance très-suivie en fait foi.

Ce n'est point à Paris, mais c'est ici que nous avons *liardé*. Enfin nous commençons à comprendre que la valeur d'un mois de nos dépenses ordinaires peut nous éviter un an de guerre et toutes les chances malencontreuses qui peuvent se présenter durant ce temps.

Morillo vient de se déclarer contre la régence

formée par les cortès. Il a adressé à ce sujet une proclamation aux Espagnols et à son armée. Le pas est immense, et ne lui permet plus de reculer. Il a demandé à Bourke d'entrer en arrangement. J'ai écrit hier soir à ce dernier, qu'il ne pouvait y en avoir d'autre que de reconnaître la régence d'Espagne, et de nous laisser occuper, de concert avec ses troupes, les places et les provinces de son commandement, qu'il conserverait. En même temps Bourke reçoit l'ordre le plus positif de continuer à marcher, pour profiter de la confusion qui règne déjà dans la Galice et dans les Asturies. Attendez-vous, monseigneur, aux plus heureux résultats. Bourke partira d'Astorga le 5, ayant été joint alors par une brigade de renfort, et par de l'argent pour tous ses besoins jusqu'au mois de septembre.

J'espère que bien avant cette époque nous serons maîtres de toute la Péninsule, et que le dénouement de Cadix sera connu.

Ne doutez pas, monseigneur, de mon ardeur pour le service du roi, ni de la gratitude que m'inspirent vos bontés pour moi.

J'espère beaucoup de l'arrivée de M. de Talaru, pour imprimer à la régence une action tout à la fois raisonnable et vigoureuse.

J'ai l'honneur d'être, etc.

Comte Guilleminot.

M. DE RAYNEVAL A M. DE CHATEAUBRIAND.

Berlin, le 5 juillet 1823.

Monsieur le Vicomte,

Tout ce qui se passe au-delà des Pyrénées nous remplit ici de joie et d'admiration. On ne parle plus d'espérance, parce qu'à l'espérance se joint toujours le doute, et qu'on n'en a aucun sur un succès définitif et très-prompt. Quelques personnes croyaient que les événements du Portugal pouvaient être en partie l'ouvrage de l'Angleterre. M. de Bernstorff, comme votre Excellence le verra par ma dépêche, nous en donne toute la gloire, et paraît même croire que cette gloire pourrait être suivie de quelque profit, ce qui serait une chose suffisante pour exciter la mauvaise humeur de nos voisins. Je crois, comme lui, que jamais les circonstances n'ont pu être plus favorables, pour rétablir sur un pied convenable nos relations avec le Portugal. Nous avons, avant tout, à obtenir que le séquestre soit entièrement levé sur les propriétés françaises; il serait intolérable qu'il subsistât, après l'immense service que le coup porté par nos armes au parti révolutionnaire dans la Péninsule vient de rendre à la nation portugaise et à son souverain. Je donne à M. de Rauzan quelques détails, qui pourront n'être pas entièrement inutiles, sur les discussions qui existaient relativement aux intérêts pécuniaires des sujets respectifs, entre la France et le Portugal, au moment où la révolution a suspendu, en quelque sorte, nos négociations avec ce pays.

M. Royez, dans les lettres qu'il a écrites ici avant son départ de Paris pour Madrid, se loue infiniment de l'accueil qu'il a reçu de votre Excellence, et rend complétement justice aux principes et aux intentions du gouvernement du roi. Je tâcherai d'être informé de l'esprit dans lequel il écrira, une fois arrivé à Madrid, et de la manière dont il peindra à son gouvernement la situation du pays et la conduite que nous y tenons. Jusqu'ici les louanges ne tarissent point. Le roi, les princes, les ministres, les principaux militaires, ne cessent de témoigner leur admiration de la manière dont est conduite une opération qui paraissait offrir tant de difficultés.

Agréez, etc. RAYNEVAL.

M. DE MARCELLUS A M. DE CHATEAUBRIAND.

Londres, le 8 juillet 1823.

Monsieur le Vicomte,

M. Canning fait de son mieux pour jeter une

grande incertitude sur les nouvelles directions données à sir W. A'Court.

Le redoublement de ferveur pour la cause des Cortès, qui s'est manifesté à Londres par des assemblées, des souscriptions et des bals, a produit une somme de dix mille livres sterlings environ. Les armes et munitions de guerre acquises avec ces fonds doivent incessamment partir pour Santona sur deux ou trois vaisseaux marchands que l'amiral Jabat a nolisés. Ces accès de générosité ont été excités par les lettres de sir R. Wilson à ses amis, et vous aurez remarqué, avec surprise, que ces lettres leur étaient envoyées d'Espagne sous le couvert de M. Canning.

Le vicomte DE MARCELLUS.

P.-S. On ne sait qui vient d'envoyer à la souscription pour les Espagnols 5,000 liv. ster. (125,000 fr.) Le *Morning-Chronicle* dit que c'est un prince étranger, qu'il ne désigne pas.

M. DE LAFERRONNAIS A M. DE CHATEAUBRIAND.

Saint-Pétersbourg, le 8 juillet 1823.

Le comte de Nesselrode, qui arrive de Czarskoë-Selo, me fait prévenir que son courrier part dans une demi-heure; il m'est donc impossible, monsieur le Vicomte, de profiter de cette occasion pour vous écrire, comme je n'aurais certainement pas manqué de le faire. Ce qui diminue mon désappointement, c'est que le courrier porte à Pozzo tout ce que j'aurais pu vous mander, et que j'ai tout lieu d'espérer que vous serez entièrement satisfait des communications que l'ambassadeur est chargé de vous faire. Tout ce qui est relatif à la proposition napolitaine s'est terminé comme vous pouvez le désirer; il est impossible de trouver des dispositions plus favorables et plus bienveillantes que celles que l'empereur et son cabinet m'ont témoignées dans cette circonstance. Je ne veux pas laisser cependant partir cette occasion, sans faire connaître à votre Excellence que les dernières lettres que j'ai reçues d'elle, et que j'ai cru devoir faire mettre sous les yeux de l'empereur, ont donné lieu à S. M. de me faire dire, par le comte de Nesselrode, que cette correspondance ajoutait encore, s'il était possible, à la confiance entière qu'elle a, non-seulement dans les nobles et pures intentions de votre Excellence, mais aussi dans la sagesse et l'énergie des mesures qu'elle a su faire prendre au cabinet du roi; c'est par ordre exprès de l'empereur, monsieur le Vicomte, que je suis chargé de vous dire qu'il est impossible de rendre plus de justice à la belle conduite du ministère du roi, ni de faire des vœux plus ardents ni plus sincères pour le succès de la cause pour laquelle nous combattons, et qui est bien reconnue ici pour être celle de tous les trônes de l'Europe. Veuillez, monsieur le Vicomte, continuer à me traiter avec la même bonté, et entretenir cette correspondance à la fois si intéressante et si utile, et qui rend ici mes rapports si faciles et si avantageux avec l'empereur et avec son cabinet.

Recevez, etc.

La Ferronnais.

M. DE CHATEAUBRIAND A M. DE LA FERRONNAIS.

Paris, le 11 juillet 1823.

Voici, monsieur le Comte, la suite des événements diplomatiques. M. Brunetti est arrivé à Madrid, où il a déclaré qu'il n'était point accrédité auprès de la régence; et Mgr. le duc d'Angoulême lui ayant demandé comment il devait le considérer, il a répondu : « Comme un simple particulier. » Cela a fait le plus mauvais effet du monde. Depuis, il est arrivé de nouveaux ordres de Vienne, et M. Brunetti, au moment où je vous écris, doit avoir été accrédité auprès de la régence. Le roi de Naples, de son côté, diminue ses prétentions : il ne demande plus que son ambassadeur soit membre de la régence; mais qu'il *sanctionne seulement* les actes de la régence; c'est tout juste la même difficulté. Franchement, j'espère qu'on abandonnera tout à fait cette chicane, que je n'hésite pas à appeler honteuse, et qui, sans la fermeté du gouvernement français et la sagesse de l'empereur de Russie, aurait pu avoir les plus déplorables résultats.

Tout va bien en Espagne : nous triomphons partout, comme vous le verrez par les journaux. L'ascendant qu'ont pris nos soldats est tel, que les constitutionnels espagnols ne se battent réellement plus. Nous occupons en ce moment toute l'Espagne; nous sommes à Murcie et à Grenade. Il ne reste plus que les Galices qui vont tomber, ou de force, ou par la soumission de Morillo. La contre-révolution de Portugal est complète; le dénouement de ce drame politique est dans Cadix. Nous en ferons le blocus par terre et par mer, et il n'y a que trois mois et quatre jours que nous avons passé la Bidassoa. Quand aurons-nous Cadix? Peut-être demain, peut-être dans quinze jours, un mois, deux mois; cela dépend de la quantité de vivres que renferme la place, et des divisions entre les chefs; mais peu importe, après tout, nous sommes résolus à ne jamais reculer. Nous finirons cette révolution, coûte qui coûte. Tant que je serai dans le ministère, jamais un pas rétrograde ne sera fait. Il s'agit de savoir si les *comuneros* de Cadix seront plus entêtés qu'un *Breton*. Soyez certain que dans ce monde on finit tôt ou tard ce qu'on veut finir. La victoire est au plus patient, en guerre comme en politique.

Vous entendrez peut-être dire, par des échos, que tout va très-bien en Espagne sous le rapport militaire, mais très-mal sous le rapport politique. Je sais du moins que M. Brunetti, mécontent d'abord de sa position, et avec raison, a eu un peu d'humeur et a jugé à travers son humeur : voici la vérité :

La régence ne va ni bien ni mal : elle manque de sagacité; mais l'expérience nous a appris, depuis vingt-cinq ans, qu'il n'y a point d'*hommes* en Espagne. La nation a de la grandeur; les individus sont médiocres.

La régence va, dit-on, trop vite; d'autres trouvent qu'elle va trop lentement. Le fait est qu'elle va trop lentement pour la nation ardente qui la pousse, et trop vite pour les hommes raisonnables de tous les pays. Que pouvons-nous faire à cela à présent? Rien, ou pas grand'chose. Si nous essayions de retenir la régence, aussitôt nous mettrions le corps entier de la nation contre nous, qui crierait que nous sommes des *modérés*, des *constitutionnels*, des *chartistes*, des gens venus pour pactiser avec les ennemis et les cortès. Autant on nous aime, autant on nous détesterait; et je vous demande ce que nous deviendrions, dispersés comme nous le sommes en Espagne, si la nation venait à se soulever contre nous? Notre sûreté nous oblige donc impérieusement à supporter des mesures dont nous reconnaissons les inconvénients; et c'est avoir peu de jugement, que de ne pas voir que, pour assurer notre puissance militaire, nous sommes obligés de nous réduire à une impuissance politique.

Devrions-nous, au contraire, agir politiquement dans le sens de la nation, favoriser les proscriptions, les emprisonnements, les confiscations, les réactions? Non, nous déshonorerions nos armes. Il est donc clair que nous sommes forcés à jouer un rôle passif, et à nous contenter d'adoucir, par des conseils secrets, des remontrances amicales, les mesures qui nous semblent trop violentes ou même trop justes. Vous connaissez la modération du prince, et combien il doit souffrir d'une position où il ne peut pas montrer ce qu'il sent.

Mais il est évident que cette position cessera à la délivrance du roi. Quand nous n'aurons plus rien à craindre pour notre armée, alors nous ferons entendre les paroles de la raison appuyées de la force. C'est là, selon moi, la vraie mesure. Quant aux institutions, l'empereur Alexandre vous a dit tout juste ce qu'il fallait, avec une admirable perspicacité de jugement. Il est clair que Ferdinand ne peut pas être abandonné à lui-même. Il retomberait dans toutes les fautes qui ont failli perdre l'Europe. Il faut un conseil, je ne sais quoi, une institution quelconque qui lui serve de guide et de frein. Quand nous en serons là, il nous sera aisé de nous entendre

Mes nouvelles de Londres m'apprennent que les ordres envoyés à sir W. A'Court, à Séville, sont ceux-ci : « Retourner auprès du roi Ferdinand, si la proposition lui en est faite par *le roi et les cortès*, ou si le roi la lui adresse personnellement. Si cependant sir W. A'Court s'apercevait que le roi a été *contraint* à lui faire cette proposition, il ne prendra conseil que de lui-même, et des circonstances, pour y aller ou refuser. Dans Cadix, sir W. A'Court devra débuter par une protestation solennelle contre toute atteinte à la sécurité du roi et de la famille royale. Il conservera toujours les moyens de se transporter à Gibraltar. » Il n'est pas hors de vraisemblance que quelques directions secrètes aient été données pour favoriser l'évasion de Ferdinand. Tout cela est bien faible, et c'est une chose déplorable de voir une monarchie puissante se prêter à toutes les fictions qu'une assemblée démagogique se plaît à inventer. Tantôt déclarant le roi fou, et le déposant ; tantôt lui rendant la raison comme elle lui a ôté l'esprit, et le replaçant sur le trône ; et un envoyé anglais, reprenant et quittant ses fonctions d'ambassadeur, selon que Ferdinand est roi ou n'est plus roi. Est-ce bien là la fière Angleterre, la reine des mers? Voilà où mènent les fausses doctrines, et l'amour-propre blessé de ceux qui conduisent les états.

12 juillet.

Je reçois des dépêches de Vienne. Causant un jour avec M. le baron Vincent, du parti qu'avait pris sir W. A'Court de ne pas suivre le roi déchu à Cadix, je lui dis : « Voilà une belle occasion pour l'Angleterre de se tirer du mauvais pas où elle s'est mise, et de contribuer à obtenir, par son influence, la délivrance de Ferdinand. » Il paraît que M. Vincent a rendu compte de ce propos de conversation au prince de Metternich, qui, prenant aussitôt acte de ce que j'avais dit de fort raisonnable, a cru devoir ouvrir une sorte de négociation avec l'Angleterre, pour l'inviter à rentrer dans l'alliance et demander son intervention pour la délivrance du roi. Sans doute il serait fort à désirer que l'Angleterre changeât de système, et qu'elle voulût, avec l'alliance, combattre les révolutions. Que le roi Ferdinand obtienne sa liberté définitive, n'importe par qui, nous en serons charmés; mais de faire d'une chose désirable une négociation formelle, j'avoue que je n'aurais jamais songé à cela : montrer tant d'empressement et un si vif désir de se rapprocher de l'Angleterre, c'est faire penser à cette puissance, naturellement si orgueilleuse, que nous avons besoin d'elle. Or, ce n'est pas là assurément la position de la France. Nous sommes très-suffisants pour achever la guerre d'Espagne ou toute autre guerre. M. Vincent est venu me lire la dépêche du prince de Metternich à ce sujet, et je lui ai répondu à peu près ce que je vous dis ici. Au reste, sa proposition vient trop tard, et l'Angleterre a déjà pris son parti sur la position de sir W. A'Court.

M. de Gourieff arrive; il m'apporte votre lettre du 24 juin. Il a rencontré, à huit heures de chemin de Pétersbourg, un courrier du général Pozzo, qui était chargé pour vous de longues lettres de moi. Elles auront achevé d'éclaircir toute l'affaire de Naples, qui est au reste abandonnée par le prince de Metternich. Votre lettre ne m'apprend rien de nouveau. Le général Pozzo, que j'ai vu ce matin, m'a dit que ses dépêches étaient très-satisfaisantes, que l'empereur était plein de bonne volonté pour nous, et qu'il attendait à connaître ce que nous aurions fait à Paris, pour se décider sur l'intervention napolitaine. Dans ce cas tout est fini, et cette misérable affaire va tomber dans l'oubli.

Le duc de San Carlos a obtenu son audience publique comme ambassadeur d'Espagne, et le marquis de Marialva comme ambassadeur de Portugal. Le comte de Palmella m'a écrit; il veut, dit-il, faire donner une constitution au Portugal. M. de Marialva m'a consulté sur ce point. Je lui ai répondu que le gouvernement français avait pour principe de n'intervenir en rien dans la politique intérieure des états; qu'une constitution pouvait être d'ailleurs une chose fort bonne et fort désirable, mais qu'instruits par notre propre expérience, nous pensions qu'il fallait mettre du temps à créer des institutions à un peuple; que cela ne s'improvisait pas; que beaucoup de choses manquaient à notre Charte pour nous être trop hâtés de la publier; que par exemple la loi d'élections, qui aurait dû être dans la Charte, ne s'y trouvait pas, et que cette omission avait pensé nous faire périr; que je croyais enfin, qu'établir une constitution quelconque en Portugal avant que la révolution espagnole fût détruite, serait danger pour les deux pays. Je crois que j'ai ouvert un avis sage, et je ne vois pas du tout, dans l'état d'effervescence où se trouve encore le Portugal, pourquoi la commission de Lisbonne se presserait de publier un code politique fait au milieu du choc des passions et des intérêts.

CHATEAUBRIAND.

M. DE CHATEAUBRIAND A M. DE TALARU.

Paris, le 14 juillet 1823.

M. Brunetti doit être accrédité à présent. Cette affaire est finie, l'inimitié secrète reste. Attendez-vous à tous les chats que l'Autriche pourra vous jeter aux jambes. Vous avez très-bien répondu sur les conférences. Quand elles auront lieu, soyez toujours tout *rond*, tout *amical* et ne concluant rien. Dans tous les grands événements, si on vous presse, dites que vous prendrez les ordres de votre cour.

Sir Charles Stuart est venu me *confier* les ordres que Canning envoie à sir W. A' Court, ils sont tels que je vous les ai mandés. Ils laissent à sir W. la faculté de retourner à Cadix. Au reste, en Angleterre on affecte la plus scrupuleuse neutralité; on veut ne nous *gêner en rien*, on respectera notre blocus et nous pouvons l'annoncer ou le dénoncer officiellement si nous voulons; enfin c'est la vertu et l'honnêteté mêmes que ce cabinet, et tout ce qu'il fait est pour notre plus grand bien. Je joins ici la copie d'une lettre que notre consul à Lisbonne écrit à monseigneur le duc d'Angoulême, par M. de Sousa qui va se rendre auprès de son altesse royale à Madrid. Mais comme M. de Sousa n'est peut-être pas encore arrivé, monseigneur peut être bien aise de savoir d'avance se qui se passe à Lisbonne. Tout y va très-bien. Hyde part demain pour son ambassade, il va s'embarquer à Brest sur la frégate *la Cybèle*, Il sera à la fin du mois à Lisbonne ; j'espère qu'il portera le cordon bleu au roi et à l'infant don Miguel, qui le désirent. Hyde correspondra avec vous. De son côté il s'occupera de Cadix. Vous pourrez mutuellement vous envoyer des courriers.

La pauvre régence est dupe d'une intrigue pour son emprunt. Il y a deux espèces de gens qui ont des bons des cortès. Les uns jouent à la hausse et les autres à la baisse. Ceux qui jouent à la hausse disent à la régence : « Reconnaissez l'emprunt des Cortès, et je vous prête 5o millions. » Ceux qui jouent à la baisse disent : « Déclarez que vous ne connaissez pas l'emprunt des Cortès, et nous avons 5o millions à votre service. » Il est clair, dans ses intérêts, qu'en empruntant, la régence ne doit se déclarer ni pour ni contre l'emprunt des Cortès.

Bonjour, mon cher ami, mandez-moi beaucoup de nouvelles.

CHATEAUBRIAND.

M. DE CHATEAUBRIAND A M. DE TALARU.

16 juillet 1823.

Très-bien, mon cher ami, c'est cela, ne refusez jamais les conférences; elles sont indiquées dans le protocole. Il est d'ailleurs essentiel d'être toujours bien avec l'alliance, quelles que soient la jalousie de l'Autriche et les tracasseries du prince de Metternich. Mais que ces conférences soient toujours ou presque toujours des conversations, dans lesquelles vous montrerez toujours le plus grand désir d'agir avec les alliés; mais *concluez* très-peu; c'est là votre métier et le mien : Bonhomme sans être dupe, voilà l'affaire en deux mots.

Invitez la régence à passer sur bien des choses; qu'elle ne se montre pas difficile si les lettres de crédit ne sont pas bien en règle, peu importe; son intérêt est qu'elle *paraisse* aux yeux de l'Angleterre reconnue par les grandes puissances continentales. Qu'elle n'ait pas la maladresse d'aller relever des défauts de forme qui feraient voir à ses ennemis que les alliés, excepté la France, hésitent à la reconnaître, et qu'ils se ménagent des retraites en cas de revers. C'est évidemment le cas, et tout cela est l'ouvrage de M. de Metternich. Il revient pourtant, et tout se corrigera; mais il faut du silence. La Russie va très-bien, et la Prusse par conséquent deviendra meilleure. Le prince Metternich dans ce moment fait une autre tentative : il essaie de ramener l'Angleterre à l'alliance, et de l'inviter à délivrer le roi de concert avec nous. Il ne réussira pas; mais cette démarche embarrassera l'Angleterre et la ramènera peut-être à faire tenir une conduite plus noble à sir W. A'Court.

Si vous prenez la Corogne, vous devez y trouver des ressources pour augmenter votre marine devant Cadix.

Nous avons ici une lettre d'une des infantes renfermées dans Cadix. La lettre est du 3o juin, elle se flattait d'être bientôt délivrée; mais elle dit que Cadix reçoit des vivres et de l'eau par Gilbraltar, et pourtant nous avons des frégates (fort mal à propos il est vrai) à Gilbraltar. Donnez avis à l'escadre que le ravitaillement vient de Gilbraltar, Tariffa et même de la côte de Barbarie.

Tout à vous.

CHATEAUBRIAND.

M. DE CHATEAUBRIAND A M. DE TALARU.

Paris, le 18 juillet 1823.

Vous trouverez toujours, mon cher ami, l'Autriche pour les conférences : rien n'est plus tracassier, tatillon, bavard, que ce cabinet. Je vous ai déjà dit, et je vous le répète pour la dernière fois, que vous devez accorder des conférences, aux termes du protocole; mais qu'il faut vous étudier à les rendre rares, à les écarter, tantôt sous un prétexte, tantôt sous un autre; les réduire, autant que possible, à des conversations vagues; à ne jamais vous laisser entraîner à prendre des mesures et des résolutions *en commun;* à ne jamais permettre qu'on attaque le fond des choses, soit sur ce qui se passe à présent en Espagne, soit sur l'avenir de cette même Espagne; et enfin à dire toujours, si on vous pressait sur quelques points importants, nouveaux, inattendus, que vous n'avez pas de pouvoirs, et que vous en référerez à votre cour. Dressez le moins que possible des *protocoles.* Vous remarquerez que dans le protocole du   il n'est pas question que vous tiendrez des *protocoles* : il s'agit de conférence, et voilà tout. Il faut en diplomatie tenir le moins que l'on peut des procès-verbaux de ses paroles. Ne vous refusez pas pourtant tout à fait aux *protocoles,* quand M. Brunetti vous pressera; mais faites que ce soit toujours de pure grâce, par complaisance, comme un bonhomme qui se compromet un peu aux yeux de sa cour, pour être collègue obligeant.

Les communications avec le Portugal finiront par s'ouvrir tout à fait, et Hyde vous sera pour cela très-utile : à Lisbonne il pourra vous faciliter bien des choses pour Cadix. Je lui ai recommandé de vous envoyer des courriers. Il sera, j'espère, arrivé à la fin du mois.

Ne laissez pas, mon cher ami, traîner mes lettres, elles ne doivent êtres lues que de vous.

Tout à vous.

CHATEAUBRIAND.

M. DE CHATEAUBRIAND A M. DE SERRE.

Paris, le 18 juillet 1823.

Je vous dois une réponse depuis longtemps, monsieur le Comte; j'espère que vous aurez bien voulu m'excuser en songeant à tous les embarras dans lesquels j'ai été plongé.

Vous m'avez vu à Vérone; je suis revenu en France, blessé au fond du cœur de notre nullité en Europe; j'ai trouvé d'un autre côté en arrivant, dans le parti révolutionnaire, un espoir mal dissimulé de corrompre notre armée, des conspirations prêtes à éclater, et tous ces maux ayant leur foyer à Madrid. Appelé inopinément au ministère par la retraite de M. de Montmorency, j'ai pris mon parti sur-le-champ. L'occasion se présentait d'en finir une fois pour toutes, de savoir si les Bourbons avaient ou non une armée, de terminer la restauration et de nous replacer à notre rang militaire en Europe. Si nous avions le bonheur de réussir dans cette grande entreprise, nous abattions deux révolutions d'un seul coup, car il était clair que les Cortès démagogiques de Portugal tomberaient avec les Cortès conventionelles d'Espagne. Les conséquences de ces événements seraient incalculables pour la France : nous pouvions périr, mais il valait mieux périr en redevenant la première puissance du continent, que rester dans l'état de trouble au-dedans, et de faiblesse au-dehors, où nous étions réduits. L'événement a été heureux, et je ne demande à Dieu que de vivre jusqu'à la reddition de Cadix, pour mourir plein de joie du haut rang de gloire et de prospérité où j'aurai placé ma patrie.

Les obstacles ont été grands, l'Angleterre a été bien menaçante, l'Autriche bien jalouse et bien envieuse. Ne sachant plus comment entraver notre marche, elle avait suscité le roi de Naples pour réclamer la régence d'Espagne, c'est-à-dire pour remettre l'Espagne sous l'influence anglaise, à travers l'autorité du prince de Metternich. L'Autriche disait qu'elle ne reconnaîtrait point la régence d'Espagne, si d'abord les droits du roi des Deux-Siciles n'étaient reconnus; après bien des conférences et des écrits, la prétention du roi de Naples a été repoussée ou du moins ajournée. Ma lettre officielle vous donne aujourd'hui quelques détails sur cette affaire.

Nous ferons tout ce que nous pourrons pour que notre invasion de l'Espagne ne produise pas dans ce malheureux royaume ce que l'invasion autrichienne a produit à Naples; comme nous ne comptons rien garder ni rien demander, loin de ruiner le pays, nous l'aurons enrichi, et c'est déjà une grande chose. Quant aux institutions, nous ne nous en mêlerons point, empêchant seulement le roi de retomber dans les fautes et de commettre ces actes stupides de tyrannie qui l'ont perdu.

Notre métier, monsieur le Comte, est un peu contraire à la franchise. Ne laissons rien percer de ce que nous savons des dispositions de la cour de Vienne pour nous. Il est d'ailleurs juste de dire qu'elle doit craindre plus qu'une autre notre résurrection militaire; elle en est inquiète pour l'Italie; elle n'a pu s'empêcher de manifester son dépit lorsqu'elle a vu le prince de Carignan servir et se distinguer dans les rangs de nos soldats. Elle avait cru que nous ne pourrions pas faire la guerre seuls, que nous serions ou battus ou forcés d'ouvrir aux alliés le passage de la France. Elle a été trompée sur tous les points, et elle a de l'humeur; c'est fort naturel. La Russie au contraire n'est pas jalouse de nos succès, et quoiqu'elle affecte toujours une grande déférence pour le prince Metternich, on voit que celui-ci a perdu à Pétersbourg depuis notre guerre d'Espagne : ce sont des germes qui se développeront un jour. L'Angleterre a joué un triste rôle : elle a été à la fois injurieuse et faible, mais comme cette puissance a des forces à part, et d'admirables institutions, elle reprendrait toute sa puissance si, au lieu de s'opposer par de petits moyens à la délivrance du roi d'Espagne, elle se joignait à nous pour mettre ce prince en liberté, et terminer de concert avec nous la grande affaire des colonies espagnoles.

J'en étais là de ma lettre, monsieur le Comte, quand un courrier de Rome m'apporte la nouvelle de l'accident arrivé au pape, et qui sera peut-être suivi de la mort de ce saint religieux. L'Autriche va se mettre en mouvement ; elle nous a déjà proposé de nous entendre avec elle pour l'élection d'un souverain pontife : cela veut dire qu'elle ne serait pas sûre de triompher sans nous. Je crois que nous ne pourrons rien à cette affaire, et que l'intérêt italien, qui nous est plutôt favorable, l'emportera. Nous ferons partir nos deux cardinaux, si nous avons le temps. Dans le cas où l'Autriche voudrait occuper militairement les légations, nous ferons des représentations. Mais je ne crois pas à cette occupation, et j'y croirais bien moins encore, si une dépêche télégraphique nous annonçait la reddition de Cadix.

Veillez, je vous prie, aux corsaires espagnols, et qu'ils ne viennent pas vendre leurs prises ou se ravitailler dans les ports de Naples et de Sicile.

Tout à vous,

CHATEAUBRIAND.

M. DE CHATEAUBRIAND A M. DE TALARU.

Paris, le 19 juillet 1823.

Je vous avais, mon cher ami, précisément écrit hier contre les *protocoles*. Mais enfin ce qui est fait est fait. On reviendra sans doute à vous proposer le rapport sur l'état de l'Espagne : c'est la manière de M. de Metternich; peu importe; tout ce qui entraîne des longueurs, tout ce qui demande des renseignements, tout ce qui peut être pris et repris, lu et relu, commenté, critiqué, examiné, est bon pour vous et bon en diplomatie. Vous et vos collègues, vous pourrez très-bien être six mois à faire votre rapport, et pendant ce temps-là tout chemine.

Vous faites très-bien de vous mettre à la tête du corps diplomatique. Il faut que vous en deveniez le patron et le maître. Dînez beaucoup, et buvez bien : il ne sera bruit que de vous et de la *Sainte-Alliance*.

Votre corps diplomatique va s'augmenter. Vous trouverez ci-jointe une lettre de la cour de Danemarck à son agent à Séville : elle le rappelle, et lui dit de s'accréditer à Madrid auprès de la régence. Annoncez cela à M. Saez, et envoyez la lettre à sa destination.

Vous ne verrez point de flotte anglaise à Cadix,

mais deux frégates qui viendront se mettre à la disposition de sir W. A'Court. On ne sait toujours si celui-ci ira à Cadix ou à Gibraltar.

Tout à vous.

CHATEAUBRIAND.

P.-S. Nous n'avons point encore reçu la nouvelle de la mort du pape, ce qui me fait croire qu'il aura survécu à sa chute plus longtemps qu'on ne l'avait présumé. Le nonce doit être arrivé à Madrid.

Je dois vous dire qu'il ne faut pas vous laisser entamer sur des choses qui touchent à l'indépendance de la régence, sans quoi, vous et vos collègues, vous deviendriez les régents du royaume. Par exemple, vous n'avez pas le droit de vous mêler des actes de la régence; qu'elle emprunte ou qu'elle n'emprunte pas, cela ne vous regarde en rien; cela peut être entre vous un sujet de causeries, mais jamais matière à protocole et à délibération. Prenez bien garde à cette tendance de l'Autriche à se mêler et à envahir. Retenez-la dès le premier pas, ou vous serez entraîné bien loin.

M. LE PRINCE DE POLIGNAC A M. DE CHATEAUBRIAND.

Londres, ce 22 juillet 1825.

Je suis arrivé hier soir à Londres, mon cher Vicomte, après une traversée assez courte mais pénible. Les ordres n'étaient pas encore parvenus à Douvres, de rendre à l'ambassadeur du roi les honneurs dus à son rang : on n'a pas, en conséquence, tiré le canon ; le commandant de la garnison est venu s'en excuser auprès de moi, mais il a placé à ma porte une garde d'honneur ; du reste, j'ai été aussi bien accueilli par les habitants de Douvres que je pouvais l'être : ils se sont rassemblés, à mon départ, autour de ma voiture, et m'ont salué lorsque j'y suis entré. La malveillance s'est déjà emparée de la circonstance de l'omission des honneurs rendus ; un papier anglais en fait le sujet de quelques observations. Le fait est, d'après ce que m'assure le vicomte de Marcellus, que la notification officielle de mon arrivée est parvenue un peu tard à M. Canning, et que la cérémonie de la prorogation du parlement, survenue immédiatement après cette notification, aura retardé l'envoi des ordres qu'attendait le commandant de Douvres.

M. Canning m'a fait dire les choses les plus obligeantes par le vicomte de Marcellus, et m'a invité à dîner pour aujourd'hui à sa campagne ; je compte y aller. Le roi est à Windsor, et c'est là probablement que j'aurai ma première audience. Je vous tiendrai au courant de tout. Vous pouvez compter sur mon zèle et mon exactitude.

Recevez, mon cher Vicomte, l'assurance de mon bien sincère attachement.

Le prince DE POLIGNAC.

M. DE CHATEAUBRIAND A M. DE TALARU.

Paris, le 25 juillet 1823.

Je réponds confidentiellement, mon cher ami, à votre dépêche n° 17.

Tous vos raisonnements sur les avantages et les inconvénients des conférences sont justes. La difficulté a été de n'accepter de secours de personne, et de se mettre en garde contre l'empiètement des alliés dans les conférences. Il est certain que les quatre grandes puissances continentales, s'entendant ensemble à Madrid, offrent quelque chose de moins dur à la régence, que la volonté de la France, exprimée seule par l'organe de ses soldats. Tout dépend donc de votre habileté.

Votre tableau de l'Espagne est celui que tout le monde fait. Il n'y a remède à ces maux que la délivrance du roi. On ne fera peut-être que changer de mal, mais du moins nous n'en serons pas responsables.

Je vais parler pour qu'on accepte au moins les secours de Portugal par *mer*. Les Portugais ne sont pas dans la position des Russes, des Autrichiens et des Prussiens, ils ne passeront pas sur notre territoire; ils sont comme nous menacés par la révolution espagnole, et comme nous ils ont le droit de prendre les armes contre elle. S'ils déclaraient la guerre à l'Espagne, pourrions-nous les en empêcher? Si on ne veut pas précisément dire qu'on accepte leurs propositions, ne peut-on faire comme on a fait pour le comte d'Amarante, les laisser agir en Espagne comme ils voudront? s'ils veulent bloquer Badajos et Ciudad-Rodrigo, bien libre à eux, sans doute. Parlez à monseigneur le duc d'Angoulême dans ce sens; ne lui présentez pas la chose comme un parti pris ou à prendre, mais comme une idée qui mérite d'être pesée, surtout pour le service de mer. Nous pouvons tirer un immense parti de la marine portugaise et du matériel qu'elle peut nous fournir. Si nous triomphons avec nos seuls moyens, c'est bien beau; mais si nous ne triomphons pas? les faits dominent tout. Il faut avoir Ferdinand, n'importe à quel prix, car il y va du salut ou de la perte de la France. Dites à Guilleminot mes idées sur tout ceci.

CHATEAUBRIAND.

M. DE CHATEAUBRIAND AU PRINCE DE POLIGNAC.

Paris, le 28 juillet 1825.

Je reçois, mon noble ami, votre première dépêche. J'attendrai avec impatience votre audience publique. Je ne serais pas étonné qu'on la différât, pour joindre cette mauvaise grâce à beaucoup d'autres; vous savez que les ministres anglais ne parlent jamais de politique en société, et je ne suis pas étonné que M. Canning et lord Liverpool ne vous aient rien dit. J'ai réfléchi à la lettre particulière du roi. Le roi d'Angleterre ne montre pas assez d'empressement à vous recevoir, pour nous livrer avec tant d'abandon ; cette lettre pourrait tomber entre les mains de M. Canning et faire une histoire; si donc vous ne l'avez pas remise, je crois qu'il sera mieux de me la renvoyer.

L'estafette de Madrid, partie le 23, et arrivée ce matin, n'apporte rien de nouveau. Nous faisons nos efforts pour déterminer monseigneur le duc d'Angoulême à se rendre devant Cadix, pour réunir les généraux prêts à se diviser, et pour sortir de Madrid, où la police, qui est nulle en Espagne, ne veille pas assez à sa sûreté. L'incendie, allumé ou non par la malveillance, dure encore, faute de pompes pour l'éteindre.

Vous savez maintenant que j'ai dénoncé le blocus.

Tout à vous, mon noble ami.

CHATEAUBRIAND.

P. S. Vous pouvez causer avec cet homme du Mexique, non comme ambassadeur, mais comme prince de Polignac.

M. DE CHATEAUBRIAND A M. DE POLIGNAC.

Paris, ce 51 juillet 1823.

Vous verrez, par ma lettre officielle, noble prince, où nous en sommes avec l'Angleterre. Vous sentez ce qu'une frégate anglaise, qui viole un blocus, qui tire le canon pour saluer les Cortès, qui arbore le pavillon espagnol, etc., doit avoir de puissance pour monter la tête des descamisados, et prolonger la résistance. On vous répondra à tout cela que le blocus n'était pas dénoncé; et ils savent très-bien que ce qui est un *usage* n'est pas une *loi*, et qu'ils abusent de la générosité du gouvernement français. Cependant plaignez-vous, et tâchez que ces bravades et ces insultes aient un terme.

En Espagne, le départ de monseigneur le duc d'Angoulême pour Cadix répond à l'accusation de notre marche rétrograde sur l'Èbre : c'est une très-bonne mesure sous tous les rapports, la politique sera plus simple à Madrid, et la guerre plus franche au port Sainte-Marie.

Voyez, je vous prie, M. Sequier, et tâchez de vous faire rendre toutes ces prises françaises conduites de la Corogne dans les ports de l'Angleterre. C'est une affaire majeure pour notre commerce. Je vous en ai écrit par le dernier courrier.

Nous ne savons rien de la Corogne, mais nous ne doutons point qu'elle ne soit bientôt entre nos mains, quand notre croisière sera arrivée devant cette place.

CHATEAUBRIAND.

M. DE CHATEAUBRIAND A M. DE TALARU.

Paris, ce 31 juillet 1823.

Monseigneur a raison, et la régence doit rester à Madrid. Nous sommes tous frappés ici de l'inconvenance de la mesure qui frappe cent cinquante familles espagnoles à peu près. Parlez fortement à la régence, dites-lui qu'il n'y a rien de plus impolitique que des mesures qui enveloppent des classes entières dans une espèce de proscription. Je n'hésite pas à considérer le décret de la régence sur la milice comme un acte funeste. Le général

Pozzo est dans cette opinion, et il en écrit à
M. Bulgari. Avisez entre vous ce que vous pouvez
faire pour que la régence ou rappelle ou modifie
son arrêté.

Le départ de M. le duc d'Angoulême est une
très-bonne mesure; il sépare la politique de la
guerre, tout en ira mieux.

Je conçois qu'à Madrid on ait un peu peur
pendant quelques jours; mais on s'habituera à
être seul, et Bourke, après avoir pris la Corogne,
s'approchera de vous.

CHATEAUBRIAND.

M. DE CHATEAUBRIAND A M. DE TALARU.

Paris, ce 2 août 1835.

J'ai reçu votre lettre du 27 juillet et le bulletin n° 25 que nous avions depuis deux jours. Je connaissais aussi la lettre de Bordesoulle. Vous avez raison, les phrases ne se suivent guère et se contredisent; il rejette sur la frégate anglaise la mauvaise issue de négociations mal commencées et mal conduites, auxquelles il n'a pas voulu adjoindre des gens habiles. Il n'y a plus qu'un seul parti à suivre : c'est de prendre Cadix de vive force. Le maréchal de Bellune, qui l'a bloqué deux ans de suite, assure qu'on peut le prendre, en s'emparant du Trocadero et faisant une descente sur la pointe en face, dans l'île de Léon, à demi-portée de bombe de Cadix. Il en coûtera du monde, mais il s'agit dans cette affaire de la restauration complète des Bourbons, ou de leur chute finale. Il n'y a pas à balancer, nous allons prêcher dans ce sens.

Toutes les lettres qui arrivent de Madrid et dans toutes les opinions s'accordent à dire que le décret contre la régence produit l'effet le plus désastreux. Cette régence peut être bien bonne; mais elle est bien bête. Qu'avait-elle besoin de parler de dîmes, des biens nationaux, des moines, des impôts, des milices? Pourquoi remuer tant de questions, qu'il fallait avec prudence mettre au retour du roi, et s'occuper tout simplement de la création d'une armée? il faut, mon cher ami, que vous tâchiez de prendre plus d'autorité sur elle, surtout pendant l'absence du prince; que vous obteniez, s'il est possible, la communication de ses arrêtés avant qu'elle ne les rende : insistez sur le rappel de celui contre les milices. Je vous écris aujourd'hui une lettre officielle à ce sujet, afin que vous puissiez la montrer à M. Saez, si vous le jugez à propos. Je vous laisse libre d'en faire ou non usage.

Ayez bien soin de me mander l'effet qu'aura produit sur l'esprit de Madrid le départ de monseigneur le duc d'Angoulême; quel parti prend le dessus dans la capitale; mettez tout en usage pour que la régence, qui se sentira plus libre, ne commette pas d'acte violent. Il y aurait de l'adresse à elle à se montrer modérée précisément après le départ de ceux qui l'accusaient d'exagération.

Tout à vous,

CHATEAUBRIAND.

M. DE CHATEAUBRIAND A M. DE CARAMAN.

Paris, ce 3 août 1855.

Depuis ma dernière lettre du 26 juillet, il n'est rien arrivé, monsieur le Marquis, d'important dans les opérations militaires, et dans la politique, que le départ de monseigneur le duc d'Angoulême pour l'Andalousie. Il y avait quelques inconvénients à ce départ, mais les avantages en étaient si grands d'un autre côté que je n'ai pas hésité à insister fortement sur cette mesure. Ces avantages sont de plusieurs sortes.

1° Monseigneur le duc d'Angoulême, en contact avec la régence, et étourdi à Madrid de toutes les intrigues et de tous les cris des divers partis, commençait à prendre de l'humeur. Cette humeur augmentait les divisions et créait deux centres d'autorité: la régence et le prince. Il était essentiel de tirer celui-ci d'une position qui lui devenait insupportable, et qui pouvait même altérer sa santé. Il fallait le replacer au milieu de ses camps, où il est si bien, où ses vertus, composées de modération et de courage, entretiennent à la fois la discipline et l'ardeur de nos troupes; enfin il fallait veiller aux jours de ce noble prince, bien plus en sûreté sous la tente que dans une ville sans police, où les révolutionnaires de toute l'Europe ont des intelligences, et machinent toutes sortes de complots, témoin l'incendie de l'église des *Clercs mineurs du Saint-Esprit.*

2° La présence de monseigneur à l'armée fera cesser des rivalités militaires si communes parmi nos généraux.

3° Cadix tombé entraînant la chute de la révolution espagnole, il faut faire un dernier effort pour l'emporter; et si quelque chose peut amener cette heureuse catastrophe, c'est sans doute la présence du prince devant Cadix.

Voilà, monsieur le Marquis, les principaux motifs du départ du prince. Ils sont susceptibles de longs développements dans lesquels je ne puis entrer, et qui se présenteront à votre esprit. Cette mesure est un coup de parti et j'espère que nous en sentirons bientôt les heureux résultats.

Au reste, je vous ai toujours dit que je ne répondais pas du jour de la délivrance du roi. Je n'en sais rien encore. Mille choses peuvent la retarder, et

surtout les efforts des Anglais, qui nous font une
véritable guerre. Ils violent nos blocus, font passer des armes, des vivres et de l'argent aux révolutionnaires ; envoient des aventuriers pour se
mettre à la tête des soldats des Cortès, et pour relever leur courage. Quoi qu'il en soit de cette conduite et de cette neutralité peu loyale, nous en
viendrons à bout. Si nous n'achevons pas cette
guerre dans quatre ou cinq mois, nous l'achèverons dans six, dans sept, dans un an. Jamais nous
ne reculerons, du moins tant que je serai ministre.
Il s'agit ici du sort de l'Europe. Si la révolution
triomphait en Espagne, tout serait perdu. Il faut
ici victoire, victoire complète, ou périr sous ses
ruines : cela est clair, et, par conséquent, mon
parti est bien pris.

Notre projet, si Cadix n'est pas emporté avant
la saison des vents qui empêchent de tenir la
mer, est de faire cet automne le siége de toutes
les places en deçà de l'Èbre ; ces places tombées
nous laisseront 40,000 hommes disponibles auxquels nous ajouterons la levée de 36,000 hommes,
et avec ces nouvelles forces nous irons appuyer
les forces laissées cet hiver devant Cadix, dont
nous formerons le siége, et que nous emporterons,
quelques sacrifices d'hommes qu'il nous en puisse
coûter. Je vous mande là nos arrière-plans ; car
nous comptons attaquer Cadix du 20 au 25 de ce
mois, et nous avons de grandes espérances de succès. Mais il faut, quand on est à la tête des af-

faires, calculer toujours les événements dans le sens le moins favorable, afin de n'être pas pris au dépourvu.

Recevez, etc., etc.

CHATEAUBRIAND.

M. DE CHATEAUBRIAND A M. DE LA FERRONNAIS.

4 août.

Il s'est répandu des bruits que vous estimerez à leur juste valeur. *Nous traitons avec les Cortès!* Nous n'avons pas pris les armes contre les Cortès pour traiter avec elles. Jamais nous ne les reconnaîtrons désormais comme corps politique. Tout ce que les *individus* voudront pour nous livrer le roi, nous l'accorderons. Nous traiterons donc avec les individus, nous traiterons avec le roi, nous nous adresserons à lui toutes les fois qu'il pourra faire quelque chose pour lui-même; mais ne croyez pas que nous déshonorions nos armes, notre cause, par d'indignes compositions.

La régence à Madrid a commis bien des fautes. Son dernier décret sur les miliciens est déplorable; elle multiplie ses ennemis et les difficultés que nous avons à vaincre. Je lui ai fait faire les représentations les plus sérieuses par le marquis de Talaru. Il faut dire pourtant, à son excuse, qu'elle est obligée de faire des sacrifices aux opinions de la masse populaire qui la pousse. En Espagne, tout est noir ou blanc, on est pour les Cortès ou pour le roi, et vous ne ferez pas comprendre à ces deux partis qu'ils peuvent user l'un envers l'autre de bienveillance et de ménagement. Ils ne tendent pas moins qu'à s'exterminer mutuellement. Un gouvernement qui veut être sage est bien embarrassé à trouver la route à travers tant de passions.

Je ne vous parle plus de la prétention de Naples, l'affaire est enterrée : elle était passablement ridicule. Vous savez sans doute la chute du pape; il va mieux, mais je ne crois pas qu'il vive longtemps. Je lui ai envoyé un lit mécanique pour se soulever. Un conclave était autrefois une grande affaire. Aujourd'hui cela ne pourrait avoir d'importance que si un grand homme montait sur le trône pontifical. Rome n'est plus assez forte par elle-même pour influer sur le sort des peuples sans un pape de génie. Quelques intrigues communes de quelques cardinaux obscurs seront inconnues hors des ruines de Rome, et l'on s'apercevra à peine que les clefs de saint Pierre ont changé de mains.

CHATEAUBRIAND.

M. LE PRINCE DE POLIGNAC A M. DE CHATEAUBRIAND.

Londres, le 10 août 1825.

Le vicomte de Marcellus, qui vous remettra cette lettre, mon cher Vicomte, vous donnera tous les détails de l'accueil aimable et flatteur que m'a fait le roi d'Angleterre au Cottage, où j'ai passé toute la soirée d'avant-hier. Il n'y a pas eu, pour ainsi dire, de présentation, puisqu'il a voulu me recevoir dans son salon, lorsque toute la société qu'il avait invitée s'y trouvait réunie, et que, sans attendre que M. Canning eût prononcé mon nom, il est venu à moi, m'a pris par les mains en me disant que j'étais une de ses plus anciennes connaissances, et qu'il était charmé de me voir; puis il s'est informé des nouvelles du roi; de Monsieur et de la famille royale; il a eu la bonté d'y joindre des paroles pleines d'un souvenir bienveillant pour ma propre famille, et tout cela, avant même qu'il me fût possible de remettre mes lettres de créance, ni les lettres de récréance que je lui apportais de votre part. Le vicomte de Marcellus vous répétera aussi, mon cher Vicomte, tout ce que le roi a dit d'aimable sur votre compte, et l'à-propos piquant même qu'il a choisi pour faire un éloge public de votre dernier discours à la chambre des pairs. Je n'ai pas eu de conversation particulière avec ce souverain; mais, pendant le dîner et dans le cours de la soirée, il a, à plusieurs reprises, saisi les occasions qui se présentaient de me faire connaître la noblesse, la magnanimité de ses sentiments, les vœux qu'il formait pour la prospérité de la France, et l'attachement personnel qu'il portait à notre auguste monarque; je dois vous dire aussi que le duc de Clarence et le duc de Cumberland, que j'ai rencontrés au Cottage, ont partagé hautement l'opinion de leur royal frère.

Recevez, etc.

Le prince DE POLIGNAC.

M. DE CHATEAUBRIAND A M. DE TALARU.

Paris, 10 août 1823.

Une dépêche télégraphique datée du quartier-général de la Caroline, le 6 de ce mois, nous a appris hier au soir la capitulation de Ballesteros et sa reconnaissance de la régence. Je m'applaudis de vous avoir prévenu, dans mes trois dernières lettres, d'interposer votre autorité afin que la régence ne fasse pas l'énorme sottise de repousser Ballesteros. Je vous écris en conséquence une lettre officielle, dont vous ferez usage, s'il y a lieu, auprès de la régence. Cet événement peut amener la reddition de Cadix, et peut déterminer la défection de Milans et de Lobéras en Catalogne. Si, d'un autre côté, nous sommes entrés à la Corogne, comme le disent des lettres venues de Londres, Bourke pourra entrer dans le royaume de Léon et vous mettre en repos à Madrid. Allons! voilà de belles espérances; puissent-elles s'accomplir. Si le roi est délivré, vous aurez d'abord à Madrid le général Pozzo, qui a de pleins pouvoirs pour cela, et ensuite un ambassadeur. Bulgari ne vous restera pas.

Dites-moi ce que l'on pense à Madrid de notre consul de Valence, Brochaut d'Andilly, qui a été vice-consul à Madrid, après le départ de M. de La Garde. Mais prenez garde aux exagérations des *absolutistes,* dans ce qu'on vous en dira. Mon dessein est de le renvoyer pour exercer le consulat par *interim* à Madrid, si vous pensez qu'il n'y a pas d'inconvénients.

CHATEAUBRIAND.

M. DE SERRE A M. DE CHATEAUBRIAND.

Naples, 9 août 1823.

J'ai reçu, monsieur le Vicomte, votre lettre confidentielle du 18 du mois dernier. Je vous remercie de la peine que vous avez prise de m'expliquer les motifs qui vous ont décidé à la guerre, et l'état actuel de nos relations diplomatiques.

Il y a une partie de vos motifs de guerre qui n'a pu être bien jugée qu'au moment même, et sur les lieux, mais d'ici j'en aperçois assez pour comprendre qu'à votre arrivée au ministère l'invasion de l'Espagne vous ait paru nécessaire. Au milieu de l'hésitation de la plupart des esprits, la promptitude et la vigueur de votre détermination ont fait beaucoup pour le succès. Il est grand; vous avez toute raison de vous en applaudir, et je vous en félicite de tout mon cœur. Toutefois, et même après la chute de Cadix, vous êtes loin de pouvoir penser à votre *nunc dimittis*. Vous avez le premier rendu à la France cette vie, cette action extérieure, nécessaires à un grand peuple, et qui semblaient suspendues depuis la restauration. Dans cette carrière, les grandes affaires s'appellent l'une l'autre.

Ce n'est pas seulement la question politique de l'Espagne, où, sans vouloir imposer des institutions, vous ne pouvez cependant laisser élever, dans un autre sens, un système aussi absurde, ruineux et menaçant, que celui que vous avez détruit; un système capable de ressusciter un jour le dernier, et de faire évanouir le fruit de vos travaux. Ce n'est pas seulement la question plus épineuse encore des colonies espagnoles, dans laquelle il faudra bien se rappeler la promesse de resserrer autant que possible le cercle et la durée de la guerre.—Il n'est pas que vous n'ayez souvent remarqué que, dans le va-et-vient des choses humaines, le danger qui cesse ne fait presque jamais que céder la place à un autre. La crainte des révolutions est le sentiment commun qui, depuis huit années, tient les grandes puissances unies et l'Europe en paix. Le péril passé s'oublie vite, et cette crainte sera bien affaiblie une fois que la Péninsule sera restaurée, pacifiée. Alors la politique des intérêts, des ambitions de puissance à puissance, la vieille politique, si l'on veut, reprendra tous ses droits. Les cabinets sont timides, endettés, mais les peuples sont reposés et les armées nombreuses; cela n'est point à la longue d'un pacifique augure, encore bien que la paix soit sur les lèvres et dans les cœurs. Cette jalousie de la France, que déjà vous voyez poindre, grandira malgré votre prudence et votre générosité. Il y a de l'habitude autant que de la raison. On craint ce nom même de France, qui depuis des siècles a si souvent remué le monde; on craint, plus encore que la contagion de l'anarchie, l'effet lent mais irrésistible de nos institutions, le mouvement et la force qu'elles nous impriment. Précisément parce que nous avons toujours joui d'une certaine liberté, nous n'avons jamais fait nos affaires sans quelque bruit : vous vous souvenez de vos états, de votre parlement de Bretagne. Pour nous, ce bruit prévient ou détourne le danger; mais après les crises dont nous sortons, c'est aux yeux des cabinets accoutumés à gouverner dans le silence l'indice d'un volcan, de laves prêtes à se répandre. Le plus sûr moyen de calmer les jalousies, c'est d'être fort : on ne conteste que les supériorités qui s'élèvent ou se relèvent; on s'y résigne dès qu'elles sont bien établies.

On est fort par les lois et par les armes. C'est une avance que cette guerre qui, sans être meurtrière, aguerrit nos troupes; mais il nous manque la faculté indispensable de conserver au besoin les soldats aguerris sous le drapeau; il nous manque une réserve; les vétérans n'en sont point une, au moins suffisante dans toutes les conjonctures; la première campagne, nous avons dû recourir à une levée anticipée; ceci est urgent, parce qu'il faut plusieurs années révolues pour avoir amassé les réserves; pour qu'elles restent entières, le temps de service ne doit courir que du jour de l'arriveé au corps.

Il ne faut point faire halte non plus dans le développement de nos institutions politiques; en conservant ce qui est propre à la France et à une monarchie continentale, elles doivent marcher vers cette perfection que vous admirez, à si juste titre, en Angleterre. Chez nous les royalistes seront, pour plus d'une génération encore, l'appui nécessaire du gouvernement; c'est par eux qu'il doit s'enraciner; il faut par tous les moyens les mettre en jouissance des avantages de nos institutions pour leur en donner le goût, pour vaincre les préventions qui restent. La question de l'indemnité des biens des émigrés mérite sérieuse considération ; elle est bien plus politique que financière.

Je vous dis toutes ces choses, monsieur le Vicomte, parce qu'une guerre heureuse vous donne une force, et que vous possédez des avantages que n'ont point eus vos devanciers. Pour conserver et accroître sa force, il en faut user.

Le saint-père se rétablit comme par miracle ; ce sera un jour une grande affaire aussi que le choix de son successeur. La Providence a donné à l'église, dans ses dernières tribulations, deux chefs qui ont eu le courage des martyrs; l'époque actuelle en demanderait un qui eût le zèle des apôtres; nous sentons ce qui manque en France à l'influence de la religion, et cependant nous sommes encore les mieux partagés; notre clergé, toujours le premier de la chrétienté, a été épuré au feu de la persécution. Mais c'est dans le clergé d'Italie, à commencer par celui de Rome; c'est dans le clergé de l'Allemagne, dans celui de la grande Péninsule, qu'est grand le mal moral qui travaille l'Europe; c'est là qu'il faudrait commencer à l'attaquer. Comme vous le prévoyez, les Italiens feront la nomination. On pourrait peut-être leur faire sentir leur véritable intérêt, les arracher un instant à leur triste maxime : *il mondo va da se*, leur prouver qu'ils vaudront précisément autant que le pape qu'ils éliront. Malheureusement il paraît que depuis longtemps le sacré collége a été faiblement recruté.

Sur les Deux-Siciles, je n'ai rien à ajouter à mes dépêches officielles. D'ici à longtemps notre rôle à Naples sera, je présume, de simple observation. Il y a peu de bien à faire; ce quelque mal, que peut-être nous réussirions à éviter, ne vaut pas l'ombrage que nous donnerions à l'Autriche.

Cette lettre, monsieur le Vicomte, est plus une suite à nos conversations de Vérone, qu'une dépêche diplomatique. Votre confiance a entraîné la mienne. Je sens bien que, dans mon coin, ma politique doit être trop spéculative. Vous êtes au centre d'action, au foyer dans lequel rayonnent tous les faits. Vous rectifierez mes erreurs.

Je vous renouvelle, monsieur le Vicomte, les assurances de mon dévouement et de ma haute considération.

H. DE SERRE.

LE PRINCE DE POLIGNAC A M. DE CHATEAUBRIAND.

Londres, ce 12 août 1823.

Je ne comptais pas vous écrire aujourd'hui, mon cher Vicomte, mais M. Canning, que je viens de voir, m'a chargé d'une *petite commission* pour vous; c'est simplement sous ce point de vue qu'il m'a prié d'envisager ce qu'il m'a dit, et dont je vais vous rendre compte. Le consul anglais à la Corogne et sir Robert Wilson ont interposé leurs bons offices auprès des autorités espagnoles de cette ville pour rendre la liberté et mettre à bord d'un parlementaire M. Desbassyns, beau-frère ou cousin du comte de Villèle; ce parlementaire a été pris par un bâtiment français, et toutes les personnes qui étaient à son bord ont été conduites dans un de nos ports; au nombre de ces personnes se trouvait madame Quiroga, femme du général espagnol de ce nom. M. Canning demande que vous interposiez maintenant vos bons offices pour lui faire rendre la liberté, comme l'a fait le consul anglais à la Corogne en faveur de M. Desbassyns. J'ai répondu à M. Canning que je vous transmettrais son désir aujourd'hui; il a dû en écrire également par le courrier de ce jour à sir Charles Stuart.

Tout à vous, mon cher Vicomte.

Le prince DE POLIGNAC.

M. DE CHATEAUBRIAND A M. DE TALARU.

Paris, le 16 août 1823.

Mon cher ami,

L'ordonnance de Monseigneur le duc d'Angoulême du   me paraît être la réponse à la note de M. Saez. Cette note, qui demandait *réparation*, aura excité un moment de colère qui aura produit l'ordonnance.

Cette ordonnance, au moment du dénouement, dans un moment où l'habileté consiste à ne rien agiter, à gagner quelques jours, peut avoir un effet funeste. Je n'ai d'autre conseil à vous donner que de faire vos efforts pour amortir le coup. Ne vous rangez pas du côté de la régence, mais calmez-la, en lui représentant que c'est l'imprudence de la note de M. Saez, ces mots *de réparation*, qui, en blessant Monseigneur le duc d'Angoulême, l'ont forcé de prendre une mesure qu'il a cru nécessaire à la sûreté de son armée. Faites entendre surtout que toute irritation qui éloignerait la délivrance du roi aurait l'effet le plus déplorable. Que deviendraient la régence et les royalistes, si nous étions obligés de nous retirer sur l'Ebre? S'ils veulent se sauver, il faut donc qu'ils restent unis à nous, et qu'ils soient reconnaissants de ce que le prince a fait pour eux, même lorsqu'il a recours à des moyens de salut qui contrarient leurs idées ou leurs passions.

Les massacres qui ont eu lieu à Madrid, dans ces derniers jours, semblent au reste motiver l'ordonnance du prince. Je sens, à chaque instant, l'inconvénient des distances : tandis que je vous écris tout ceci, Dieu sait ce qui sera déjà arrivé. L'ordonnance est du 8, nous sommes au 16, vous ne recevrez cette lettre que le 21, et je n'aurai votre réponse que le 26 ou le 27. Dans cet espace de temps, dix révolutions auront pu arriver. Ce que je crains le plus, c'est une décision de la régence, par laquelle elle abandonnerait le pouvoir, ce qui pourrait amener un mouvement dans Madrid; mais enfin la Providence, qui depuis si longtemps est pour nous, ne nous abandonnera pas.

Vous verrez bien que cette lettre n'est pas une réponse à votre dépêche du 11, n. 49, que j'ai reçue ce matin, et qui ne dit rien d'important, mais une réponse à ce que j'ai appris par M. de Villèle, à qui Monseigneur a envoyé son ordonnance. Si, par un miracle, Monseigneur s'était ravisé et n'eût pas publié cette ordonnance, je n'ai pas besoin de vous dire qu'il faudrait se taire sur tout ceci.

CHATEAUBRIAND.

M. DE CHATEAUBRIAND A M. DE TALARU.

Paris, le 17 août 1823.

Je reçois votre dépêche du 12, n. 50 : elle m'apporte l'ordonnance dont je vous ai parlé hier. Je vous réponds par deux lettres officielles : l'une sur l'ordonnance même, l'autre sur votre lettre au général Guilleminot. Quant à l'ordonnance, c'est une chose faite; il faut donc la soutenir; car, ce qu'il y a de pire, c'est de reculer sur une mesure, et rien au monde ne doit nous faire abandonner Monseigneur.

Le général Lauriston, qui a déjà reçu devant Pampelune l'ordonnance de Monseigneur, dit qu'elle produit le meilleur effet, même parmi les corps royalistes qui sont sous les armes, et qui se plaignent, comme nous, qu'en persécutant les miliciens rentrés chez eux, on leur suscite à chaque instant de nouveaux ennemis. Cette opinion ne sera pas celle des villes populeuses, où les classes inférieures aiment les arrestations et le désordre. Si j'avais été auprès de Monseigneur, je lui aurais certes conseillé de ne pas rendre cette ordonnance, qui peut compliquer les affaires au moment même d'un dénouement; mais enfin elle existe, tout est dit; il faut la défendre.

Votre rôle néanmoins, comme je vous l'ai dit

hier, est d'amortir les coups, d'adoucir les frottements, de diminuer le mal autant que possible, et de vous jeter, par des interprétations conciliantes et modérées, entre les partis. Il n'y a aucun doute que vos collègues vont profiter de la circonstance pour faire bien de faux rapports. Mais tenez pour certain qu'il n'y a aucun arrangement fait à Cadix ; que Monseigneur lui-même est très-éloigné de vouloir accorder aucune concession politique, et que tout ce qu'on peut imaginer sur ce point est entièrement dénué de fondement.

Je vois, par votre lettre, que j'avais deviné juste, et que c'est l'envoi à Monseigneur, des papiers sur l'affaire de Burgos, qui a produit l'explosion. L'habitude des affaires et la connaissance des caractères apprennent à prendre sur soi certains retards qui décident quelquefois toute une question.

Que sert, au reste, tout ce que je vous dis ici ? Mes instructions vous parviendront quand la scène sera toute changée en bien ou en mal.

Si, par hasard, les choses s'étaient arrangées lorsque vous recevrez cette lettre; si la régence avait pris le sage parti de se taire et de laisser passer (c'est à quoi surtout il aurait fallu l'engager), vous jugeriez peut-être qu'il serait de la prudence de ne pas ranimer la question en faisant usage de mes lettres officielles. Mais dans le cas où l'affaire serait controversée et encore toute vivante, vous ferez connaître hautement l'opinion de votre gouvernement.

M. DE CHATEAUBRIAND A M. DE POLIGNAC.

Paris, le 18 août 1823.

Vos dépêches, noble Prince, sont très-claires, très-pleines et très-bonnes, je n'avais voulu vous donner aucun avis. Le désaveu de M. Canning est complet sur l'affaire de la flotte anglaise. Vous pouvez, à votre tour, assurer ce ministre que nous n'avons jamais pensé à envoyer des troupes en Portugal. Au reste, je vous dirai (tout à fait entre nous) que je suis peu content des affaires d'Espagne. La régence s'est emportée dans l'affaire de Burgos; elle a fait passer une note à Talaru, demandant *réparation.* Talaru a eu l'imprudence d'envoyer cette note à monseigneur le duc d'Angoulême, alors en chemin pour Cadix, et le Prince a répondu *ab irato* par une ordonnance, où il déclare qu'aucune arrestation ne pourra avoir lieu dans les villes occupées par les troupes françaises, sans la permission du commandant de ces troupes, etc. Vous sentez quelles divisions cette ordonnance va jeter dans les esprits. Cependant il n'y a pas à balancer, il faut la soutenir, car nous ne devons pas abandonner le Prince généralissime. Ne parlez de cette affaire que lorsqu'elle viendra à éclater; alors vous direz que le Prince a été obligé de prendre cette mesure, pour la sûreté des troupes françaises, et pour l'honneur même de la régence, dont les ordres modérés étaient méconnus par des hommes qui ont intérêt à prolonger les révolutions. Au reste cette ordonnance sera sans doute fort applaudie en Angleterre, mais elle confirmera M. Canning dans l'idée qu'il a des divisions qui existent entre nous et la régence.

L'estafette de Madrid, qui arrive à l'instant, portant des lettres du 13, m'apprend que l'affaire de l'ordonnance est un peu replâtrée; qu'Oudinot a consenti à ne pas la publier, et que la régence a écrit une lettre au Prince, dans laquelle elle lui dit qu'elle va faire ouvrir les prisons à tous les détenus qui ne sont pas dans le cas d'être traduits devant les tribunaux. Puisse tout cela s'arranger, mais c'est toujours une triste affaire. Les lettres n'apprennent d'ailleurs rien de nouveau. Elles parlent d'une proposition qui aurait été faite à Bordesoulle, par les Cortès, le 6 et le 7. Nous doutons de cette nouvelle. Un courrier Anglais, qui a dû passer par Madrid le 13, aurait dit que dans deux mois nous aurons besoin de l'intervention de l'Angleterre. Ce sont là des *on dit*.

CHATEAUBRIAND.

M. DE CHATEAUBRIAND A M. DE TALARU.

Paris, le 19 août 1823.

Je vous écris, mon cher ami, une lettre officielle. Dans la réponse à M. Saez, si vous en avez fait une, j'espère que vous aurez pris en termes polis, mais fermes, le parti de l'ordonnance. Ostensiblement vous devez être pour tout ce qui émane d'une autorité française; secrètement vous devez tâcher de tout concilier, de tout adoucir. Je viens de voir le général Pozzo, il est très-raisonnable; il m'a dit qu'il allait écrire à M. Bulgari, à propos de la note de la régence adressée à la conférence, qu'il ne devait pas se constituer juge entre la régence et Monseigneur; il lui ordonnera de se porter seulement comme modérateur entre les opinions, et d'empêcher que l'affaire devienne plus grave. Au reste tout cela viendra trop tard; ce que vous avez le plus à craindre, c'est qu'on nous fasse quelque émeute à Madrid, Burgos et Saragosse. Tous les partis profiteront de la circonstance pour semer des divisions : c'est une crise, il faut la traverser; et il est inutile de regarder en arrière.

CHATEAUBRIAND.

LE GÉNÉRAL GUILLEMINOT A M. DE CHATEAUBRIAND.

Puerto-Santa-Maria, 21 août 1823.

Monseigneur,

Mon état de souffrance, et un travail excessif pendant la route fatigante que nous venons de faire, ont pu seuls interrompre une correspondance à laquelle je mets le plus grand prix. Ainsi j'ose espérer que Votre Excellence ne poussera pas la sévérité jusqu'au point de ne me donner de ses nouvelles que lorsqu'elle en trouvera le motif dans quelques circonstances officielles. Ce serait une trop grande privation pour un retard entièrement indépendant de ma volonté.

J'ai toujours fait ce qui a dépendu de moi, Monseigneur, pour rendre agréable la position de M. de Bouttourlin au quartier général; j'y étais naturellement porté, parce que ses qualités me sont connues depuis longtemps, et que je sens combien il importe qu'il soit content de nous. Le hasard l'ayant conduit chez moi, peu d'instants après la réception de la lettre de Votre Excellence, je me suis empressé de lui donner quelques explications qui, si elles n'ont pas fait disparaître son amertume, l'ont au moins un peu calmée; je m'attacherai à l'effacer entièrement.

Nos affaires n'iront peut-être pas aussi vite

que nous avions pu d'abord l'espérer. Je crains que l'intervention anglaise, sur laquelle les révolutionnaires s'appuient, n'élève des obstacles, et si, avant tout, il ne fallait agir, ce serait le moment de regretter la mesquinerie des secours envoyés de France. Au surplus, nous tirerons de nos ressources tout ce qu'il sera possible d'en obtenir. Notre zèle suppléera à ce qui nous manque. Nos troupes sont on ne peut mieux disposées; la présence de Monseigneur, que j'aurais voulu cependant retarder jusqu'au moment où tous nos moyens eussent été prêts, redouble leur ardeur. Dans peu de jours nous tenterons la grande aventure; les dispositions en seront d'accord avec les premières idées que Votre Excellence m'a fait l'honneur de me communiquer.

Je ne vous parle pas, Monseigneur, de la réponse que le roi a faite au message que lui avait adressé S. A. R. Votre Exellence en sera instruite par M. de Villèle.

Je prie Votre Excellence d'agréer, etc.

GUILLEMINOT.

M. DE CHATEAUBRIAND A M. DE TALARU.

Paris, ce 23 août 1823.

Vos dépêches du 17 et du 18, n°s 58 et 59, m'arrivent en même temps. Les circonstances sont graves, mais c'est dans les circonstances graves que l'on prend son parti et que l'on fait tête à l'orage. Nos armées disséminées, la population soulevée contre nous, les places fortes résistant, voilà de terribles choses que nous disent aussi tous les jours nos libéraux; mais enfin nous n'avons pas devant nous un seul corps d'armée capable d'arrêter cinq cents Français. La population, qui n'a pas pu se soulever pour nous à l'ombre de cent mille baïonnettes françaises, et qui se fait battre partout où elle veut se mesurer seule avec les soldats des Cortès (comme cela vient de lui arriver encore en Catalogne), cette population ne se soulèvera pas en masse contre nous. Tout n'est pas perdu, et, avec de la patience et de la mesure, on peut réparer une erreur, grave sans doute; mais quel homme, et surtout quel prince, est exempt d'erreur?

Je ne vous ai point dit que l'affaire de Burgos fût peu de chose, mais je vous ai dit qu'il était de bonne politique de la faire paraître ainsi. Il est souvent utile de traiter les affaires avec une apparence de peu d'importance; on les aggrave en appuyant trop sur leurs conséquences. L'ordonnance d'Andujar n'est point la suite d'un plan, comme le prétend M. Brunetti, qui voit partout une charte projetée et un accommodement avec les révolutionnaires; c'est un mouvement de colère produit par la lecture de la note de M. de Saez, qui demandait des *réparations*. On tomberait, en croyant cela, dans toutes les erreurs autrichiennes.

Je ne suis pas de ceux qui croient à la reddition subite de Cadix, je pense même que cette ville pourrait ne pas ouvrir ses portes; mais je ne désespère pas tout à fait de sa reddition : il y a beaucoup de chances pour nous; et enfin, si Cadix ne se rendait pas, tout ne serait pas encore perdu.

Les ordres de monseigneur le duc d'Angoulême ont été exécutés trop rigoureusement à Vittoria et à Bilbao. J'ai proposé de les faire adoucir d'ici, mais on objecte que, si le ministre de la guerre donnait un ordre qui fût contrarié par un ordre venu de Monseigneur, il pourrait en résulter un mal prodigieux. De plus, envoyer un ordre de Paris serait condamner le Prince, et tout vaut mieux que cela. En tout, il y a mal de tous côtés; mais ne nous décourageons pas.

P. S. Je me désole comme vous de la distance; que sert tout ce que je viens de vous dire? Quand vous recevrez cette lettre, la réponse de Monseigneur sera arrivée depuis huit ou dix jours à Madrid, et tout sera changé. Dans tous les cas, que la régence sache bien que si, par une division funeste, nous étions obligés de nous retirer sur l'Ebre, Valdès serait bientôt à Madrid, et les royalistes exterminés. La France se sauverait toujours, et rien ne pourrait la forcer dans ces places fortes de la Catalogne et de la Navarre, dont elle s'emparerait aussitôt, en faisant des siéges; mais les constitutionnels triompheraient dans le reste de l'Espagne : le mieux est donc de nous tenir unis à tout prix.

CHATEAUBRIAND.

M. DE CHATEAUBRIAND A M. DE LA FERRONNAIS.

Paris, ce 25 août 1823.

Je dois, monsieur, vous parler d'un événement dont nos ennemis ont voulu faire quelque chose, et qui heureusement n'aura aucun résultat fâcheux.

On avait fait à Burgos, ainsi que dans plusieurs autres villes d'Espagne, des arrestations arbitraires extrêmement nombreuses. Les moindres inconvénients de ces arrestations étaient de susciter des ennemis sans cesse renaissants à nos armées; car les soldats miliciens qui rentraient chez eux, en vertu de capitulations militaires avec nos généraux, étant incarcérés en rentrant dans leurs foyers, reprenaient les armes et allaient grossir les garnisons des places ou former des guérillas derrière nos armées. Pour faire cesser ces désordres, qui compromettaient la sûreté de nos troupes, le commandant de Burgos fit mettre en liberté tous les détenus qui n'étaient pas arrêtés en vertu d'ordres émanés des tribunaux. La régence s'en tint offensée, et M. Saez écrivit une lettre à M. de Talaru, dans laquelle il demandait d'un ton menaçant une *prompte réparation*. Cette note fut malheureusement communiquée à Monseigneur qui, justement offensé qu'on ne reconnût pas mieux ses travaux et ses sacrifices, donna, de premier mouvement, à Andujar, une ordonnance par laquelle il déclare qu'aucune arrestation ne pourra avoir lieu dans les places occupées par ses troupes, sans l'autorisation du commandant de ces troupes; et comme des journaux de Madrid avaient osé insulter l'armée française, cette ordonnance mettait les journaux sous la surveillance militaire.

Là-dessus grand bruit : *L'indépendance de la régence méconnue, la justice violée, la cause royaliste sacrifiée à la cause révolutionnaire*, etc., etc. Les agents de l'Angleterre soufflaient le feu, les partisans des cortès cherchaient à faire naître une division sérieuse entre nous et le parti royaliste; des intrigants s'agitaient et des moines fanatiques cherchaient à remuer la populace. MM. Bulgary et Brunetti, qui sont bien jeunes pour la besogne dont ils sont chargés, s'emportèrent d'abord, mais ils revinrent ensuite à un sentiment plus juste de la position des choses. M. Royez fut constamment bien, et aperçut, dès le premier moment, le danger immense qu'il y aurait eu à montrer la moindre division entre les représentants de l'alliance dans une pareille circonstance. L'ordonnance, sans doute, a des inconvénients; un magistrat, un ambassadeur ne l'aurait pas rédigée telle qu'elle est, ou plutôt aurait conseillé toute autre mesure. Mais qu'est-ce après tout qu'une ordonnance échappée à un général qui voit sa parole comptée pour rien, ses troupes exposées par des violences fanatiques? à un général dont l'humeur est trop naturellement provoquée par une note menaçante? qu'est-ce, dis-je, que cette ordonnance mise en contre-poids à tous nos sacrifices et aux vertus d'un Prince véritablement admirable? Notre sang coule dans toutes les provinces de l'Espagne pour la cause des royalistes espagnols, cause qu'ils défendaient eux-mêmes si mal; nos soldats, au milieu de toutes les privations, sous un soleil brûlant, gardent la discipline la plus incroyable; 150 millions ont déjà été répandus par nous dans la Péninsule. Un prince héritier du trône de France expose à tous moments sa vie pour délivrer le roi Ferdinand et arracher l'Espagne à la faction; et tout cela serait mis en oubli, parce qu'une ordonnance juste au fond, quoique défectueuse dans la forme, est venue mettre un frein à l'esprit de réaction et de vengeance, et contrarier les vues de ceux qui ne poussaient peut-être à ces rigueurs excessives que pour nous contraindre à nous retirer sur l'Ebre. On a enfin senti ce qu'il y aurait d'ingrat et d'impolitique à faire tant de bruit. La régence, qui avait envoyé une note à la conférence, l'a retirée; les représentants des cours ont cessé d'insister sur des démarches intempestives. La régence a ordonné elle-même l'ouverture des prisons et député un officier à Monseigneur pour l'engager à modifier son arrêté : tout s'est calmé et l'on attend en paix les événements de Cadix.

Monseigneur est arrivé, au plus tard, au port Sainte-Marie le 18; il aura fait sommer Cadix le 19 ou le 20, et s'il n'a pas ouvert ses portes, l'attaque est ordonnée pour le jour même de la Saint-Louis, le 25. Nous n'avons donc plus que huit jours à attendre, à dater du jour où je vous écris, pour apprendre les choses les plus importantes pour les destinées de l'Europe.

CHATEAUBRIAND.

M. DE CHATEAUBRIAND A M. DE TALARU.

Paris, ce 27 août 1823.

Je vous écris ce matin avec une sorte de satisfaction, parce qu'il n'y a plus d'incertitude sur l'événement. Heureux ou malheureux, il est maintenant passé; vous le savez sans doute au moment où j'écris, et certainement au moment où vous recevrez cette lettre. Une estafette, arrivée hier, ne m'a point apporté de dépêches de vous, mais elle a apporté une lettre de Monseigneur qui apprend ce qu'il a dû faire ; elle me donne du moins cette satisfaction qui résulte des faits précis et de la netteté d'une position. Le Prince dit donc que le 17 il a assemblé un conseil de guerre; qu'il a été résolu d'attaquer la ville en suivant un plan régulier; lequel plan demande cinq jours de préparation, qu'en conséquence il a envoyé un de ses aides-de-camp porter au roi la lettre dont on lui avait envoyé d'ici le modèle, en donnant cinq jours pour y répondre. Vous connaissez maintenant cette lettre. Elle servira à vous détromper sur la *prétendue conspiration* politique pour une charte à laquelle vous avez cru, avec tous ceux qui avaient intérêt à Madrid à y croire ou à y faire croire. Vous auriez dû mieux me connaître. Les événements militaires et la conduite particulière du Prince ne dépendent pas de moi; mais ce qui en dépend ce sont les résultats et les capitulations politiques, car aucune concession pour la fin de la guerre ne peut être accordée sans être ou offerte ou ratifiée par le roi, sur l'avis du conseil : or, tout ce qui serait au déshonneur de la France, et constituerait l'abandon des principes qui ont fait la règle de ma vie politique, n'aura jamais lieu tandis que j'aurai quelque part au gouvernement. Ou je me trompe étrangement ou la lettre de Monseigneur est aussi noble que ferme et calme. Que propose-t-il, ou plutôt qu'insinue-t-il? car même il ne le propose pas. Une amnistie et les vieilles cortès ;

et cette amnistie et ces vieilles cortès ne peuvent
être même accordées qu'après que *le roi sera libre;*
sa liberté étant la première condition de la paix.
Trouvez mieux, et pour le roi dont il faut la délivrance, et pour la nation qu'on ne peut garantir
des fautes du roi qu'en la mettant à l'abri derrière ses vieilles institutions. Si le clergé, qui com-
pose presque seul les vieilles cortès, n'est pas
satisfait, il faut convenir qu'il est difficile à satisfaire.

Mon rôle ici est fini; je sors net et sans tache
de l'événement, quel qu'il soit. Je ne me plain-
drai point des soupçons, de l'alarme répandue
autour de vous par ceux à qui vous avez parlé.

Mon caractère est la constance; je ne m'ef-
fraie ni ne me trouble de rien; si la lettre ou
l'attaque n'ont point réussi à Cadix, je ne croirai
point tout perdu, et ce qu'on n'aura point fait
en août, on le fera plus tard, et je proposerai,
coûte qui coûte, de ne jamais abandonner l'affaire d'Espagne. L'habitude des affaires m'a
appris que beaucoup de choses qu'on a cru
perdues ne vont pas si mal qu'on l'aurait cru
d'abord; qu'il y a un certain bruit de parti qui
assourdit lorsqu'on commence, et qu'on se trom-
perait agissant d'après ses premiers mouvements.

Vous avez entendu les cris des royalistes espagnols, les plaintes de ces agents diplomatiques qui
sont les ennemis de la France. On a cru, sur les
rapports de ces hommes passionnés, que le Prince

avait commis plus d'erreurs qu'il n'en a commis. Une bête placée au port Sainte-Marie fait présumer que tout le reste était ainsi : vous n'avez pas entendu les plaintes du parti opposé; vous n'avez pas vu, comme nous ici, les réponses de tous les gouverneurs des places, qui disent tous qu'ils se rendraient, mais qu'ils ne le feront pas, parce qu'en posant les armes ils seraient emprisonnés et massacrés par les ordres de la régence. Vous n'avez pas vu les rapports sur les cruautés du curé Mérino et des autres chefs royalistes, et conséquemment vous n'avez pas été à même de bien juger de l'effet que ces rapports, présentés peut-être dans un esprit peu bienveillant, ont pu produire sur le Prince généralissime; une seule ordonnance fâcheuse a paru, selon moi, un trop grand contre-poids aux sacrifices de la France et aux vertus réelles du Prince. On traite aujourd'hui facilement d'ineptes, d'incapables, de stupides, les gouvernements; mais peut-être en dernier résultat trouvera-t-on qu'un gouvernement qui a essayé de concilier les hommes, qui s'est opposé à toutes les mesures arbitraires, qui partout a arraché des victimes à la mort sans distinction de parti, et qui pourtant, tandis qu'on l'accusait de faiblesse, n'a consenti à aucune concession politique, peut-être trouvera-t-on que ce gouvernement a fait usage d'un assez heureux mélange de modération et de fermeté.

Quoi qu'il en soit, voilà ces longs bavardages

finis. Si Ferdinand est rétabli sur son trône vous rentrerez dans les voies d'une légation ordinaire; si l'affaire de Cadix est manquée, je vous transmettrai les ordres du roi, et on prendra conseil des événements.

Je ne sais rien de l'ordonnance, sinon qu'on a donné du quartier-général l'ordre de l'exécuter avec toute la prudence et toute la douceur possible.

CHATEAUBRIAND.

M. RAYNEVAL A M. DE CHATEAUBRIAND.

Berlin, ce 30 août 1823.

Monsieur le Vicomte,

Je sais gré au courrier prussien de partir à point nommé pour que je puisse vous accuser sans retard la réception de votre lettre du 23, qui m'est parvenue hier. Je n'ai pas été aussi heureux pour celle du 11, aucune occasion ne s'étant présentée depuis que je l'ai reçue. J'ai toujours de nouveaux remerciements à faire à Votre Excellence du soin obligeant qu'elle met à me tenir exactement informé de tous les événements, et de fournir un aliment substantiel à mes conversations avec M. de Bernstorff, qui, sans cela, tiendraient un peu trop de la nature du monologue. Mes dernières dépêches ont fait connaître à Votre Excellence avec quelle satisfaction on aurait reçu ici la nouvelle de la soumission de Cadix. Aujourd'hui un peu d'impatience y a succédé, mais toujours mêlée de beaucoup de confiance. M. de Bernstorff, me parlant hier soir des dépêches qu'il venait de recevoir, m'a dit que tout allait à merveille, et que les détails qu'on lui donnait élevaient au plus haut degré ses espérances. La conversation s'étant portée sur les résultats de l'expédition d'Espagne, aussi vivement menée qu'elle l'a été jusqu'ici, et aussi heureusement terminée que nous la prévoyons, il a compté au nombre de ceux dont nous ne devions pas être les seuls à nous féliciter, la *résurrection politique de la France ;* c'est le terme dont il s'est servi. Il a ajouté que c'était à vous principalement, monsieur le Vicomte, à l'énergie de vos conseils, qu'elle devait de se trouver replacée parmi les puissances au rang qu'il était si nécessaire qu'elle occupât.

Les rapports de M. Royez, arrivés hier, parlent du fâcheux dissentiment d'opinion qui a éclaté entre M. le duc d'Angoulême et la régence, au sujet des arrestations arbitraires qui avaient été faites. D'après l'impression qu'il m'a paru que M. Bernstorff avait reçue de toute cette affaire, j'ai pu juger que M. Royez avait complétement mérité les éloges que Votre Excellence lui donne, et que j'ai eu soin de répéter. M. de Bernstorff croit que la vivacité qu'a montrée S. A. R. dans cette circonstance, loin d'avoir un fâcheux effet pour l'avenir, servira à tenir la régence dans de justes bornes, et à lui faire sentir les ménagements qu'elle a à garder envers le gouvernement auquel elle doit son existence, et le Prince sans l'assistance duquel elle ne peut rien.

J'ai envoyé à M. de la Ferronnais, par estafette, et à M. de Rumigny, par la poste, les lettres que Votre Excellence m'avait adressées pour eux.

Agréez, je vous prie, monsieur le Vicomte, l'assurance de mon entier dévouement et celle de la haute considération avec laquelle j'ai l'honneur d'être, de Votre Excellence, le très-humble et très-obéissant serviteur.

RAYNEVAL.

M. DE CHATEAUBRIAND AU GÉNÉRAL GUILLEMINOT.

Paris, ce 31 août 1825.

J'ai reçu, Général, la lettre que vous m'avez fait l'honneur de m'écrire, en date du port Sainte-Marie, le 21 de ce mois. Je m'attendais à la réponse négative du roi d'Espagne, ou plutôt de ses geôliers. J'ai toujours pensé qu'on ne céderait qu'aux boulets et aux bombes. Si vous pouvez joindre l'ennemi et arriver au corps de la place, la partie est gagnée; mais comment joindre cet ennemi? Je n'ai pas grande confiance au bombardement par mer, si vous n'avez pas pied à terre dans l'île de Léon. Quand vous aurez pris le Trocadero et le Matagorda, on assure qu'il vous sera aisé de faire taire le feu du Portales, sur la pointe, en face du Matagorda, et, par suite, d'opérer une descente sur ce point, de vous y loger avec six mille hommes, et de séparer ainsi l'île de Léon de Cadix qu'il serait facile alors d'écraser. On dit aussi qu'il serait facile d'opérer un débarquement dans l'île, du côté de la pleine mer. Ne pourriez-vous faire venir les canons trouvés à Algésiras? Tout ce que j'ai pu faire dans mon département, c'était de faire écrire à M. de Lesseps, notre consul à Lisbonne, bien avant qu'on songeât à rien tirer du Portugal, de vous envoyer, sur mon propre crédit, bombardes, munitions, etc. Je vous répète, Général, toutes mes rêveries militaires; mais je reste toujours convaincu, peut-être à tort, qu'on ne peut rien faire de sûr si on n'occupe un point dans l'île de Léon; et je crois qu'avec des soldats français, inspirés par la présence de monseigneur le duc d'Angoulême, rien n'est impossible.

Ne vous effrayez pas, Général, de l'intervention anglaise; croyez-moi, elle n'aura pas lieu. C'est un leurre dont les meneurs se servent pour faire prendre patience à leur parti. J'ai sur la neutralité anglaise des données certaines; on n'est pas bienveillant, mais jamais on n'interviendra tant que nous resterons unis aux Espagnols : c'est là notre grande sauvegarde.

La flottille qui était devant la Corogne doit maintenant vous avoir ralliés. Elle aurait pu vous porter les canons de cette place; je l'ai dit, et j'aurais voulu qu'on eût donné des ordres. Si on n'y a pas pensé, ne pourriez-vous envoyer un ou deux bâtiments de votre escadre chercher ces canons?

Je viens de m'apercevoir, Général, que j'avais mal commencé ma lettre : je n'ai pas le temps de la récrire.

Croyez, Général, à mon entier dévouement.

CHATEAUBRIAND.

P.-S. Adoucissez, autant que vous le pourrez, l'exécution de l'ordonnance si généreuse d'Andujar, mais dont nos ennemis ont été au moment de tirer le plus grand parti contre nous. Nous ne pouvons rien faire sans notre union avec la population royaliste, toute violente qu'elle est : c'est un mal qu'il faut supporter.

Je rouvre ma lettre pour vous dire que je viens de lire la lettre du roi d'Espagne : c'est un insigne monument de sa servitude. Il faut qu'il soit bien malheureux pour avoir copié une pareille lettre, car elle ne peut être de lui. Ne croyez pas un mot de ce qui est dit des négociations avec l'Angleterre. La preuve du mensonge est auprès, car la lettre prétend que nous sollicitons aussi l'intervention anglaise, et l'on sait que nous avons rejeté trois fois la médiation de la Grande-Bretagne. J'insiste sur ce point, parce que je m'aperçois que c'est une fausse idée que l'on a toujours eue au quartier général. Encore une fois, tant que vous serez bien avec la Russie, ne craignez rien des Anglais. On fait dire aussi au roi qu'il sera *exposé* : c'est une ruse employée pour agir sur le cœur de monseigneur le duc d'Angoulême : c'est un malheur d'être obligé de bombarder Cadix, mais c'est un malheur inévitable; car si Cadix ne se rend pas, la monarchie française est en péril. Ici, il n'y a pas à reculer, il s'agit de notre existence. Ni les difficultés, ni l'hiver, ni les périls ne doivent nous arrêter. Si nous prenons, ou si nous ne prenons pas Cadix, nous sommes la première ou la dernière puissance de l'Europe. Je viens d'obtenir qu'on donne des ordres à la Corogne et à Rochefort de vous envoyer des canons, etc., dussent-ils arriver trop tard.

Ne pensez-vous pas qu'il serait temps de former des siéges en Catalogne? On n'y a pas pris les équipages suffisants. La chute de Barcelone entraînerait celle de Cadix. Au reste, Milans est renfermé et investi dans Taragone, et il ne reste plus une seule armée constitutionnelle en campagne dans toute la Péninsule, si ce n'est quelques corps errants dans l'Estramadure.

M. DE CHATEAUBRIAND AU PRINCE DE POLIGNAC.

Paris, ce 1er sept. 1823.

Je vous envoie, noble Prince, la copie de la lettre de monseigneur le duc d'Angoulême et de la réponse de Ferdinand; elle est uniquement pour vous. Nous ne devons faire connaître que malgré nous et le plus tard possible, si nous ne pouvons pas prévenir la publication, ce monument de la honte et de la servitude du roi d'Espagne. La lettre originale est *de la main même* de ce malheureux monarque : ainsi il déclare qu'il est *libre*, six semaines après avoir protesté, à Séville, contre la violence qu'on lui faisait, et après avoir été déclaré fou et dépouillé de la royauté. Vous remarquerez le mensonge sur les médiations de l'Angleterre, mensonge prouvé, puisqu'il est notoire que, loin de demander ces médiations pour notre compte, nous les avons formellement refusées. La lettre de Monseigneur est digne et simple, et vous voyez qu'aucune concession n'a été faite aux *comuneros*. Vous ferez part à vos collègues d'Autriche, de Russie et de Prusse du *fait;* vous leur direz que monseigneur le duc d'Angoulême avait proposé au roi Ferdinand de publier une amnistie, lorsqu'il serait libre, et de convoquer les anciennes Cortès pour mettre ordre aux affaires du royaume, et que Ferdinand, sous le poignard des assassins, a été obligé de copier une réponse que nous ne voulons pas publier pour l'honneur des monarchies. Vous direz également à M. Canning, s'il vous en parle, qu'aucune négociation n'a été possible, et que nous allons prendre de force ce qu'on ne veut pas nous donner de gré; mais vous ne lui laisserez pas ignorer que les jacobins de Cadix se vantent dans leur lettre d'être en négociations avec l'Angleterre. Au reste, à quelque chose malheur est bon; il vaut mieux avoir Cadix avec des bombes que par des lettres; nous ne serons point forcés à des concessions. Dans ce moment le Trocadero doit être pris, ce qui est un acheminement à l'île de Léon. Si nous pouvons parvenir à descendre et à nous établir dans cette île, Cadix ne peut pas tenir huit jours. Nous avons la nouvelle de l'arrivée de Hyde à Lisbonne. Écrivez-lui de ma part pour lui dire d'envoyer tout ce qu'il pourra, en munitions de guerre, chaloupes canonnières, bombardes, devant Cadix, etc., etc.

CHATEAUBRIAND.

M. DE LA FERRONNAIS A M. DE CHATEAUBRIAND.

Saint-Pétersbourg, le 4 septembre 1825.

En rendant compte, dans ma dépêche de ce jour, de ma conversation avec l'empereur, j'ai cru, monsieur le Vicomte, devoir réserver pour une lettre plus confidentielle ce qui, dans cette conversation, a été plus particulier.

Voici ce que l'empereur m'a dit :

« Vous vous plaignez de la défiance que l'on
» vous témoigne. Vous voudriez que, sans exa-
» men, sans connaître vos intentions, et sans avoir
» le droit de donner leur avis, les alliés souscri-
» vissent aveuglément à tout ce qui vous paraît
» convenable; en un mot, vous prétendez ne ser-
» vir que les intérêts de la France, ne consulter
» que ses convenances, et que l'alliance ne soit
» pour vous qu'un auxiliaire qui n'ait d'action et
» de direction que celle que vous voudrez lui
» donner : c'est exiger beaucoup, et la France n'a
» point encore donné à l'Europe les garanties
» dont elle aurait besoin pour se laisser conduire
» par elle. Il est hors de doute que, dans cette
» grande entreprise, dont vous supportez les frais
» et courez les premiers risques, nous devions

» vous laisser une pleine et entière liberté d'ac-
» tion, et je me suis toujours opposé à toutes me-
» sures qui auraient pu la gêner; j'ai de même
» compris les ménagements que vous deviez à
» l'orgueil national, et n'ai pris aucun ombrage
» du silence qui a été gardé sur les alliés. Tenez,
» mon cher général, mettons les points sur les i,
» et parlons avec une entière franchise; les der-
» nières explications, lorsque l'on veut s'enten-
» dre, ne servent à rien. La guerre d'Espagne,
» que votre propre sûreté rendait indispensable,
» et qui était nécessaire au repos de l'Europe, se
» fait contre le gré du président du conseil.

» M. de Villèle est un excellent ministre des fi-
» nances ou de l'intérieur, il a un beau talent, et,
» dans la chambre des députés, il est d'une supé-
» riorité incontestable.

» Je ne fais point à M. de Villèle l'injure de croire
» qu'il ne partage pas les sentiments et la joie que
» vos succès en Espagne doivent faire éprouver à
» tous les bons Français; mais l'espoir qu'il a
» toujours conservé de terminer cette guerre par
» quelques transactions ou arrangements avec les
» révolutionnaires fait qu'il ne l'a jamais soute-
» nue avec les moyens et l'énergie qu'il aurait
» sûrement déployés s'il l'eût fait par conviction
» de son utilité, et non par entraînement forcé.
» S'il eût été persuadé, ainsi que paraît l'être
» M. de Chateaubriand, qu'une victoire entière

» et complète était indispensable, et que le moin-
» dre revers pouvait entraîner la ruine de la
» France, il aurait compris de quel avantage il
» était pour la France de pouvoir, sans que per-
» sonne eût le droit d'en témoigner de l'inquié-
» tude, remettre sur pied son armée, et surtout
» sa marine, qui pouvait et devrait vous rendre
» de beaucoup plus grands services; vos troupes
» font des miracles, mais partout elles sont fai-
» bles en nombre; vos blocus sont insuffisants ;
» et, si vous aviez le malheur d'éprouver des re-
» vers, j'ignore ce qui pourrait consoler ceux qui
» n'ont pas voulu comprendre qu'en multipliant
» les moyens, et en frappant de grands coups, on
» diminuait les dangers de l'entreprise, on en as-
» surait le succès, et l'on doublait l'éclat du rôle
» que joue la France [1]. M. de Chateaubriand, de-
» puis qu'il est au ministère, a montré une éner-
» gie et une habileté qui légitiment ses droits
» à notre confiance, et qui l'élèvent au premier
» rang des hommes d'état, mais il n'est pas se-
» condé.

» Voilà, cher général, ce qui explique et ce qui
» peut justifier la méfiance dont vous vous plai-

---

[1] C'est en parler fort à son aise : les *étrangers* nous avaient-ils laissé le moyen de former une grande armée? Ici l'empereur nous reproche le mal même que ses alliés nous avaient fait ; mais il se trompe, et *notre petite armée* a été suffisante pour entrer dans Cadix, où j'espérais bien l'accroître pour aller ailleurs.

» gnez. Garantissez-nous le maintien de M. de
» Chateaubriand au ministère, et la durée de son
» influence, vous verrez alors disparaître toutes
» les inquiétudes. Mais nous ne pouvons nous
» dissimuler qu'il suffirait peut-être d'une seule
» mauvaise nouvelle d'Espagne, pour changer la
» situation de ce ministre, et faire prendre des
» résolutions qui pourraient le forcer à se retirer.

» Vous voyez, mon cher général, jusqu'où
» va celle que j'ai en vous; c'est à l'estime
» que j'ai pour votre caractère que vous devez
» cette longue explication, qui ne suffira pas
» peut-être pour détruire vos préventions contre
» les intentions que vous supposez à quelques
» personnes, mais qui, du moins, vous fait con-
» naître les raisons qui peuvent quelquefois, et
» jusqu'à un certain point, me faire partager les
» inquiétudes qui vous chagrinent. Croyez ce-
» pendant que je sens trop les inconvénients qui
» pourraient résulter d'un manque d'accord entre
» nous, pour ne pas mettre tous mes soins à en
» prévenir même l'apparence, et vous trouverez
» Pozzo toujours disposé à vous aider de tout
» son pouvoir. Il faudrait la réalisation de quel-
» ques-unes des craintes que je vous ai manifes-
» tées pour changer mes dispositions et ma con-
» duite. »

En mettant de côté les préventions de S. M. I.,
il est difficile, monsieur le Vicomte, de ne pas

supposer à celui qui s'exprime dans de pareils termes un fonds réel d'intérêt et de partialité pour la France.

Je me suis borné à répondre à l'empereur que je ne pouvais que regretter vivement de le voir persister à conserver, contre le président du conseil, des préventions aussi peu fondées, et qui pouvaient avoir de si graves inconvénients; qu'il était possible qu'avant d'entreprendre la guerre, M. de Villèle frappé, comme on l'était à Vienne même et à Berlin, des dangers dont elle pouvait menacer l'Europe, eût tout fait et tout tenté pour l'éviter, mais qu'une fois décidée, il serait injuste de l'accuser de ne l'avoir pas soutenue avec énergie et par tous les moyens possibles, sans négliger cependant ceux qui pouvaient en abréger la durée; que je priais l'empereur d'observer que dans un gouvernement représentatif il était à peu près impossible de supposer, dans le moment d'une aussi grande crise, une division d'opinions dans le conseil; mais qu'en admettant la possibilité de cette dissidence; c'était mal servir la cause que l'on veut soutenir que de nous témoigner une défiance qui pouvait donner à M. de Villèle le droit et même le devoir de ne prendre conseil que de lui; enfin que la manifestation de l'opinion que venait de me faire connaître l'empereur, ne pouvait être que préjudiable aux intérêts dont il se faisait le défenseur, et pour lesquels nous combattions aujourd'hui avec tant de franchise et d'énergie. Je ne sais si ce très-simple raisonnement a produit un effet quelconque sur l'empereur; mais après m'avoir regardé quelque temps en silence, il m'a dit : Vous avez raison, aussi je ne fais part qu'à vous seul de mes réflexions. Il n'eût pas été convenable d'en paraître douter; la conversation a donc continué et s'est terminée, comme vous le voyez par ma dépêche, aussi bien que je pouvais le désirer.

Le comte de Nesselrode paraît ne pas douter de l'excellente nouvelle (*elle était prématurée*) que nous venons de recevoir; il s'est exprimé à cette occasion de manière à ne me laisser aucun doute sur la satisfaction qu'elle lui cause. Je voudrais pouvoir oser redire tout ce que, dans cette circonstance, j'entends répéter. Si, dans un pareil moment, une âme comme la vôtre pouvait être accessible aux jouissances de l'amour-propre, certes vous n'auriez rien à désirer. Quant à moi, monsieur le Vicomte, je n'ai point d'expression pour rendre ce que j'éprouve. Il faut avoir connu les chagrins que j'ai essuyés depuis que je suis ici, pour comprendre le sentiment que me fait éprouver l'exaltation avec laquelle j'entends parler aujourd'hui des Français, de la France et de ceux qui la gouvernent. Cependant, monsieur le Vicomte, plus ce sentiment est vif, plus j'ai cru devoir le concentrer; jusqu'à ce j'aie reçu la confirmation officielle de ce grand événement, j'ai cru devoir paraître ne pas encore y ajouter une foi entière. Le désappointement me donnerait une attitude trop gauche.

Il paraît que l'empereur a parlé au comte de Nesselrode de sa conversation avec moi, et que celui-ci, plus juste que son maître, regrette que l'on se soit exprimé avec injustice sur M. de Villèle. Hier en me parlant de la délivrance du roi, qu'il appelle *la fin de la fin*, il me disait : Ce qui fera surtout un grand plaisir à l'empereur, en apprenant cette grande nouvelle, c'est qu'il y verra l'assurance d'une union encore plus intime entre MM. de Villèle et de Chateaubriand, et qu'il importe à la tranquillité de la France, et par conséquent toujours à celle de l'Europe, que des hommes aussi dévoués, aussi bien intentionnés, et d'un aussi grand talent, ne se désunissent jamais.

La Ferronnais.

M. DE CHATEAUBRIAND A M. DE SERRE.

Paris, 5 septembre 1823.

Je sens parfaitement, monsieur le Comte, la gêne où vous met la mesquinerie du gouvernement. J'ai des réclamations de tous les côtés. Vous ne ferez jamais comprendre la vérité à la chambre : elle croit de son devoir de refuser quelques mille francs pour ce qui augmenterait notre éclat à l'étranger, et elle votera des millions pour des dépenses au moins inutiles. Mezerai disait que « la France, à une certaine époque de notre histoire, se gouvernait comme un grand fief ; » elle se gouverne aujourd'hui comme une grande bourse. Je regarde les hommes relevant de mon ministère, et qui secondent si bien mes travaux, comme étant eux-mêmes *ministres*, et je ne réclame que l'honneur d'être leur camarade ; jugez si je souffre de ne pouvoir venir à leur secours.

Ce serait, je vous assure, d'un grand cœur que je changerais avec vous de position ; je vous laisserais les spectacles de la cour, et j'irais revoir les barques de pêcheurs que vous avez sous les yeux. Au cas qu'un succès d'affaires vienne augmenter la déplaisance que l'on a naturellement de moi, et que l'on me renvoie, j'irai vous chercher sur votre beau rivage. Je cours après le soleil et la retraite comme la chatte devenue femme courait après les souris. Ce sont là mes misères, Monsieur ; je vous les confie, cachez-les bien ; c'est mon secret *diplomatique*. Chemin faisant, tâchez, je vous prie, que votre roi se contente de Caserte et renonce à la régence d'Espagne. Un homme comme vous comprend tout, et vous m'excuserez.

CHATEAUBRIAND.

M. DE CHATEAUBRIAND AU GÉNÉRAL GUILLEMINOT.

Paris, ce 5 septembre 1823.

Je ne puis, Général, m'empêcher de vous écrire encore dans ce moment décisif. Quand vous recevrez cette lettre, vous serez sans doute maîtres du Trocadero; vous serez prêts à attaquer Cadix ou l'île de Léon, ou les deux ensemble, selon le jugement de l'illustre prince qui commande l'armée. Vous savez, Général, que telle a été, dans le commencement de la guerre, mon opinion! et je dois vous répéter les raisons sur lesquelles je l'appuie.

J'ai consulté ici une foule de militaires français et étrangers, les uns ayant servi sous le maréchal Victor, au blocus de Cadix, les autres, contre ce maréchal, au même blocus : ainsi les premiers connaissent bien les moyens d'attaque, et les autres les moyens de défense. Tous s'accordent à dire qu'à l'époque du premier blocus, l'île de Léon était défendue par une armée de vingt-cinq à trente mille hommes anglais, portugais et espagnols; qu'elle était garnie d'une artillerie formidable apportée de Gibraltar; qu'une flotte de trente vaisseaux de ligne et d'innombrables chaloupes canonnières en défendaient l'approche par mer, et que, malgré tout cela, les Français étaient au moment de réussir, en passant la nuit sur des bateaux du fort Matagorda au fort Pontalès, lorsque Buonaparte rappela les deux tiers des troupes pour marcher contre le duc de Wellington.

Aujourd'hui la position est inverse. L'île de Léon et le Trocadero ne sont défendus que par sept à huit mille hommes de mauvaises troupes, que nous avons battues partout, dans la proportion de dix à un; qui, de plus, sont démoralisées par la capitulation de Morillo et de Ballesteros, et divisées en deux parties, les miliciens et les troupes de ligne; de plus encore, les Anglais disent qu'ils ont retiré et emporté la plus grande partie de l'artillerie qui garnissait les différents forts, et, qu'excepté quelques points, les redoutes intérieures et la plupart des ouvrages sont presque sans défense : on doit en croire les Anglais, car ils ne nous souhaitent pas de succès.

Enfin la mer est pour nous; les cinquante chaloupes canonnières espagnoles, qui vous ont gêné beaucoup pour la prise du Trocadero, se trouveront hors d'état de vous nuire par la prise de cette redoute : quoi qu'en disent quelques officiers de marine, nos vaisseaux peuvent très-bien vous protéger de leur feu, pour opérer une descente quand vous serez maîtres du Trocadero et de Matagorda. Ils auront sans doute à essuyer le feu des ouvrages de l'ennemi sur la rive opposée; mais ce qu'il y a de certain, c'est que les vaisseaux anglais venaient tous les jours attaquer le Matagorda, lorsque les Français, dans la première invasion, étaient maîtres de ce fort, et que les vaisseaux français, aujourd'hui, pourront canonner le Pontalès lorsque vous occuperez le Matagorda.

On assure donc qu'il est possible d'opérer une descente au Pontalès, lorsque vous aurez fait taire le feu de ce fort, de s'y loger, et de séparer ainsi Cadix de l'île de Léon. Je suppose que cette opération serait combinée avec une autre descente, vraie ou fausse, sur le rivage méridional de l'île, et le bombardement de Cadix, même par vos bombardes, en quelque petit nombre qu'elles puissent être. Je vous dirai, Général, que j'ai la conviction intime que vous trouverez beaucoup moins de résistance que vous ne vous l'imaginez. Jamais les Espagnols ne vous ont résisté un moment quand vous avez pu les joindre, et vous verrez les troupes de ligne probablement se réunir à vous en partie dans l'île de Léon, aussitôt que vous aurez mis le pied sur le rivage.

Il est inutile que je vous dise que l'occupation d'un point important dans l'île de Léon entraîne la chûte de Cadix, quand même cette ville n'ouvrirait pas ses portes, et que vous ne voulussiez pas l'écraser par un bombardement opéré du bout de la chaussée, au-dessus du Pontalès; il est évident qu'elle tombe alors en peu de temps par famine. Le blocus formé par terre dans l'île de Léon suppléerait à l'incertitude du blocus de mer, et vous sentiriez moins l'insuffisance de votre marine.

Mais à propos de ces vaisseaux, je veux vous dire un mot sur l'équinoxe. Il semble, à tout ce qu'on dit de l'équinoxe, que ce soit un terme fatal, une époque fixe et inévitable, où il n'y a plus à espérer que des malheurs. Les Anglais ont bloqué pendant trois ans la baie de Cadix, hiver et été, sans jamais perdre la terre de vue. Ordinairement, on a un coup de vent à essuyer vers les premiers jours d'octobre, après lequel le temps devient très-beau jusqu'au commencement de décembre. Décembre et janvier sont assez orageux, mais février est ordinairement admirable, et les vents de mars ne durent qu'une huitaine de jours. J'ai navigué dans ces mers, et ce n'est pas à moi qu'il faut venir faire des contes terribles de l'équinoxe.

Maintenant, Général, j'appelle votre attention sur ce qui arriverait dans le cas où l'on abandonnerait Cadix. La France, qui se replace dans ce moment au premier rang militaire en Europe, retomberait au dernier. Le parti jacobin se ranimerait en

Espagne et reparaîtrait en France. L'Angleterre soufflerait la discorde, se déclarerait peut-être, et les alliés, ou nous retireraient leur appui moral qui nous a servi à paralyser l'Angleterre, ou nous offriraient leur appui physique qui ne pourrait être admis sans déshonorer à jamais nos armes et sans perdre notre indépendance. Les conséquences d'un pas rétrograde sont telles, dans les affaires d'Espagne, qu'il y va de la légitimité et de la couronne des Bourbons. Qu'on se pénètre bien de cette vérité. Vous auriez une catastrophe à la Bourse, et cette catastrophe seule vous mettrait dans le plus imminent danger. Il faudrait un volume, pour développer les maux qui résulteraient pour nous d'une retraite devant Cadix. C'est par la même raison, Général, que, quels que soient les justes sujets de mécontentement que monseigneur peut avoir de Madrid, la politique oblige à occuper cette capitale. Il faut seulement en augmenter la garnison, peut-être par le corps du général Bourke, mais en laissant toutefois une garnison assez forte dans la Corogne, à cause des Anglais qui font tout entrer par ce port. Je vous en prie encore, Général, tempérez, adoucissez les mesures intérieures. Dissimulez l'injure; renfermez au fond de votre cœur le mépris. Songez que dans cette affaire d'Espagne, tout est adresse, ménagement, habileté. Placés entre deux partis violents qui ne respirent que la vengeance, nous ne pouvons ni changer leurs passions ni éclairer leur esprit. N'armons pas la masse contre la masse; et lorsqu'elle est sanguinaire et insolente, remettons après notre succès à lui dire ce que nous sentons pour elle. Qu'importe aujourd'hui à la gloire de Monseigneur et de sa vaillante armée les outrages de quelques insensés, les intrigues de quelques ambitieux, et les machinations de quelques ennemis? Délivrons le roi, et quittons à jamais cette Espagne, où nous aurons retrouvé notre indépendance comme nation, notre gloire comme guerriers, et notre sûreté comme société politique. Monseigneur reviendra avec une haute renommée, et tous ceux qui l'auront servi dans cette étonnante entreprise, où deux révolutions auront été tuées d'un seul coup, trouveront la gloire et la récompense dues à leur courage et à leurs travaux.

Ne songez donc plus, Général, qu'à couronner l'ouvrage par une fin digne du commencement, et par une de ces entreprises hardies, si naturelles aux Français, et qui vont si bien au caractère de leur bravoure. Je ne sais comment cela arrive, mais il est certain qu'un débarquement de troupes n'a presque jamais échoué chez aucun peuple et dans aucun pays.

Vous savez, Général, combien je vous suis dévoué.

CHATEAUBRIAND.

M. DE CHATEAUBRIAND A M. DE POLIGNAC.

Paris, le 11 septembre 1823.

Depuis la brillante affaire du Trocadero, il n'est rien arrivé de nouveau. C'est le 8 ou le 10 qu'on a dû attaquer l'île de Léon, ainsi nous ne pouvons recevoir aucune nouvelle importante avant le 17, au plus tôt, à moins que ce ne soit la capitulation même de Cadix, mais ils ne parleront pas de traiter avant une seconde attaque.

Du côté de l'Autriche, voici un fait assez important que j'ai appris hier par M. de Caraman : l'empereur de Russie, en se rendant en Bessarabie, a demandé un rendez-vous à l'empereur d'Autriche. Le prince de Metternich prétend qu'il est fort embarrassé de cette proposition qui sera l'objet de beaucoup de commentaires; mais, en même temps, il veut, dit-il, en tirer parti pour faire peur à la Porte et pour l'engager à aplanir les différends qui permettraient à la Russie de renvoyer son ambassadeur à Constantinople. L'entrevue entre les deux empereurs doit avoir lieu le 6 octobre : je suppose que le prince de Metternich, malgré sa surprise, est au fond de ce tripotage. Quoi qu'il en soit, après la guerre d'Espagne, les affaires de l'Orient deviendront graves, et il faut s'y préparer. Je vais faire du train pour cela à Vienne, et demander pourquoi on s'occupe du Levant sans nous. Quand M. Canning, ou le chargé d'affaires d'Autriche, vous en parleront, vous exprimerez aussi votre étonnement, et vous ferez observer que quand nous introduisons nos alliés dans nos projets et notre politique, nous avons bien quelque droit à être traités avec la même confiance.

Les cardinaux sont enfermés en conclave : celà peut aller vite et ne pas laisser à nos cardinaux le temps d'arriver. Nous sommes entre les *noirs* et les *rouges*. Les noirs seraient plus sûrs pour nous, comme principes; mais ils auraient quelques inconvénients par l'excès de leur zèle.

Tout à vous, noble Prince.

CHATEAUBRIAND.

M. DE CHATEAUBRIAND A M. DE TALARU.

Paris, 11 septembre.

Mon cher ami, un petit mot. Je vous assure que je me réjouis particulièrement pour vous de voir l'horizon s'éclaircir en Espagne. Ne chantons pas pourtant victoire. Cette catin de fortune me fait une peur effroyable. J'ai vu vos amis. Ils étaient affligés du froid qu'ils croyaient survenu entre nous. Je leur ai dit que jamais il ne pouvait y avoir entre vous et moi de dissentiment durable; que nous nous étions grognés un peu et que c'était fini.

Tout à vous, mon cher ami. Rien de nouveau ici. Les cardinaux sont enfermés en conclave : ils veulent aller vite; l'Autriche se remue beaucoup.

CHATEAUBRIAND.

P. S. Dites, je vous prie, à M. le nonce et à M. l'abbé Casson que le roi me charge de leur faire ses remerciements sincères sur les preuves qu'ils lui ont données de leurs sentiments le jour de la Saint-Louis. Sa Majesté y a été extrêmement sensible.

J'ai reçu ce matin votre n° 8, en date du 6.

M. LE COMTE GUILLEMINOT A M. DE CHATEAUBRIAND.

Port Sainte-Marie, le 11 septembre 1823.

Monseigneur,

Je réponds à la hâte à vos lettres des 31 août et 5 septembre. Vos désirs ont été prévenus; deux circulaires aux généraux ont modifié l'ordonnance d'Andujar. La circonspection, très-recommandée dans l'application, achèvera d'en atténuer l'effet. Mais, au nom de Dieu, faites que la régence ait une conduite à la fois plus sage et plus ferme.

Si, comme votre excellence m'en donne l'assurance dans sa première lettre, les Anglais n'interviennent pas à Cadix, je ne doute pas que nos opérations devant cette place ne conduisent à bonne fin.

La flottille de la Corogne a rallié l'escadre. Nous tirons parti de ses équipages et de ses canons pour nos canonnières et nos batteries.

Grâce à votre excellence, le Portugal nous a aidés, mais de bien peu, car ce pays est totalement épuisé en ressources maritimes.

Quant à notre grande, notre unique affaire, ma confiance dans la réussite n'a pas besoin d'être corroborée. Je suis convaincu comme elle de notre supériorité sur l'ennemi.

Devenus maîtres du Trocadéro, j'ai pensé aussi, comme votre excellence, que nous devions attaquer par le Pontales. En nous établissant dans le faubourg qui est derrière, et dans la Cortadura, nous empêcherions d'une part les sorties de la place, et contraindrions de l'autre tous les défenseurs de l'île de Léon de capituler; cette opération nous mènerait plus directement et plus promptement au but.

Notre marine est mieux d'accord avec nous sur la possibilité d'un débarquement sur la plage de la grande mer, entre Santi-Pétri et la Torregorda.

Mais un préalable nécessaire, c'est la réduction du fort Santi-Pétri, qui croise ses feux avec les batteries de terre sur le point jugé propre à la descente. Demain nous canonnerons ce fort par terre et par mer, et, suivant toute probabilité, nous le réduirons promptement.

Sa possession nous mettra à même de tenter le débarquement entre Torregorda et ce fort, ou d'exécuter le passage de vive force du Rio Santi-Petri vers son embouchure.

La première de ces opérations repose en grande partie sur la marine. Une fois à terre, nos troupes, pleines d'ardeur, se chargent du reste. La tentative aura, j'espère, lieu dans peu de jours.

Le passage exécuté de force, nous rassemblerions de nouvelles bouches à feu vis-à-vis les batteries ennemies de l'embouchure du Santi-Petri, nous en rétablirions dans le fort du même nom, et nos bricks et canonnières viendraient prendre des revers sur les batteries espagnoles; de sorte que la langue de terre sur laquelle se croiseraient nos feux deviendrait intenable pour l'ennemi; alors nous jetterions notre pont. Les batteaux destinés à le former sont déjà rassemblés à San Lucar. Telle est ma manière de voir.

Quant à l'équinoxe, je pense aussi que ce ne serait que pour peu de temps que nos opérations maritimes en seraient contrariées.

Maîtres de l'île de Léon, nous bombarderons

Cadix, si la place persiste à ne pas rendre le roi. Il eût été à désirer que nous eussions pu le faire immédiatement après la prise du Trocadéro; mais on ne l'a pu, et les tentatives qu'on a faites depuis, sans organisation satisfaisante des moyens déjà si incertains à la mer, n'ont occasionné qu'une perte de temps. Mais pendant tout le temps des opérations dont j'ai eu l'honneur de parler plus haut à Votre Excellence, j'espère qu'enfin nos bombardes et canonnières s'organiseront.

Tout ce que je viens de vous dire, Monseigneur, vous démontre sans doute que je désire, autant que tout autre, d'éviter les suites désastreuses que pourrait produire tout relâchement dans nos efforts contre Cadix. Je ne suis nullement effrayé des obstacles à surmonter. Fussent-ils dix fois plus considérables, nous ne devons pas, nous ne pouvons pas, sans nous déshonorer, renoncer à notre entreprise. Tout le monde me paraît bien d'accord sur ce point, et la présence de Monseigneur fera que chacun remplira son devoir. Si ce n'est pas dans quinze jours, ce sera dans un mois, ce sera dans un an, que nous couronnerons notre noble entreprise. *Mais ce sera*, et je crois dans peu.

Toute la question de l'Espagne est là, comme vous le dites, Monseigneur, et non dans les scènes plus ou moins violentes qui se passent dans l'intérieur de la Péninsule.

Je suis aussi le conseil que me donne votre excellence, de renfermer dans mon cœur tout le mépris, tout le ressentiment que doivent m'inspirer certaines choses. Je sais ce qui se trame en Espagne et dans Paris même contre moi; mais j'en détourne tout à fait ma pensée, pour la fixer entièrement sur le grand, l'unique objet, la reddition de Cadix. Après nous verrons.

Agréez, je vous prie, Monseigneur, l'hommage de mon respectueux dévouement.

Comte Guilleminot.

M. HYDE DE NEUVILLE A M. DE CHATEAUBRIAND.

Lisbonne, 14 septembre 1823.

Mon très-honorable ami,

M. Roth vous remettra cette lettre, et aussi ma dépêche cabinet n° 2, qui vous explique la mission dont il est chargé. Demain, dans deux jours peut-être, nous apprendrons que Cadix s'est rendu; mais vous approuverez sans doute qu'en fait de devoir je ne sois jamais l'homme aux conjectures. Pour bien servir, je crois, il faut marcher sans s'arrêter; demain donc je fais travailler au sciage des rames, et elles partiront au fur et à mesure pour Cadix. Vous verrez d'ailleurs, par la copie d'une lettre du major-général, que M. Gros me remet à l'instant, à quel point l'envoi de ces rames est urgent; demain j'irai moi-même presser les ouvriers, et les choses iront aussi vite qu'elles pourront aller. Ce ministère-ci m'a communiqué une lettre, adressée de notre camp au *gouvernement de Cadix*, transmise par les factieux à Londres, et là, communiquée au ministre de S. M. T.-F. J'avoue que ce n'est point ainsi que l'on devrait parler... Que le roi d'Espagne, libre, donne des institutions à ses peuples; qu'il abolisse l'inquisition, etc., etc.; qu'il reçoive de nous des conseils, tout cela peut être le mieux du monde; je suis l'ami le plus dévoué des libertés de mon pays, je ne veux donc pas prêcher l'absolutisme ailleurs; mais quel intérêt avons-nous, pouvons-nous avoir, à faire aux *comuneros* des promesses? ce sont toujours là des concessions à l'esprit de trouble. Ne discutons pas l'état de choses qui suivra, si nous voulons sauver le principe; il ne faut pas se le dissimuler, l'Angleterre, qui voit presque en pitié ce que nous nommons notre blocus, ne néglige rien, tout en paraissant y attacher peu d'importance, pour qu'on accepte sa médiation. On a voulu ici toucher cette corde, j'ai répondu avec la modération, mais aussi avec la dignité d'un ambassadeur de France: depuis, il n'a plus été question de ce moyen terme, et j'ai vu avec plaisir, dans un long tête-à-tête avec le roi, que S. M. était persuadée qu'il ne fallait pas confier aux Anglais le soin de relever *seuls* les trônes légitimes ; j'ai vu aussi que cet excellent prince, car il m'a parlé en bien honnête homme, ne demanderait pas mieux que de s'entendre avec nous, et qu'il se verrait avec plaisir *émancipé*; j'emploie ici l'une des expressions de l'un de ses ministres. Mais que faisons-nous pour attacher lui et son peuple à nous ? il était captif, nous le savions, il le savait aussi; et chaque jour c'était la France qui lui faisait dire et redire : Nous n'entendons en rien et pour rien nous mêler de vos affaires, et le pauvre roi de se croire galérien pour la vie parce que d'aucun côté, on ne paraissait *même* le plaindre! Faites-vous communiquer la lettre du 27 avril, du général comte Grundler, à l'occasion de l'entrée d'Amaranthe en Espagne; elle est adressée au général Madureira, à Burgos; il me semble qu'on pouvait dire autrement à ce loyal Amaranthe: *on ne peut avoir aucunes communications avec votre troupe;* M. de Villa-Flor a eu de la peine à obtenir son audience; les premières paroles ont été, à peu près, *nous n'avons pas besoin de vous;* S. M. T.-F. espère encore la réponse à sa lettre... Ces détails, je dois vous les confier; usez-en pour nous, pour l'intérêt du prince que nous chérissons, et aussi pour qu'on cesse de repousser, pour ainsi dire, un gouvernement qui voudrait marcher avec nous. Examinez-donc, avec cette sagesse chevaleresque que je vous connais, la principale question que je vous soumets par ma dépêche. Si Cadix résiste, pourquoi ne pas accepter le secours des Portugais; et s'il ne résiste pas, mais que l'Espagne continue à être agitée, pourquoi ne pas saisir cette occasion de nous lier étroitement avec le Portugal, de lui faire une armée royaliste dans laquelle entreraient naturellement les amis du jeune prince, les compagnons de gloire d'Amaranthe, tous ces militaires réformés par le maréchal Beresford. Mais l'Angleterre? Ni vous ni moi nous n'en sommes à croire qu'il faille toujours voir ce qu'elle veut, ce qu'elle désire; je pense, au contraire, qu'il faut voir ce qu'elle veut pour s'en garantir. Mais enfin, qu'ici elle veuille ou ne veuille pas, quelle bonne raison pourrait-elle donner pour détourner le Portugal du soin de sa propre conservation? Pourrait-elle, sans une sorte d'impudence, trouver mauvais que notre argent servît à assurer la tranquillité de ce royaume? N'envoie-t-elle pas des vaisseaux et frégates dans le Tage, comme *effet moral*, assure-t-on? eh bien! ne pouvons-nous pas servir plus utilement encore la nation portugaise, en l'aidant à repousser les factieux qui menacent ses frontières, et qui cherchent à soulever encore ses troupes.

Adieu, donnez-moi le pouvoir de répondre d'une manière favorable à ce gouvernement-ci, et nous prendrons ou reprendrons le Portugal aux Anglais.

Hyde de Neuville.

M. DE CHATEAUBRIAND AU PRINCE DE POLIGNAC.

Paris, ce 15 septembre 1823.

Les journaux vous diront à peu près, noble Prince, l'état des choses devant Cadix. Voici le détail officiel : Alava est arrivé au port Sainte-Marie, porteur d'une lettre de Ferdinand pour le duc d'Angoulême. Cette lettre demandait un armistice. Le duc d'Angoulême a refusé de voir Alava. Il a envoyé le duc de Guiche porter sa réponse au roi d'Espagne. Cette réponse refuse tout net l'armistice, et déclare que le duc d'Angoulême ne consentira à traiter que quand le Roi, libre, sera venu dans le camp français, à Chiclana ou au port Sainte-Marie. Le duc d'Angoulême se conduit réellement de la manière la plus admirable. Au reste il paraît, dans ses lettres, plein de confiance d'une fin prochaine et heureuse.

Sir Charles Stuart crie ici beaucoup contre sir W. A'Court, et prétend qu'en offrant sa médiation il a dépassé ses pouvoirs. Mais vous aurez remarqué que sir W. A'Court dit positivement, dans sa lettre, qu'il est *autorisé* à intervenir quand une des deux parties belligérantes le demanderait. Il est évident que sir Charles ne crie que parce que le refus de l'intervention de la part de M. le duc d'Angoulême est un nouveau mécompte pour l'Angleterre. Taisons-nous sur tout cela; soyons modestes, et il sera toujours temps de triompher après le succès complet, et souvenons-nous que nous n'avons pas encore Ferdinand.

Tout à vous, noble Prince.

CHATEAUBRIAND.

P.-S. Votre lettre confidentielle n° 10 m'est arrivée ce matin.

M. DE CHATEAUBRIAND A M. DE TALARU.

Paris, ce 18 sept. 1823.

Mon cher ami,

Je reçois votre dépêche du 13, n° 87. J'y trouve votre petit post-scriptum et le billet de Mgr. le duc d'Angoulême. Vous me demandez vos instructions : je n'en ai point d'autres à vous donner dans ce moment que celles que vous avez déjà reçues du roi. Il m'est impossible de prévoir la position où vous serez placé en arrivant au port Sainte-Marie, ni les matières sur lesquelles vous serez appelé à délibérer. En tout vous êtes absolument sous les ordres du prince généralissime, tant qu'il restera en Espagne. Vous obéirez à ses volontés, et vous l'assisterez de vos conseils quand il jugera à propos de vous en demander. Je sais que le président du conseil, voulant éviter à Monseigneur les importunités de la régence, lui a mandé de s'en reposer sur vous de toute la partie politique de sa mission. Dans ce cas, il ne s'agirait que des affaires courantes entre la régence et le prince. Si, au contraire, il est question de la délivrance du roi et des stipulations qui en seraient la suite, comment juger d'avance de ce que vous pourrez faire, et des difficultés dans lesquelles vous serez engagé? il y a cependant un principe sûr, et qui ne peut pas vous tromper : c'est qu'aucune concession politique ne peut être légalement accordée avant la délivrance du roi. Des concessions militaires et personnelles tant qu'on voudra, et aussi largement qu'on voudra. On peut ensuite promettre qu'on engagera le roi libre à faire pour ses peuples tout ce que les besoins de ces peuples réclameront.

Défiez-vous pourtant d'une chose, mon cher ami : des négociations sans cesse renouvelées, et qui n'aboutiraient pas à une prompte fin, pourraient avoir été entamées dans le but de gagner la mauvaise saison, de ralentir l'ardeur de nos troupes, et d'échapper pendant l'hiver, lorsque le blocus ne pourra qu'être très-imparfait. Les opérations militaires doivent être poussées avec la dernière vigueur, même au milieu des négociations. Si l'on peut se rendre maître de l'île de Léon, cela avancera bien le traité : rien n'abrége la besogne comme les coups de canon. Dix-huit jours se sont déjà écoulés depuis la prise du Trocadero, c'est beaucoup.

Il n'y a aucun doute que, s'il y a une capitulation politique, c'est vous qui devez la signer ou plutôt la contre-signer avec monseigneur le duc d'Angoulême. Toutes les conventions militaires ne vous regardent pas.

Je reviens sur la signature d'un traité. Si le roi était libre, monseigneur le duc d'Angoulême pourrait signer seul avec lui un traité quelconque; mais si un traité doit avoir lieu par l'intermédiaire d'un ministre, Monseigneur ne peut pas signer; c'est à vous qu'il délègue ses pouvoirs, et vous signez. Comme Monseigneur a les pleins pouvoirs du roi, il n'aura pas sans doute besoin de mettre au traité la réserve de la ratification de sa majesté.

Ces détails m'ont paru utiles à vous donner.

Villèle est persuadé que vous n'êtes mandé au port Sainte-Marie que parce que tout est convenu entre le prince et les autorités de Cadix. Je ne suis pas de son avis, et même le tour du billet de Monseigneur me ferait croire qu'il ne s'agit encore que des affaires de la politique en général.

Vous voilà, mon cher ami, dans un poste, où je me félicite de vous avoir placé, pour acquérir de l'honneur et de la gloire.

Tout à vous, de tout mon cœur.

CHATEAUBRIAND.

P.-S. Je ne vous parle point des cinq propositions de M. Bulgari, qui sont plus positives que celles de Jansénius. Comment! il ne voulait traiter rien moins que de l'affaire des colonies espagnoles, et il ne s'apercevait pas que c'était remuer le monde : comme ils y vont ces messieurs !

Mettez mes profonds respects aux pieds de Monseigneur. Il s'est attiré le respect et l'admiration du monde entier. Toutes les cours m'écrivent des hymnes à sa louange. L'empereur de Russie ne tarit pas.

M. DE CHATEAUBRIAND A M. DE POLIGNAC.

Paris, ce 5 octobre 1825.

Vous verrez, noble Prince, par ma lettre confidentielle, ce qu'il faut que vous répondiez à M. Canning. A présent nous ne pouvons que décliner sa proposition. Elle est, en elle-même, un peu odieuse ; car nous demander d'entrer dans un pacte avec l'Angleterre, pour dépouiller l'Espagne de ses colonies, tandis que nous combattons pour la délivrance de son roi, est un jeu double que la France est trop noble pour jouer. Je n'ai rien à ajouter, à la lettre confidentielle dont j'ai donné le fond, qu'une chose : c'est qu'en repoussant la proposition, il faut le faire avec une grande mesure et une grande politesse; il faut même ne pas fermer rigoureusement toute voie à une négociation future, car il faut prévoir le cas où la folie de Ferdinand et l'entêtement espagnol ne voudraient entendre à aucun arrangement sage sur les colonies, et où l'Angleterre, prenant son parti, forcerait aussi la France à prendre le sien. Mais, en vous tenant dans cette mesure, en faisant surtout entendre que la question des colonies est une de ces questions majeures qui doit être traitée en commun avec tous les alliés, et dont personne ne doit faire son profit particulier, cette marche franche embarrassera beaucoup l'Angleterre, qui craindra de se brouiller avec le continent.

Vous voyez, noble Prince, qu'il ne s'agit pas à présent d'établir des négociations; que si l'Angleterre a un intérêt à presser, nous en avons un à attendre; car il nous faut avant tout le dénouement de l'affaire d'Espagne. Nous verrons si, dans la suite, la négociation particulière s'entamait entre nous et l'Angleterre, quel mode il serait bon de choisir pour la suivre; mais certainement il n'y en a que deux, ou par vous, ou par des notes, car il ne peut jamais être question de l'ambassadeur d'Angleterre, ici.

Vous déclarerez formellement, surtout à M. Canning, que nous ne prétendons agir contre les colonies espagnoles, à main armée, d'aucune façon.

Tout à vous, noble Prince.
CHATEAUBRIAND.

M. DE CHATEAUBRIAND A M. DE TALARU.

Paris, le 7 octobre 1825.

Je ne sais plus, mon cher ami, comment vous allez vous tirer de ce galimatias; tout Madrid est décampé sur la première nouvelle, et la conférence va vous rejoindre au port Sainte-Marie. Je vous recommande très-sérieusement une chose, c'est de dissimuler votre chagrin et celui de Monseigneur. C'est surtout la Russie qu'il faut ménager, car l'Autriche et l'Angleterre font tout ce qu'elles peuvent pour la détacher de nous. L'empereur est mobile, il a eu un commencement d'humeur, que j'ai seul apaisée. Songez où nous en serions avec l'Europe contre nous ou malveillante, si les affaires se compliquaient ou se prolongeaient; si par exemple, les révolutionnaires emmenaient le roi en Amérique; si l'Espagne conséquemment nous restait sur les bras? n'est-il pas clair que, dans ce cas, l'Europe interviendrait si elle était mal disposée? Croyez-vous que l'Autriche souffrirait notre occupation militaire indéfinie? que l'Angleterre ne mettrait pas en avant les droits de la reine de Portugal? etc. Voilà déjà une complication inattendue. Les cortès ont reconnu, au nom de Ferdinand, l'indépendance de la république de Buénos-Ayres. Vous sentez que Canning, qui nous fait demander d'entrer en négociation sur les colonies espagnoles, savait cela, et se préparait par là à reconnaître l'indépendance de ces colonies, qu'il nous dira avoir été reconnue par le roi légitime. Vous voyez quelle source de querelles et d'événements dans tout cela. Encore une fois, mon cher ami, prêchez la patience au prince; montrez-lui tous les dangers de la politique; ces petits diplomates sont odieux, mais c'est une nécessité absolue de les bien traiter, de les souffrir, de supporter l'ennui et la fatigue des conférences, de temporiser, de dévorer les insolences et les inutilités jusqu'au grand événement. Il nous faut l'alliance pour nous défendre contre l'Angleterre, et dans cette alliance il nous faut la Russie. N'oubliez jamais cela.

Nous en sommes toujours aux nouvelles du 28, car nous n'avons pas encore reçu ce matin l'estafette du 29. La lettre de Ferdinand porte, selon moi, tous les caractères de la fausseté, ne fût-ce que par sa franchise et son exagération. Il me semble que toute cette scène des drapeaux blancs était imaginée pour empêcher la descente dans l'île de Léon, obtenir un armistice, attendre le coup de vent de l'équinoxe, et s'embarquer pendant ce coup de vent avec le roi. Si c'était là le piége, vous n'y auriez pas donné longtemps, puisque le 29 vous avez recommencé les hostilités; mais c'est toujours vingt-quatre heures perdues, et, dans cette saison, c'est un très-grand malheur. Je reviens sur ce vaisseau *l'Asia :* soyez sûr que la marine anglise aurait bien trouvé le moyen de l'attaquer et de le brûler, jusque sous le canon de Cadix. Tant que ce vaisseau existera, il n'y aura pas de sûreté pour nous.

Je reçois votre lettre du 29. Le *post-scriptum* explique la rupture des négociations. Monseigneur a écrit, de son côté, en envoyant la nouvelle lettre du roi et les conditions de l'armistice. Ces conditions étaient ridicules, mais on les avait fait fortes pour en céder vraisemblablement une partie. S'il ne s'agissait que de laisser Cadix seul, pendant un mois, aux Cortès pour s'embarquer, je n'y verrais pas un grand inconvénient. Occupons l'île de Léon, et notre affaire sera bien près de son terme; surtout brûlons *l'Asia,* notre véritable danger est là. Je suis bien aise que toutes mes conjectures soient fausses. Nous sommes sans dépêches télégraphiques, ainsi rien de nouveau n'avait eu lieu jusqu'au 1er, et même jusqu'au 2, à moins que le mauvais temps n'ait intercepté la dépêche : il pleut, et le 1er nous avons eu un coup de vent.

NÉGOCIATIONS.

COLONIES ESPAGNOLES.

II.

Expédition militaire.

Ici cessent les lettres écrites depuis le commencement de la guerre d'Espagne jusqu'à la fin de cette guerre. Pendant le cours de cette correspondance, nos soldats marchaient à la victoire dont nos dépêches leur aplanissaient le chemin.

Du quartier-général de Bayonne, le 3 avril 1823, monsieur le dauphin publia cet ordre du jour :

« Soldats ! la confiance du roi m'a placé à votre
» tête pour remplir la plus noble mission. Ce n'est
» point l'esprit de conquête qui nous a fait
» prendre les armes; un motif plus généreux
» nous anime : nous allons replacer un roi sur
» son trône, réconcilier son peuple avec lui, et
» rétablir, dans un pays en proie à l'anarchie, l'or-
» dre nécessaire au bonheur et à la sûreté des
» deux états.

» Soldats! vous respecterez et ferez respecter
» la religion, les lois et les propriétés, et vous me
» rendrez facile l'accomplissement du devoir qui
» m'est imposé, de maintenir les lois et la plus
» exacte discipline. »

Le 7, la Bidassoa fut passée, et le blocus de Saint-Sébastien commencé. Le second corps de l'armée, commandé par le comte Molitor, pénètre en même temps en Espagne, par la vallée de Roncevaux. Les Français et les Italiens, réunis au pont de la Bidassoa, avaient crié à la vue de l'artillerie française : *Vive l'artillerie!* Le maréchal-de-camp Vallin répondit : *Feu!* Ce mot décida du succès de la campagne ; le génie de Louis XIV, de l'île de la Conférence et des murs de Fontarabie, semblait protéger la destinée de son petit-fils.

Irun, Tolosa, Villa-Franca, Pancorbo, Vittoria, Guetaria, sont pris les 9, 10, 14, et 17 avril. Le roi d'Espagne, enlevé de Madrid par les Cortès, était arrivé à Séville.

Figuières fut pris le 25 avril, et Olot occupé le 3 mai, en Catalogne. Logrono en Aragon fit quelque résistance. Le 9 mai, le duc d'Angoulême établit son quartier-général à Burgos, et le 17 à Buitrago dans la Nouvelle-Castille.

Mina se battit bien en voulant reprendre Vich. Le général Donadieu, le poursuivit avec vivacité, intelligence et bravoure.

Le général Bourcke et le général la Rochejaquelein, le balafré, continuèrent leur mouvement sur les Asturies.

Le général Molitor, ayant en face Ballesteros, occupa le royaume de Valence.

Le 24 mai, Monseigneur le duc d'Angoulême entra dans Madrid à la tête du corps de réserve.

Le 17 juin, le roi d'Espagne et sa famille, prisonniers, sont emmenés à Cadix. Le comte Bordesoulle pénètre en Andalousie, occupe Cordoue, et le comte de Bourmont s'établit à Mérida en Estramadure.

Le maréchal comte Molitor arrive à Murcie. Il y eut, le 13 juillet, une affaire assez considérable à Lorca, emporté d'assaut par nos troupes.

Le 16 juin, nous étions arrivés devant l'île de Léon et au Trocadéro. Monseigneur le duc d'Angoulême était présent. Molitor à la suite.

Ballesteros s'approchait de Cadix par le royaume de Grenade, et Bordesoulle arrivait de l'autre côté par l'Estramadure. Les combats s'étaient multipliés et une convention avait été conclue entre Ballesteros et Molitor.

Le 19 août, la tranchée fut ouverte devant le Trocadéro. Le 31, le Trocadéro est enlevé, ainsi que le fort Saint-Louis. Il avait fallu traverser une coupure, dont la largeur était de trente-cinq toises et la profondeur de quatre pieds et demi dans les plus basses eaux. On vit reparaître cette intrépidité française, qui vient de briller encore une fois à la prise de Constantine; avec de pareilles troupes on s'étonne que la France s'obstine à demeurer telle que Waterloo l'a faite. Son Altesse Royale montra de la valeur dans cette affaire qui nous livra pour ainsi dire cette Espagne tout entière, échappée à la gloire et au génie de Napoléon.

Le prince de Carignan, aujourd'hui roi de Sardaigne, traversa lui-même la coupure avec nos troupes. Il conserve encore dans son palais, et montre avec orgueil les épaulettes de grenadier dont il fut alors décoré par nos soldats.

La tranchée fut ouverte, le 10 septembre, par le maréchal Lauriston devant Pampelune.

Le duc d'Angoulême, voulant assiéger Cadix et s'emparer de l'île de Léon, enlève, le 20 septembre, le fort Santi-Pétri. Le 23, nos vaisseaux bombardèrent Cadix, et l'Angleterre, reine des mers, nous vit, sans oser le secourir, triompher dans son empire.

Le 28, le duc d'Angoulême visitant la ligne d'at-

taque contre l'île de Léon, s'exposa, pendant un long espace de onze cents toises, au feu des batteries espagnoles. Un boulet l'ayant couvert de débris, il dit : « Vous conviendrez, messieurs, que
» si je suis tué, je finirai en bonne compagnie et à
» la française. »

Pourquoi ce boulet le manqua-t-il !

Le 1er octobre, menacées d'un siége dans Cadix, abandonnées de leurs armées qui avaient capitulé, les Cortès, après diverses allées et venues, rendirent le pouvoir et la liberté à Ferdinand : il avait été tour à tour déclaré fou, déchu, captif, dans une de ces scènes ignominieuses que l'on retrouve dans notre révolution; au bout de cette promenade à la Vitellius, il se retournait et revenait radieux. Roi de ses geôliers, accompagné de la reine, des princes et des princesses de sa famille, il mit à la voile ses prames dorées, au bruit des salves d'artillerie de la place et de toute la côte : au milieu des nuages de fumée, on eût dit un vainqueur qui sort triomphant d'une grande bataille. Le ciel était magnifique. A onze heures et demie, Ferdinand aborda le port Sainte-Marie : il y fut reçu par monseigneur le duc d'Angoulême. Le petit-fils de Louis XIV mit un genou en terre et présenta son épée à l'autre petit-fils du grand roi; beau spectacle à l'extrémité de l'Europe, au bord de cette mer la couche du soleil, *solisque cubilia Cades!*

Ainsi fut accomplie la délivrance de Ferdinand

sur le dernier rocher des Espagnes, dans le lieu même où la révolution avait commencé.

Et le monarque délivré où est-il? et le prince libérateur où est-il? Ayant fait hommage de son épée, il s'est trouvé désarmé quand le sort l'a saisi.

III.

Joie. — Diverses aptitudes des hommes. — Comment nous sommes reçu à la cour.

DÉPÊCHE TÉLÉGRAPHIQUE.

« Port-Sainte-Marie, 1er octobre 1823.

» Le Roi et la famille royale sont arrivés au » jourd'hui, à onze heures et demie, au port » Sainte-Marie. »

Cette dépêche, et les cent coups de canon qui annoncèrent la délivrance de Ferdinand, pensèrent nous faire trouver mal de joie; non certes que nous attachassions un intérêt personnel à la recousse d'un monarque haïssable, non que nous crussions tout fini; mais nous fûmes dans un véritable transport à l'idée que la France pouvait renaître puissante et redoutable; que nous avions contribué à la relever de dessous les pieds de ses ennemis, et à lui remettre l'épée à la main : nous éprouvions un tressaillement d'honneur égal à notre amour pour notre patrie.

Nous étions en même temps soulagé d'un poids énorme; si nous avions dit un mot, si nous avions paru avoir peur, si nous avions pressé M. de Villèle d'accepter la médiation de l'Angleterre, il eût embrassé le parti de la paix : malheureusement ce qui convenait à sa modération, ne convenait pas à quelque chose qui parlait en nous. Mais que serions-nous devenu en cas de revers? Nous nous serions jeté dans la Seine.

Après ce premier saisissement de plaisir, nous eûmes une certaine satisfaction légitime : nous pûmes nous avouer qu'en politique nous valions autant qu'en littérature, si nous valons quelque chose. Il était maintenant impossible de nier l'utilité de notre plan au dehors; nous avions au dedans tout aussi bien réglé un budget et compris les détails intérieurs d'un ministère, qu'un homme du métier. Nous disons ceci pour enhardir les gens de lettres, et leur apprendre la juste portée des *Esprits positifs*. Quant à nous, nous ne tenons pas le moins du monde à garder une place dans leurs rangs, n'ayant pas la moindre considération pour le génie ordinaire politique : tout commis est un aigle sur cette taupinée.

« Je ne voulais pas leur donner à entendre, dit
» Alfiéri (refusant les ministres du roi de Sardai-
» gne, qui prétendaient le favoriser d'une ambas-
» sade), que leur diplomatie et leurs dépêches me
» paraissaient, et étaient certainement pour moi,
» moins importantes que mes tragédies, ou même
» celles des autres; mais il est impossible de ra-
» mener ces espèces de gens-là; ils ne peuvent et
» ne doivent pas se convertir. »

Les sots de France, espèce particulière et toute nationale, ne feront point de concessions d'habileté aux Oxenstiern, aux Grotius, aux Frédéric, aux Bacon, aux Thomas Morus, aux Spencer, aux Falckland, aux Clarendon, aux Bolinbrocke, aux Burck et aux Canning de France. Notre vanité ne reconnaîtra point à un homme, même de génie, deux aptitudes, et la faculté de faire, aussi bien qu'un esprit commun, des choses communes. Si vous dépassez d'une ligne les conceptions vulgaires, mille imbéciles s'écrient : « Vous vous perdez dans les nuées ! » Ravis qu'ils se sentent d'habiter en bas, où ils taillent leur plume d'un air important et s'entêtent à penser. Ces pauvres diables, en raison de leur secrète misère, se rebiffent contre le mérite. Dans leur désespérance de monter plus haut, ils renvoient avec compassion Virgile et Racine à leurs vers. Mais, superbes sires, à quoi faut-il vous renvoyer? à l'oubli : il vous attend à vingt pas de votre logis, tandis que vingt vers de ces poëtes les porteront à la dernière postérité.

Ces chamaillis sur les diverses aptitudes ont eu lieu parce qu'on n'a pas fait une observation : le *talent* proprement dit est une chose à part, un don du Ciel : il est souvent séparé de tout autre mérite, de même qu'il se trouve souvent mêlé à toutes les espèces de mérite. On peut être un imbécile en faisant de beaux vers ; on peut être un premier écrivain, un orateur admirable, en gagnant des batailles comme César, en gouvernant un pays comme Cicéron ; Solon, l'élégiaque, était un fameux législateur ; Thucydide, un général renommé ; Dante, un guerrier illustre ; Ercylla, Camoëns furent de braves soldats. Les exemples seraient trop nombreux à citer tous. Qui fut plus savant ministre que le chancelier-poëte L'Hôpital ? qui fut plus habile négociateur que d'Ossat ? Richelieu, même, avait entassé des volumes au point d'en être ridicule ; mais il ne fallait pas trop rire à cause de la potence ; le son d'une lyre n'a jamais rien gâté.

Dans notre ardeur, après la dépêche télégraphique, nous avions couru au château : là, nous reçû-

mes sur la tête, un seau d'eau froide qui nous
calma et nous fit rentrer dans l'humilité de nos
habitudes : le roi et Monsieur, trop charmés, ne
nous aperçurent point ; madame la duchesse d'Angoulême, éperdue de joie du triomphe de son
mari, ne distinguant quoi que ce soit, était très-touchante à voir, lorsqu'on songeait combien peu
de bonheur elle avait goûté dans sa vie. Cette victime immortelle écrivit, sur la délivrance de Ferdinand, une lettre terminée par cette exclamation
sublime dans la bouche de la fille de Louis XVI :
« Il est donc prouvé qu'on peut sauver un roi
» malheureux ! »

Le dimanche, nous retournâmes avec le Conseil faire la cour à la famille royale : l'auguste
princesse dit à chacun de mes collègues un mot
obligeant et d'autant plus gracieux, qu'il échappait
à des lèvres inaccoutumées au sourire ; elle ne
nous adressa pas une parole. Elle a dit depuis à
M. de Montmorency, qu'elle se sentait mal à l'aise
avec nous. Nous ne méritions pas tant d'honneur :
Le silence de l'orpheline du Temple ne peut jamais être ingrat ; le Ciel a droit aux adorations
de la terre, et ne doit rien à personne.

IV.

Lettre de Louis XVIII à Ferdinand. — Explications sur cette lettre.

Ferdinand, après sa délivrance, écrivit à Louis XVIII; le roi nous chargea de la réponse; nous la lûmes à S. M.; elle n'y changea pas un mot, et la signa d'un air satisfait. On jugera si nous voulions l'absolutisme :

Fin d'octobre 1825.

« Mon frère, etc.

» Un des moments les plus heureux de ma vie
» est celui où j'ai appris que le Ciel avait béni mes
» armes, et que, par les efforts du digne capitaine
» placé à la tête de mes vaillants soldats, de ce fils de
» mon choix, l'honneur de ma couronne et la gloire
» de la France, Votre Majesté était rendue à l'a-
» mour de ses peuples. La main de la Providence
» a été visible dans cet événement; et c'est à celui
» qui protége les rois que nous devons attribuer,
» avec la plus vive reconnaissance, des succès aussi
» prompts et aussi éclatants.

» Désormais ma tâche est finie, la vôtre com-
» mence : vous devez le repos et le bonheur à vos
» sujets. Si je n'avais pas, comme chef de ma mai-
» son, le droit de parler à Votre Majesté avec sin-
» cérité, ma vieillesse, mon expérience et mes
» longs malheurs, m'en imposeraient encore le de-
» voir. Comme Votre Majesté, j'ai retrouvé mon
» pouvoir royal après une révolution; à l'exem-
» ple de notre aïeul Henri IV, j'ai pardonné à
» ceux qui avaient pu être égarés, dans des temps
» difficiles, et qui, confiants dans la miséricorde
» de leur souverain, s'empressaient de réparer leurs
» erreurs. Votre Majesté comprendra le danger
» qu'il peut y avoir à convaincre des classes en-
» tières d'hommes, que rien ne peut effacer le sou-

» venir de leur faiblesse. Les princes chrétiens ne
» peuvent régner par les proscriptions : c'est par
» elles que les révolutions se déshonorent, et que
» les sujets persécutés reviennent, tôt ou tard, cher-
» cher un abri sous l'autorité paternelle de leurs
» souverains légitimes. Je crois donc qu'un décret
» d'amnistie serait aussi utile aux intérêts de
» Votre Majesté qu'à ceux de son royaume.

» Votre Majesté a pensé que de longues com-
» motions politiques et l'anarchie des guerres ci-
» viles affaiblissent les institutions, en relâchant
» les liens de la société ; elle me paraît avoir été
» pénétrée de cette vérité, quand elle m'a écrit sa
» lettre particulière du 23 juillet 1822 ; elle re-
» poussait les systèmes dangereux, ces théories
» démocratiques, ces innovations funestes dont
» l'Europe a eu tant à souffrir ; mais elle voulait
» chercher dans les anciennes institutions de l'Es-
» pagne le moyen de contenter ses peuples et d'af-
» fermir la couronne sur sa tête. Si elle persiste
» dans ce noble projet, elle verra bientôt toutes
» les espérances de ses sujets se tourner vers le
» trône.

» Il n'appartient à personne de donner, sur ce
» point, des conseils à Votre Majesté. C'est dans
» sa sagesse et dans la plénitude de ses droits qu'il
» lui convient d'en délibérer ; mais je puis lui dire
» qu'un arbitraire aveugle, loin d'augmenter la
» puissance des rois, l'affaiblit ; que si cette puis-
» sance n'a point de règles, que si elle ne recon-

» naît aucune loi, bientôt elle succombe sous ses
» propres caprices; l'administration se détruit, la
» confiance se retire, le crédit se perd, et les peu-
» ples, inquiets et tourmentés, se précipitent dans
» les révolutions. Les souverains de l'Europe, qui
» se sont sentis menacés sur leur trône par la ré-
» volte militaire de l'Espagne, se croiraient de
» nouveau exposés, dans le cas où l'anarchie vien-
» drait à triompher une seconde fois dans les états
» de Votre Majesté.

» Si, éloignant d'elle de pénibles souvenirs,
» Votre Majesté appelle à ses conseils des hom-
» mes prudents et habiles, une noblesse qui est
» l'appui naturel de son autorité, un clergé dont
» la piété et le dévouement lui promettent tant
» de sacrifices au bien public; si toutes les classes
» d'une nation grande et fidèle bénissent égale-
» ment l'autorité du souverain légitime, l'Europe
» verra dans le règne de Votre Majesté la garantie
» de son repos, et moi je m'applaudirai d'avoir
» obtenu un si glorieux résultat de mes sacrifices.

» Louis. »

Nous n'avions pas été tout à fait à notre aise en écrivant la minute de cette lettre; nous aurions voulu aller plus loin, proposer dans les vieilles Cortès quelques changements analogues à l'esprit du siècle; mais nous étions retenus par l'Europe continentale, dont nous avions encore besoin au sujet de l'affaire des colonies : nous la blessions déjà assez en parlant des *vieilles Cortès;* elle ne voulait de Cortès à aucun prix, ni vieilles, ni jeunes ; elle désirait purement et simplement le roi *netto* aidé du conseil de Castille et du conseil des Indes, avec les rouages d'une machine usée. Ses envoyés à Madrid devinrent hostiles aussitôt qu'ils eurent connaissance de la lettre de Louis XVIII.

Quant à nous, en demandant le rétablissement des anciennes Cortès, nous avions préparé la fusion des anciennes mœurs et des mœurs modernes de l'Espagne : les uns y retrouvaient le passé ; les autres étaient à même d'y puiser l'avenir. Un corps délibérant, quelle que soit sa composition, ne reste pas stationnaire ; nos états généraux convoqués devinrent l'assemblée nationale. L'idée de nous ériger en fabricateurs de Chartes au-delà des Pyrénées était une niaiserie qu'aucune tête d'expérience ne pouvait enfanter. Les gouvernements libéraux, réinstallés depuis dans la Péninsule, n'ont-ils pas été forcés de réformer les Cortès de Cadix, d'établir deux chambres, d'en venir jusqu'aux lois d'exception et à la suppression de la liberté de la presse? Cette nation de muletiers et de bergers-soldats, où chaque individu jouit de la plus entière indépendance, où chaque commune, gouvernée par ses lois municipales, d'origine romaine, mêlées d'arabe, est une petite république; cette nation n'a ni le besoin, ni le sentiment de nos libertés artificielles ; elle ignore cette haine des classes supérieures, notre tourment à nous autres Gaulois : le paysan castillan n'a point connu le joug féodal ; il se croit l'égal des Grands et ne reconnaît de supérieur que le Roi. Encore ce roi, renfermé dans Madrid, est-il comme le sultan à Constantinople ; à trente lieues de sa capitale, on n'obéit plus à ses ordres. Le génie et les habitudes de l'Ibérie sont moins opposés au despotisme royal qu'à l'arbitraire légal d'une assemblée représentative dont l'orgueil castillan méprise les individus et dédaigne le parlage.

Ces raisons de l'homme d'état l'emportèrent chez nous sur l'homme des théories. Nous ne mesurions pas les esprits de la péninsule hispanique d'après une règle inflexible. On nous mandait que tel personnage avait tels défauts, qu'il avait fait telles sottises : cela était vrai par rapport à des Français, à des Anglais, à des Allemands ; cela n'était pas vrai par rapport à des Espagnols. De là dérivait la nécessité de tirer promptement la question française de la question espagnole : celle-ci se résoudrait selon les mœurs du pays, quand nos principaux intérêts auraient été mis en sûreté. Une seule chose était à craindre dans le premier moment : en démuselant Ferdinand, on pouvait livrer ses royaumes à sa folie. Mais les vieilles Cortès, si elles eussent été convoquées, auraient suffi pour l'entraver. Encore une fois, ce ne devait pas être à nos yeux la première question ; il était d'ailleurs plus probable que Ferdinand retomberait sous le joug des insurrections, qu'il ne parviendrait à les étouffer.

V.

Ordres des souverains. — Lettre de Henri IV.

Sorti triomphant de l'entreprise la plus hasardeuse, tout cédait à nos succès; les ennemis s'avouaient vaincus et convenaient qu'ils s'étaient trompés. Le duc de Rovigo, arrivé de Berlin, mandait que le langage et les manières des Prussiens étaient devenus tout à coup respectueux; que *les provinces rhénanes étouffaient leur joie en silence, et croyaient que le canon de la Bidassoa avait résonné pour leur délivrance; que Mayence était sans garnison, sans approvisionnement et prêt à être évacué : tout vit là, disait-il, en attendant. La France redevint glorieuse en Espagne; c'est sur le Rhin qu'elle redeviendra forte.*

Nous avions expédié aux rois et aux ministres la nouvelle de l'heureuse fin de la guerre. Des diverses cours nous arrivèrent des marques de considération : l'Espagne nous envoya la Toison-d'Or; le Portugal, l'ordre du Christ; la Russie, l'ordre de Saint-André; la Prusse, l'Aigle-Noir; la Sardaigne, l'Annonciade; François II seul s'abstint : la lettre qu'il nous adressa est froide et ne dit pas un mot de nous; la lettre du prince de Metternich contient un petit compliment qui couvre mal un secret dépit. Fidèle à son instinct, le prince avait la prétention de recevoir le cordon bleu avant de nous transmettre les ordres d'Autriche; or, comme les autres puissances avaient pris l'initiative vis-à-vis des Tuileries, nous ne pensâmes pas qu'il fût convenable de céder à des exigences sans raison : elles nous paraissaient surtout extraordinaires, vu la manière dont avait agi envers nous le cabinet de Vienne.

Les rois et leurs ministres nous écrivirent : on verra plus loin leurs lettres.

Par ces distinctions et par ces aveux, les rois ont jugé du moins que nous avions rendu un important service à la société monarchique : ils ont raison, à ne considérer que ce qui leur revenait immédiatement de la guerre d'Espagne; mais s'ils avaient connu notre dernière pensée, loin de nous bénir, ils nous auraient maudit. Cependant notre politique leur eût été, en résultat, aussi favorable qu'à la France : il leur faudra rendre compte un jour du mandat d'amener des peuples qu'ils n'avaient pas le droit de saisir. Des conquêtes violentes peuvent satisfaire l'amour - propre d'un gouvernement et une ambition sans prévoyance, mais elles préparent des catastrophes. A quoi servent les domaines de Jagellon à la Russie? à mettre une plaie au sein de l'empire des Czars : les Moscovites ne se guériront de la Pologne qu'en en faisant un désert. Il n'y a d'incorporations durables que les incorporations accomplies dans l'utilité de la main qui les opère. Les assimilations entre des peuples désunis par le langage, les mœurs, le climat, la topographie, sont insensées dans l'état actuel de la civilisation.

L'empire de Bonaparte est tombé en poussière : autant en arrivera aux pays entrés de force dans la circonscription des grandes puissances, tandis que nous, nous avons été déboutés de nos demandes en héritage. Les politiques de Vienne apprendront que la France n'est pas un cercle du Rhin, qu'on ne méprise pas impunément trente-trois millions d'hommes nés des dents du dragon et sortis tout armés de la terre.

Nous avons conservé les lettres des princes : témoignage irrécusable de l'appréciation de nos travaux, elles constatent nos services; elles réduisent au silence les ennemis d'un certain côté, comme nos explications sur la guerre d'Espagne satisferont, nous l'espérons, d'autres adversaires. Après cela, au lieu de ces lettres, nous aimerions mieux avoir reçu de Henri IV, ce billet dont nous possédons l'original :

« Monsieur l'aumonyer, je me rejouys avec
» vous de quoy vous estes maryé; il ne faut plus
» parler d'estre amoureus, car il ne siet pas bien
» au gens mariés d'avoyr mettressé : pour ce que
» je me gouverne aynsy, je conseille à tous mes
» amys et servyteurs de fayre le semblable; vous
» en croyrés ce qu'il vous playra; bien vous prié-
» rége de fayre estat de ce, plus que de personne
» du monde. Je desyreroys fort vous voyr et votre
» cousyn : Adieu, mon amy. Aymés-moy bien
» toujours.

» Votre plus asseuré amy à jamays,

» Henry. »

Le Béarnais ne se prend pas au sérieux, comme les potentats nos illustres correspondants : il se moque de lui, de ses légèretés et de ses couronnes.

Lettres des rois et des ministres.

L'EMPEREUR ALEXANDRE A M. DE CHATEAUBRIAND.

Vosnesensk, le 16-28 octobre 1823.

Votre courrier, monsieur le Vicomte, m'a remis, au milieu de mon voyage, la lettre par laquelle vous avez bien voulu m'annoncer l'heureuse délivrance du roi d'Espagne et de toute sa famille. Recevez-en mes plus vives félicitations, et chargez-vous de les offrir au roi, votre auguste maître; il recueille le fruit d'une politique généreuse. Le règne du crime est passé : l'Espagne affranchie; le Portugal rendu au salutaire empire de la légitimité. Abréger les malheurs des autres sera toujours une des plus belles prérogatives que la divine Providence puisse nous accorder ici bas. Sa Majesté Très-Chrétienne l'exerce en ce moment. Le ciel lui devait cette compensation.

Vous avez puissamment contribué à ces grands résultats, et vos talents, comme vos efforts, ne sauraient avoir de meilleure récompense.

C'est avec un vrai plaisir que je saisis, monsieur le Vicomte, cette occasion de vous réitérer l'assurance de ma haute estime.

ALEXANDRE.

LE ROI FRÉDÉRIC-GUILLAUME A M. DE CHATEAUBRIAND.

Berlin, le 16 octobre 1823.

Monsieur le vicomte de Chateaubriand, j'ai reçu l'avis que vous avez bien voulu me donner de la délivrance du roi d'Espagne avec un intérêt proportionné à l'importance de cet événement et à l'impatience avec laquelle j'en avais attendu l'information. J'éprouve d'autant plus de plaisir à vous en remercier que je sais très-bien que la victoire décisive sur le système révolutionnaire, que l'Europe doit aujourd'hui aux efforts de Sa Majesté Très-Chrétienne, est aussi le triomphe de vos principes et a fait le premier objet de vos soins. L'estime qui depuis longtemps vous est acquise de ma part ne s'en trouve que mieux justifiée. Je prie Dieu, monsieur le vicomte de Chateaubriand, qu'il vous ait dans sa sainte et digne garde.

FRÉDÉRIC-GUILLAUME.

L'EMPEREUR FRANÇOIS A M. DE CHATEAUBRIAND.

Przemisl, en Galicie, le 18 octobre 1823.

Monsieur le vicomte de Chateaubriand, c'est avec le sentiment de la plus vive satisfaction que j'ai appris, par votre lettre du 8 de ce mois, l'heureuse délivrance de Sa Majesté Catholique et de sa famille. La Providence, en bénissant les généreux efforts du roi Très-Chrétien, ceux du prince généralissime et de l'armée valeureuse qu'il commande, vient d'assurer le triomphe de la plus juste et de la plus sainte des causes. Je partage sincèrement la satisfaction personnelle que doit en éprouver le roi. En vous remerciant de votre attention, il m'est agréable de pouvoir à cette occasion vous assurer, monsieur le Vicomte de Chateaubriand, de toute mon estime.

Votre affectionné,

FRANÇOIS.

M. DE BERNSTORFF A M. DE CHATEAUBRIAND.

Berlin, le 18 octobre 1823.

Monsieur le Vicomte,

Je ne saurais trop vivement remercier Votre Excellence de ce qu'elle a si bien senti qu'en me donnant de sa main l'avis si impatiemment attendu de la délivrance du roi d'Espagne, c'était en rehausser encore le prix. Ferdinand VII libre! que de résultats dans ces trois mots! Voilà donc Vérone justifié, une nouvelle gloire immortelle acquise à la France, le triomphe du système monarchique assuré, et le ministère de Votre

Excellence environné d'une splendeur qui répond si bien à l'éclat que son nom seul y avait déjà imprimé : ce dernier intérêt est aussi devenu européen.

Rien de plus inaltérable que la haute considération et le parfait dévouement avec lequel j'ai l'honneur d'être, monsieur le Vicomte, de Votre Excellence, le très-humble et très-obéissant serviteur.

BERNSTORFF.

M. ANCILLON A M. DE CHATEAUBRIAND.

Berlin, 18 octobre 1823.

Monsieur,

Au milieu de toutes les félicitations qui lui arrivent de toute part, Votre Excellence distinguera peut-être une voix qui ne lui fut pas indifférente; au milieu de tous les travaux et de toutes les sollicitudes qui l'assiégent, elle me pardonnera de lui enlever un moment, car elle n'est pas faite pour oublier facilement ceux qui eurent le bonheur de lui inspirer quelque intérêt, et qui en conserveront toute leur vie un doux et honorable souvenir.

Si je pouvais un moment séparer votre bonheur de celui de la France, qui attend de vous *pacem cum dignitate*, je ne vous féliciterais pas de l'élévation où vous êtes. Dans le siècle où nous vivons, au milieu des mouvements de la fin d'une révolution qui ressemble quelquefois à un nouveau commencement, les hommes qui se vouent aux hautes places sont, plus ou moins, tous des victimes généreuses qui se dévouent pour leur patrie. Vous particulièrement, monsieur, qui en avez fait assez pour votre gloire, et qui croyez n'en faire jamais assez pour le devoir ; vous qui êtes trop élevé pour descendre à l'ambition, vous faites à votre roi et à votre pays le plus grand des sacrifices. L'Europe compte sur vous, monsieur, comme sur un de ces pilotes habiles, en petit nombre, qui lui restent encore pour l'empêcher d'échouer encore une fois contre les mêmes écueils et pour conjurer la tourmente; vous ne tromperez pas ses espérances. L'isolement et les demi-mesures ont déjà une fois perdu le monde civilisé; il n'y a de salut pour les puissances que dans l'identité du but, dans l'accord des moyens, dans l'union des sentiments, et dans la force de la modération, ou, ce qui revient au même, dans la force de la justice et de la raison. Avec des principes aussi purs, des affections aussi nobles, des vues aussi vastes que les vôtres, vous ne sacrifierez jamais l'avenir aux embarras du moment, et vous prouverez au monde que l'art de bien faire est lié, par des affinités secrètes, à l'art de bien penser et de bien dire, et que l'énergie du caractère tire son feu et sa force des conceptions hautes de l'esprit, comme il reçoit de lui sa direction.

Le roi, qui estime Votre Excellence à raison de ce qu'il la connaît; la cour et la ville, où il vous a suffi de quelques mois pour prendre racine dans tous les cœurs, se réjouissent de vos succès. Pour moi (s'il m'est permis de me nommer), qui ne perdrai jamais l'ancienne habitude de vous admirer et de vous aimer, je vous souhaite ce qu'il y aura toujours pour vous de plus difficile, c'est de vous satisfaire vous-même.

Agréez l'assurance, etc.

ANCILLON.

M. DE METTERNICH A M. DE CHATEAUBRIAND.

Lemberg, le 20 octobre 1823.

Monsieur le Vicomte,

Le courrier de Votre Excellence qui m'a remis, le 18 dans la matinée, la lettre qu'elle m'a fait l'honneur de m'écrire le 8 de ce mois, ainsi que celle qui s'y trouvait jointe pour l'empereur, mon auguste maître, est arrivé ici au moment même où Sa Majesté venait de partir pour retourner dans sa capitale. Ne pouvant pas douter de la vive satisfaction avec laquelle l'empereur apprendrait l'heureuse délivrance du roi Ferdinand et de sa famille, je me suis fait un devoir de lui expédier sur-le-champ votre lettre par courrier, et venant de recevoir dans le moment même la réponse que vous adresse Sa Majesté, je ne perds pas un instant pour vous la transmettre. Je vous demande la permission, monsieur le Vicomte, d'y joindre mes félicitations les plus sincères sur un événement aussi glorieux pour les armes du roi, qu'il est satisfaisant pour son cœur et important pour le repos de l'Europe. La coïncidence de la délivrance de S. M. C. avec l'aplanissement des nombreuses et graves complications, qui depuis trois ans menaçaient de troubler le repos de l'Europe dans l'Orient, est une de ces conjonctures heureuses que la Providence paraît avoir miraculeusement amenées pour mettre enfin un terme aux maux que souffre l'Europe depuis trente ans, et pour assurer le triomphe des principes éternels du bien sur le génie du mal. Ce triomphe est en partie votre ouvrage, monsieur le Vicomte, et je partage sincèrement la vive satisfaction que vous devez en éprouver !

Veuillez agréer, avec mes remerciements, l'assurance de ma haute considération.

Metternich.

Vicomte de Chateaubriand.

Moi, Don Jean, par la grâce de Dieu, roi du royaume uni du Portugal, Brésil et Algarves, en-deçà et en-delà de la mer d'Afrique, seigneur de Guinée et de la conquête, navigation et commerce de l'Éthiopie, Arabie, de la Perse et de l'Inde, etc.

Je vous salue :

Prenant en considération vos qualités distinguées, vos mérites et services agréables à mon auguste frère et allié le roi de France, qui vous a confié la direction des affaires de son royaume; et voulant vous donner un témoignage authentique du haut prix que j'attache aux services que, comme son ministre d'état, vous avez rendus à la cause de Sa Majesté Catholique et de sa royauté; j'ai trouvé bon de vous élever à la dignité de grand'croix de mon royal ordre de notre Seigneur, Jésus-Christ. Et, afin que l'ayez pour entendu et puissiez porter les insignes que je vous envoie, et qui, comme tels, vous appartiennent, je vous fais cette lettre, et que Dieu vous tienne dans sa sainte garde.

Écrit à notre palais de Bemposta, le 13 novembre 1823.

Le Roi.

Contresigné, Joachim Pedro Gomès de Oliveira.

Saint-Pétersbourg, le 24 novembre 1823.

Dans le cours des graves événements, qui depuis l'année dernière ont fixé l'attention de l'Europe, j'ai eu plus d'une fois occasion d'applaudir à vos talents et à vos principes. Les plus heureux succès ont couronné la noble persévérance avec laquelle vous avez soutenu la cause de l'ordre; et tous ceux qui partageaient avec vous le désir de la voir triompher vous doivent des témoignages de leur estime. C'est à ce titre que je vous prie de recevoir, monsieur le Vicomte, les décorations ci-jointes de l'ordre de Saint-André. Veuillez les regarder comme la meilleure preuve des sentiments que je vous porte.

ALEXANDRE.

Berlin, ce 24 novembre 1823.

Monsieur le vicomte de Chateaubriand, vous connaissez l'estime que depuis longtemps j'ai pour vous. J'ai un véritable plaisir à vous en offrir aujourd'hui une nouvelle marque, en vous faisant tenir mon ordre de l'Aigle-Noir. J'aime, du reste, à me dire que vous n'aviez pas besoin de cette preuve pour être convaincu que j'ai parfaitement reconnu et apprécié les services signalés que, par votre coopération éclairée au succès de l'entreprise contre l'Espagne révoltée, vous avez rendus à l'Europe. Sur ce, je prie Dieu, monsieur le vicomte de Chateaubriand, qu'il vous ait en sa sainte et digne garde.

Frédéric Guillaume.

Palais de Madrid, ce 31 janvier 1824.

Mon très-cher et très-aimé bon cousin; afin d'effectuer l'élection que j'ai faite de votre personne pour vous associer en l'amiable compagnie de mon très-noble et ancien ordre de la Toison-d'Or : J'ai fait dresser mes lettres patentes de procure, en vertu desquelles j'ai requis mon bien-aimé frère et cousin, S. A. R. comte d'Artois, de vous recevoir en mon nom dans ledit ordre, et vous en délivrer le collier aux cérémonies accoutumées; et, de tout ce qu'il vous dira de ma part sur ce particulier, vous en ferez le même état comme s'il fût dit et déclaré par ma propre personne. Je prie Dieu, mon bon cousin, qu'il vous ait en bonne, sainte et digne garde.

Votre bon cousin,

Ferdinand.

Jacques de la Quadra, *greffier*.

LE ROI CHARLES-FÉLIX A M. DE CHATEAUBRIAND.

Turin, le 14 février 1824.

Monsieur le vicomte de Chateaubriand, le plaisir que j'ai eu à vous voir au congrès de Vérone a dû vous prouver combien étaient distingués les sentiments que vous m'avez déjà inspirés par le plus noble dévouement à la cause sacrée de l'autel et du trône. Vous avez accru ces sentiments, soit par les principes que vous avez professés dans cette réunion solennelle, soit par l'éclat avec lequel le même dévouement et vos talents ont ensuite paru à cette époque, non moins importante et difficile que glorieuse pour la France et pour son roi. Mon auguste et bien-aimé beau-frère a voulu dernièrement vous réitérer de hauts témoignages de sa satisfaction; j'en éprouve, de mon côté, une bien vive à vous donner la plus haute marque de mon estime, en vous nommant chevalier de mon ordre suprême de l'Annonciade, dont les décorations vous seront transmises par mon cousin, le comte de La Tour. Il m'est aussi très-agréable d'avoir par là une occasion de vous exprimer directement les souhaits que je forme pour vous, en priant Dieu qu'il vous ait, mon cousin, en sa sainte garde.

CHARLES-FÉLIX.
DE LA TOUR.

M. DE LA TOUR A M. DE CHATEAUBRIAND.

Turin, le 15 février 1824.

Monsieur le Vicomte,

J'ai l'honneur d'adresser ci-jointes, à Votre Excellence, une lettre du roi et les décorations de son ordre suprême de l'Annonciade, que Sa Majesté me charge de vous faire passer.

En vous nommant chevalier de cet ordre illustre, le roi a voulu, monsieur le Vicomte, vous donner la plus haute marque publique de son estime, et prouver publiquement aussi que, surtout dans des circonstances majeures comme celles de l'année dernière, où tant de sagesse et de talents ont signalé votre ministère, la satisfaction du Roi Très-Chrétien, son très-aimé beau-frère, ne saurait ne pas se confondre avec la sienne.

Connaissant les sentiments que je lui ai sincèrement voués, surtout depuis le premier moment que j'ai eu l'honneur de la voir à Vérone, et le souvenir plein de gratitude que je conserverai toujours de ceux que, dès-lors, elle a bien voulu me témoigner, Votre Excellence jugera aisément de toute la joie que j'éprouve maintenant, en remplissant auprès d'elle un des devoirs les plus doux que mon auguste souverain pût m'imposer.

En vous priant, monsieur le Vicomte, d'agréer

mes compliments les plus empressés, et en me félicitant vivement de pouvoir compter un rapport de plus, et si particulier, parmi ceux que j'avais déjà le bonheur d'avoir avec Votre Excellence, je lui offre de nouvelles assurances de la très-haute considération avec laquelle j'ai l'honneur d'être,

monsieur le Vicomte,

de votre Excellence,

le très-humble et très-obéissant serviteur,

DE LA TOUR.

VI.

Ma Chute. — Les Cordons.

Nous n'aurions point parlé de ces cordons, s'ils n'avaient amené un orage qui fut au moment de nous renverser et de terminer ainsi subitement l'affaire d'Espagne. Ces cordons firent éclater des jalousies. M. de Villèle était pourtant fort au-dessus de ces lacets de cour.

La Russie fit passer l'ordre de Saint-André à

M. le duc de Montmorency, ainsi qu'elle chargea son ambassadeur de me le remettre à moi-même. Louis XVIII prit cette grâce étrangère comme un reproche fait à sa personne. Le roi déclara qu'il voulait témoigner sa satisfaction des succès de la guerre d'Espagne en créant M. de Villèle chevalier des Ordres. M. de Villèle avait tous les droits à cette distinction ; mais le dessein du roi était de nous blesser : il nous comptait pour trop peu. Nous nous soucions d'un cordon comme des nœuds du ruban de Léandre ; nous ne nous mesurons pas à l'aune d'un bandeau de soie ; mais nous sommes sensible à l'injure quand elle part de haut. Par nous seul l'Europe s'était maintenue en paix. L'amertume de S. M. nous étonna ; elle semblait s'augmenter en proportion de nos services. Louis XVIII et son frère nous connaissaient mal. Le dernier disait de notre personne : « Bon cœur et tête chaude. » Ce lieu commun des hommes hors d'état de discerner les hommes, était faux : notre tête est très-froide, et notre cœur n'a jamais beaucoup battu pour les rois.

Nous méprisions trop les places pour les conserver au prix d'un affront, même d'un affront royal. La grande Demoiselle se réjouissait d'avoir les dents noires, parce que cela prouvait sa descendance du sang des Bourbons : nous nous serions peu félicité de tenir de si près à la couronne : il ne nous seyait pas d'être un mannequin dans le conseil. L'achèvement de notre entreprise nous avait fait nous résoudre à rester; nous oubliions tout à coup le puissant motif de notre présence au ministère, et nous nous en allions parce qu'on prétendait nous humilier : tel nous sommes. Cette zône bleue dont on aurait remarqué l'absence sur notre poitrine, aurait prouvé que Sa Majesté était peu satisfaite de nous, et que les autres rois s'étaient trompés en nous conférant leurs premiers Ordres.

Huit jours après notre déclaration, le roi nous gratifia du cordon bleu. Ces misères, à l'époque du renversement des trônes, font pitié; elles donnèrent suite néanmoins à la défaveur qu'avaient annoncée nos succès; elles nous ramenaient et ramenaient la cour arriérée à ces guerres de la fronde, alors que la distinction du tabouret de madame de Pons prépara la France à une seconde révolte, et fit arrêter le grand Condé. Souvent on est plus agité d'une faiblesse secrète que du destin d'un empire; l'affaire légère est au fond de l'âme l'affaire sérieuse. Si l'on voyait les puérilités qui traversent la cervelle du plus grand génie au moment où il accomplit sa plus grande action, on serait saisi d'étonnement. En fin de compte on aurait tort : rien n'a d'importance réelle; un royaume ne pèse ni ne vaut plus qu'un plaisir.

Quand ce ridicule conflit fut terminé j'écrivis à M. de La Ferronnais la lettre suivante :

« Tout est arrangé et beaucoup mieux que je
» ne l'espérais. Le roi blessé de la nomination du
» duc Mathieu, et Villèle, oublié dans la promo-
» tion, ont été au moment d'amener un grand
» orage : nous nous serions brisés contre un ru-
» ban après avoir échappé à de si grands écueils :
» telle est la nature humaine. J'ai été obligé de
» parler, et on a bientôt reconnu qu'aller sans moi
» était impossible, et la tempête s'est apaisée. Il
» en résultera un bien, c'est qu'on sera convaincu
» qu'il faut rester unis si nous voulons achever
» l'ouvrage que nous avons si bien commencé.

» Il n'y a plus qu'une chose à faire, c'est que
» vous demandiez à l'empereur, en mon nom et
» pour m'obliger, le cordon de Saint-André pour
» Villèle. Ne craignez pas ; je ne serai pas blessé,
» et c'est moi qui joue ici le beau rôle. Il faut être
» juste, d'ailleurs, Villèle après le premier mou-
» vement d'humeur est revenu vite au sentiment
» de l'intérêt commun et de l'amitié. C'est en tout
» un homme d'un mérite supérieur, et comme
» désormais il faut bien qu'il m'abandonne en-
» tièrement la conduite de la politique étrangère,
» nous ne pouvons plus avoir de rivalité et notre
» union est indispensable au repos de la France.

» Cette lettre est toute *confidentielle ;* elle ne doit
» être montrée à personne. Vous mettrez, comme
» de coutume, mon autre lettre particulière sous
» les yeux de l'empereur. Le petit mouvement

» d'humeur que le roi avait eu contre vous est
» totalement dissipé.

» J'insiste pour que vous demandiez le cordon
» de Saint-André pour Villèle, en mon nom, et
» pour que l'empereur daigne l'accorder sur ma
» propre demande. Si vous réussissez, vous vou-
» drez bien me le dire formellement dans *votre*
» *lettre officielle* qui sera mise sous les yeux du roi.
» Cela sera bon pour vous et pour moi, excellent
» aussi pour l'empereur. Je lui demande un nou-
» veau cordon, pour le bien de l'union et de la
» paix; qu'il me l'accorde: cela est conséquent à
» ce qu'il a déjà fait, en même temps qu'utile
» pour la France.

» Tout à vous, mon cher comte,

» Chateaubriand. »

Ainsi, tandis que les amis de M. de Villèle disaient que nous étions son ennemi, que nous voulions sa place, et tandis qu'ils machinaient notre ruine, nous faisions nos efforts à Pétersbourg, pour lui faire donner l'ordre de Saint-André : nous déclarions dans une lettre qui ne devait jamais être connue, que le président du conseil était *un homme d'un mérite supérieur*. Les dates sont ici des arguments sans réplique; elles montrent à la fois notre amitié non démentie, et notre loyale sincérité.

VII.

Je veux rendre le portefeuille à M. le duc de Montmorency, et me résous à demeurer. — Pourquoi.

Nous eûmes d'abord l'idée de remettre au roi le portefeuille des affaires étrangères, et de supplier Sa Majesté de le rendre au vertueux duc de Montmorency. Que de soucis nous nous serions épargnés ! que de divisions nous eussions épargnées à l'opinion ! L'amitié et le pouvoir n'auraient pas donné un triste exemple, et la légitimité serait peut-être encore là. Couronné de succès, nous serions descendu du ministère de la manière la plus brillante, pour livrer au repos le reste de nos jours. C'était l'espoir de ce repos qui nous avait rendu si heureux à la capitulation de Cadix. L'intérêt des colonies espagnoles, en nous arrêtant, a produit l'avant-dernier bond de notre quinteuse fortune.

Quand nous songeâmes à la retraite, des négociations étaient entamées ; nous en avions établi et nous en tenions les fils. En diplomatie, un projet conçu n'est pas un projet exécuté ; les gouvernements ont leur routine et leur allure ; les protocoles n'emportent pas d'assaut les cabinets étrangers, comme nos armées prennent des villes ; la politique ne marche pas aussi vite que la gloire à la tête de nos soldats. Nous nous figurâmes qu'ayant préparé notre ouvrage, nous le connaîtrions mieux que notre successeur ; nous nous laissâmes séduire à l'idée de donner de nouvelles monarchies constitutionnelles aux Bourbons, en attachant notre nom à la liberté de la seconde Amérique, sans compromettre cette liberté dans les colonies émancipées. Deux fléaux sont à craindre pour la liberté, l'anarchie et le despotisme : ils peuvent également priver un état de son indépendance. Or, l'indépendance appuie l'indépendance ; un peuple libre est une garantie pour un peuple libre ; on ne renverse pas une constitution généreuse quelque part que ce soit, sans porter un coup à l'espèce humaine.

Comme tout s'enchaîne dans la destinée d'un homme, il était possible que M. Canning, en s'associant à nos projets, eût évité les inquiétudes dont ses derniers jours ont été fatigués. Les talents se hâtent de disparaître; il s'arrange une toute petite Europe à la guise de la Médiocrité : pour arriver aux générations fécondes, il faudra traverser un désert.

Enfin, le désir de rendre à la France ses frontières ne nous quittait plus. L'empereur de Russie nous écoutait, nous avons dit sur quoi nos espérances étaient fondées; nous pouvions braver l'Angleterre : une guerre avec celle-ci ne nous eût point effrayé; nous aurions voulu faner les lauriers de Waterloo.

Telles furent les causes qui nous déterminèrent à rester. Selon nos illusions, nous pensions que nos collègues nous laisseraient achever un œuvre favorable à la durée de leur puissance. Nous avions la naïveté de croire que les affaires de notre ministère nous portant au dehors, ne nous jetaient en France sur le chemin de personne. Comme l'astrologue, nous regardions le ciel, et nous tombâmes dans un puits. L'Angleterre applaudit à notre chute : il est vrai que nous avions garnison à Cadix.

VIII.

Frais de la guerre. — Ce qu'ont coûté à Louis XIV et aux Anglais leurs expéditions successives dans la Péninsule. — Le problème de l'ordre social ne se résout point par des chiffres.

La guerre étant favorablement terminée, au grand étonnement des têtes les plus solides de l'Opposition, les calculateurs vinrent à leur secours. Les Marchés-Ouvrard se présentèrent et l'on chercha à prouver, comme dédommagement à une réussite inattendue, l'énormité des frais de l'expédition.

L'entreprise militaire de 1823 a montré deux choses qui ne s'étaient jamais vues dans notre monarchie : une guerre faite en présence de la liberté de la presse, une guerre accomplie sous un régime constitutionnel.

Jusqu'alors nous n'avions point eu de véritable gouvernement représentatif : ni la Convention ni le directoire ne permettaient de contrôle. Il n'y avait point de tribunal public où l'on fût obligé de venir justifier la dernière obole dépensée. On n'examinait point à la tribune les mémoires des fournisseurs. Si l'on mettait sous nos yeux l'état des sommes employées dans les campagnes les plus brillantes de Louis XIV et de Bonaparte, nous serions épouvantés.

Louis XIV employa neuf ans, perdit le duc de Vendôme, dépensa plus d'un milliard et demi de notre monnaie, fut sur le point de quitter sa capitale menacée, pour asseoir Philippe V sur le trône de Charles II : Louis XVIII a conservé son neveu; il ne lui a fallu que 200 millions et quatre mois pour rendre au petit-fils de Philippe V sa couronne.

Combien Napoléon a-t-il enfoui de millions dans cette Espagne dont il fut obligé de sortir?

Le gouvernement britannique forma, à l'usage de son armée, un équipage de dix mille mulets de bât, et rendit, au moyen des presses, le foin transportable des ports de l'Irlande aux ports de Lisbonne et de Cadix. Ce fut en répandant l'argent à pleines mains, que les Anglais obtinrent des succès contre une armée inaccoutumée aux revers, mais dépourvue de transports et vivant de réquisitions.

La Péninsule ibérienne n'a pas une seule rivière navigable dans son cours entier; quelques grandes routes et l'ébauche d'un seul canal servent à ses communications : les défilés de ses *Sierras* sont presque impraticables. Pour se nourrir, année courante, la Péninsule manque du blé nécessaire; elle est obligée de tirer de l'étranger vingt-deux millions de fanègues de grain, une masse considérable de viande fraîche et de viande salée. Les trésors de l'Amérique n'ont fait que traverser l'Espagne. L'or et l'argent monnayé ou travaillé, existant dans ce royaume avant la guerre de Bonaparte, était estimé tout au plus à 500 millions; et cependant le Mexique et le Pérou y avaient versé 56 milliards, d'après les calculs de Jérôme Ustaritz, et en comptant les 6 milliards qui ont pu entrer en Espagne depuis 1742, époque à laquelle Ustaritz écrivait. L'Angleterre portait tout à son armée, l'avoine qui nourrit le cheval, l'argent qui entretient le soldat : les frais d'une seule campagne de Wellington ont surpassé ceux de l'expédition complète du duc d'Angoulême.

L'Angleterre a-t-elle trouvé qu'elle avait payé trop cher ses succès? Toutefois dans cette guerre, il ne s'agissait pas de l'existence des royaumes unis, tandis qu'il s'agissait de notre vie dans notre course à Cadix. La révolution renaîtra-t-elle en France, ou la légitimité triomphera-t-elle? C'était la question : 208 millions, sur lesquels on nous en devait 34, afin d'empêcher notre patrie de retomber dans ses premiers malheurs, le marché n'a pas été mauvais. Il y a économie à se passer des révolutions naturellement dépensières; 200 millions, c'est à peine ce que les jacobins ont fait payer à la France pour frais d'expropriations, de démolitions, de déportations, de geôliers, de prisons, d'échafauds et autres menus crimes.

Dans la guerre de la révolution, M. Pitt présentait en masse des sommes énormes employées en subsides et en solde de corps étrangers : le parlement n'entrait point dans la discussion des détails : il s'agissait du salut de l'Angleterre; on ne comptait pas les schellings; on comptait les victoires.

En supposant que nous n'eussions pas, dans la guerre d'Espagne, cherché nos intérêts matériels (et le contraire est abondamment prouvé), dans le cas où nous n'aurions poursuivi que les intérêts moraux de la légitimité, nous dirions encore qu'une des plus dangereuses erreurs serait de vouloir tout ramener au *positif :* résoudre les problèmes de l'ordre social par des chiffres, c'est se proposer un autre problème insoluble; les chiffres ne produisent que des chiffres. Avec des nombres vous n'élèveriez aucun monument; vous banniriez les arts et les lettres comme des superfluités dispendieuses; vous ne demanderiez jamais si une entreprise est juste et honorable, mais si elle rapportera quelque chose ou si elle ne coûtera pas trop cher. Un peuple accoutumé à voir seulement le cours de la rente et l'aune de drap vendue, se trouve-t-il exposé à une commotion, il ne sera capable ni de l'énergie de la résistance, ni de la générosité du sacrifice : repos engendre couardise; au milieu des quenouilles on s'épouvante des épées. Les sentiments généreux naissent du péril affronté; une foule de vertus tient aux armes. Il n'est pas bon de dorloter son âme, de s'apoltronir dans les habitudes timides du foyer, dans l'exercice casanier des professions. Quand on n'a jamais à chanter, jamais à défendre la patrie; quand on n'est plus ni poëte, ni soldat, les idées d'honneur se perdent, les caractères s'abâtardissent : une nation dégénère en une ignoble race, se trouve mal à la vue du sang, à moins qu'il ne soit versé aux émeutes. La liberté acoquinée à la gloire ou enthousiasmée du pot au feu, se corrompt de deux manières différentes : par la guerre elle prend le génie d'un tyran, par la paix le cœur d'un esclave.

Il est donc vrai que le sentiment moral chez un peuple doit être cultivé, même au profit des intérêts matériels de ce peuple; c'est donc un bien réel que l'honneur, surtout en France. En pesant l'expédition d'Espagne, mettons d'un côté l'honneur, de l'autre les écus, et voyons lequel des deux poids fera pencher la balance.

IX.

Ferdinand. — Le règne des *Camarillas* succède à celui des Cortès. — Colonies espagnoles. — La forme monarchique plus convenable à ces colonies que la forme républicaine. — J'en expose les raisons.

La nouvelle plaie, prête à s'ouvrir à quelque distance de la plaie temporairement cautérisée par notre fer, était attendue; mais notre devoir était d'agir, sans avoir égard à la prévision du mal. Ferdinand s'opposait à toute mesure raisonnable. Qu' espérer d'un prince qui jadis captif, avait sollicité la main d'une femme de la famille de son geôlier ? Il était évident qu'il brûlerait son royaume dans son cigarre : les souverains de ce temps semblent nés de sorte à perdre une société condamnée à périr. Le règne des *Camarillas* commença quand celui des Cortès finit. Les ambassadeurs étrangers entrèrent dans les cabales : caressant, flattant ou repoussant un favori, ils cherchèrent à se faire auprès de Ferdinand une autorité indépendante de la France. Les hommes des juntes nous avaient moins tourmenté ; avec eux la force avait suffi : entortillé dans les intrigues, nous avions peine à rompre des liens invisibles se renouant d'eux-mêmes, artistement tissus, labyrinthés et redoublés.

Mais enfin, le premier but était atteint; il ne restait qu'à maintenir l'Espagne dans notre politique, et à terminer l'affaire de ses colonies.

On sait notre projet : nous voulions arracher celles-ci à l'Angleterre et les transformer en royautés représentatives sous des princes de la maison de Bourbon. Nous estimions la forme monarchique plus convenable à ces colonies que la forme républicaine : Nous en avons exposé les raisons dans notre voyage en Amérique. Quand la première éducation manque à un peuple, cette éducation ne peut être que l'ouvrage des années.

Dès 1790, Miranda avait commencé à traiter avec l'Angleterre de l'affaire de l'émancipation. Cette négociation fut reprise en 1797, 1801, 1804 et 1807. Enfin Miranda fut jeté, en 1809, dans les colonies espagnoles ; l'entreprise se termina mal pour lui, mais l'insurrection de Venezuela prit de la consistance ; Bolivar l'étendit.

La question avait alors changé ; l'Espagne s'était soulevée contre Bonaparte ; le régime constitutionnel avait commencé à Cadix ; ces idées de liberté étaient reportées en Amérique.

L'Angleterre ne pouvait plus attaquer ostensiblement les colonies espagnoles, puisque le roi d'Espagne, prisonnier en France, était devenu son allié ; aussi publia-t-elle des bills afin de défendre aux sujets de S. M. B. de porter des secours aux Américains ; toutefois six à sept mille hommes, enrôlés malgré ces bills, allaient soutenir l'insurrection de la Colombie.

Après la première restauration de Ferdinand, l'Espagne fit de grandes fautes : le gouvernement, rétabli par l'insurrection des troupes de l'île de Léon, se montra inhabile ; les Cortès furent encore moins favorables à l'émancipation coloniale que ne l'avait été le gouvernement absolu. Bolivar, par son activité et ses victoires, acheva de briser tous les liens.

Les colonies espagnoles n'ont donc point été, comme les États-Unis, poussées à l'émancipation par un principe naturel de liberté ; ce principe n'a pas eu dans l'origine la vitalité, la force de volonté congéniale d'une nation. Les colonies se détachèrent de l'Espagne, parce que l'Espagne était envahie par Bonaparte; ensuite elles se donnèrent des constitutions, comme les Cortès en donnaient à la mère-patrie; enfin, on ne leur proposait rien de raisonnable, et elles ne voulurent pas reprendre le joug.

L'influence du climat, le défaut de chemins et de culture, rendraient infructueux les efforts que tenteraient les Espagnols contre ces *républiques malgré elles*. Vingt années de révolution ont créé des droits, des propriétés, des places qu'une camarilla ou un décret de Madrid ne détruirait pas facilement. La génération nouvelle, née dans le cours de la révolution d'outre-mer, est pleine du sentiment d'une indépendance dont elle n'espérerait rien si elle dépendait de la mère-patrie.

Mais, pouvait-on établir cette liberté dans l'Amérique espagnole par un moyen plus facile et plus sûr que le moyen républicain; moyen royaliste modéré, qui, appliqué en temps utile, aurait fait disparaître une foule d'obstacles? Nous le pensions.

La monarchie représentative eût été mieux appropriée au génie espagnol, à l'état des personnes et des choses, dans un pays où la grande propriété territoriale domine, où le nombre des Européens est petit, celui des nègres et des Indiens considérable, où l'esclavage est d'usage public, où l'instruction manque dans les classes populaires.

Les colonies espagnoles, formées en des monarchies constitutionnelles, auraient achevé leur éducation politique à l'abri des orages dont les républiques naissantes peuvent être bouleversées.

L'histoire a trop vérifié nos prévisions : dans quel état sont aujourd'hui ces colonies? Une guerre civile éternelle, des tyrans successifs derrière le nom permanent de la liberté.

Par toutes les considérations précédentes, nous avions donc raison de penser qu'en créant des monarchies sous le sceptre des Bourbons, nous travaillions autant au bonheur de ces contrées qu'à l'agrandissement de la famille de saint Louis.

X.

Suite des objections. — L'expédition d'Espagne n'a point précipité les colonies espagnoles dans les bras de l'Angleterre. — Preuves par les dates et les faits. — M. Canning. — Son discours.

On a dit, après l'événement, que l'expédition d'Espagne a perdu les colonies espagnoles, et les a jetées dans les bras de l'Angleterre.

Et d'abord, si nous étions resté au pouvoir, nous avons tout lieu de croire que ces colonies se seraient rangées dans nos plans ; mais, sans repousser l'attaque par cette fin de non-recevoir, il suffit de rappeler les dates : les dates sont capitales en affaires.

Nous venons de montrer que les premiers troubles éclatèrent à Buénos-Ayres, dans la Colombie et autres états, en 1810, et depuis l'époque de l'invasion de l'Espagne par Bonaparte, l'Angleterre a fait des deux Amériques l'objet constant de ses spéculations. Nous étions ambassadeur à Londres lorsqu'en 1822 un bill du parlement ouvrit les portes des trois royaumes aux pavillons de l'indépendance américaine; les emprunts de la Colombie étaient cotés dans les fonds publics. L'Angleterre, s'appuyant sur ce bill, déclara ses sentiments au congrès de Vérone, le 24 novembre 1822, comme elle les avait mentionnés au congrès d'Aix-la-Chapelle, en 1818. Des pièces officielles furent échangées ; la France déposa au protocole, le 26 du même mois (novembre 1822), la note dont la rédaction nous fut confiée. Il est remarquable que les ministres de Sa Majesté Britannique ne l'ont *pas comprise* parmi les papiers déposés sur les bureaux de la chambre des pairs et de la chambre des communes, dans les premiers jours du mois de mars 1824; ils eurent raison : cette note les condamnait; elle attestait notre modération et l'intelligence que nous avions de nos devoirs politiques. La France ne sacrifia ni son indépendance ni ses droits sur l'avenir. Évitant de trancher brusquement des questions qui pouvaient ébranler l'Europe, nous l'établîmes sur une base propre à attendre les événements; base que nous avions faite assez large pour y placer les intérêts des peuples en général, ceux de notre pays en particulier, ceux de l'Espagne, les droits des nations et les principes de la légitimité. M. de Villèle, on l'a vu, fut très-satisfait de cette note.

Plusieurs fois les ministres de Sa Majesté Britannique ont déclaré que depuis longtemps ils avaient notifié au gouvernement espagnol lui-même leur projet de reconnaître l'indépendance des colonies américaines. Enfin c'est sous le gouvernement des Cortès, sous ce régime de liberté, lequel aurait dû plaire aux colonies, que ces colonies ont rompu les derniers nœuds dont elles étaient enchaînées à l'Espagne, comme Saint-Domingue s'est séparé de la France pendant notre révolution.

Il est donc démontré que notre expédition militaire n'a point détaché de l'Espagne le Chili, le Pérou, Buénos-Ayres, la Colombie et le Mexique; le temps même n'y est pas: à peine a-t-on su en Amérique la marche de notre armée, qu'on y a appris la délivrance de Ferdinand.

Il est donc démontré que notre présence momentanée dans la Péninsule n'a point amené l'Angleterre à des résolutions prises et manifestées par des actes antérieurs à la campagne de 1823; il est au contraire prouvé que mes négociations avaient suspendu ces résolutions.

Ceci répond, par contre-coup, à un discours célèbre: M. Canning ramassa, dans un *speech*, les idées jetées au hasard par notre opposition française: préférant l'éclat à la vérité, il perdit comme homme d'état ce qu'il gagna en homme aux belles paroles; s'il abandonna la première qualité que Quintilien reconnaît dans l'orateur, il couvrit du moins la vantance et le sophisme d'une grande éloquence.

« Un des moyens de redressement, dit M. Can-
» ning, était une guerre contre la France. Il y
» avait encore un autre moyen; c'était de rendre
» la possession de ce pays, inutile entre ses mains
» rivales; c'était de la rendre plus qu'inutile; c'était
» enfin de la rendre préjudiciable au possesseur.

» J'ai adopté ce dernier moyen : ne pensez-vous
» pas que l'Angleterre n'ait trouvé en cela une
» compensation pour ce qu'elle a éprouvé en
» voyant entrer en Espagne l'armée française, et
» en voyant bloquer Cadix?

» J'ai regardé l'Espagne sous un autre aspect;
» j'ai vu l'Espagne et les Indes. J'ai, dans ces der-
» nières contrées, appelé à l'existence un nouveau
» monde, et j'ai ainsi réglé la balance. J'ai laissé à
» la France tous les résultats de son invasion.

» J'ai trouvé une compensation pour l'invasion
» de l'Espagne, pendant que je laisse à la France
» son fardeau dont elle voudrait bien se débarras-
» ser, et qu'elle ne peut porter sans se plaindre:
» c'est ainsi que je réponds à ce qu'on dit sur l'oc-

» cupation de l'Espagne. Je ne puis que redouter
» la guerre quand je pense au pouvoir immense de
» ce pays. Je sais qu'il verra se ranger sous ses ban-
» nières, pour prendre part à la lutte, tous les mé-
» contents et tous les esprits inquiets du siècle,
» tous les hommes qui, justement ou injustement,
» ne sont pas satisfaits de la condition actuelle de
» leur patrie.

» L'idée d'une pareille situation excite toutes
» mes craintes, car elle montre qu'il existe un pou-
» voir entre les mains de la Grande-Bretagne, plus
» terrible peut-être qu'on n'en vit jamais en ac-
» tion dans l'histoire de la race humaine (*écoutez*).
» Mais s'il est bon d'avoir une force gigantesque,
» il peut y avoir de la tyrannie à en user comme
» un géant. La conscience de posséder cette force
» fait notre sécurité, et notre affaire est de ne
» point chercher d'occasion de la déployer, excepté
» partiellement, et d'une manière suffisante pour
» faire sentir qu'il est de l'intérêt des exagérés des
» deux côtés de se garder de convertir leur *arbitre*
» en compétiteur (*écoutez*). La situation de notre
» pays peut être comparée à celle du maître des
» vents, telle que l'a décrit le poëte :

» Celsâ sedet Æolus arce,
» Sceptra tenens ; mollitque animos, et temperat iras :
» Ni faciat, maria ac terras cœlumque profundum
» Quippe ferant rapidi secum, verrantque per auras. »

» Voici donc la raison, raison inverse de la crainte,
» contraire à l'impuissance, qui me fait appréhen-

» der le retour de la guerre. Si cette raison était
» sentie par ceux qui agissent d'après des principes
» opposés, avant que le temps d'user de notre
» pouvoir arrive, cela ferait beaucoup, et je m'ar-
» merais longtemps de patience ; je souffrirais
» presque tout ce qui ne toucherait pas à notre foi
» et à notre honneur national, plutôt que de dé-
» chaîner les furies de la guerre dont le fouet est
» dans nos mains, lorsque nous ne savons sur qui
» tomberait leur rage, et que nous ignorons où
» s'arrêterait la dévastation. »

La blessure que nous avions faite à l'Angleterre était profonde : M. Canning, deux ans après notre expédition, est encore obligé de s'excuser de n'avoir pas pris les armes. C'est par sa permission même que nous sommes entrés en Espagne comme des enfants qu'on trompe et dont on se joue. Et pourquoi M. Canning nous a-t-il permis ce succès puérile? pour nous le *rendre préjudiciable* et pour *appeler à l'existence un nouveau monde.* Ensuite l'Angleterre, dans sa probité politique, a tremblé devant son propre pouvoir; Éole n'a pas voulu déchaîner les vents qu'il tient sous ses lois; de sorte que la conduite du ministère britannique a été un chef-d'œuvre d'habileté et de magnanimité.

Vous venez de voir, par la seule exposition des dates, combien l'assertion de M. Canning sur les colonies avait peu de fondement : l'Amérique espagnole était émancipée; les ports de l'Angleterre étaient ouverts à ses vaisseaux, à l'époque même où M. Canning, non encore ministre, allait s'embarquer pour les Indes.

Les paroles de notre honorable ami ne peuvent que nous attrister profondément; elles décèlent un homme trop affecté d'avoir eu le dessous dans une affaire dont il se fût tiré avec plus de succès, s'il avait eu le courage, ou de l'approuver, ou de la combattre. C'est la première fois que des aveux aussi dédaigneux, des malédictions aussi franches, ont été prononcés à une tribune publique : ni les Chattam, ni les Fox, ni les Pitt n'ont exprimé contre la France des sentiments aussi pénibles. Lorsque lord Londonderry faisait au parlement anglais le récit de la bataille de Waterloo, que disait-il, dans l'exaltation de la victoire? « Les soldats » français et les soldats anglais lavaient leurs mains » sanglantes dans le même ruisseau, en se félici- » tant mutuellement de leur courage. » Voilà le langage d'un noble ennemi.

L'Angleterre est un *géant*, soit : nous ne lui disputons point la taille qu'elle se donne; mais ce géant ne fait aucune frayeur à la France : un colosse a quelquefois les pieds d'argile.

L'Angleterre est *Éole :* nous y consentons; mais Éole n'aurait-il point des tempêtes dans son empire? il est imprudent de parler des mécontents qui peuvent se trouver en d'autres pays, quand on a chez soi cinq millions de catholiques opprimés, cinq millions d'hommes que l'on contient à peine par un camp permanent en Irlande, quand on est dans la nécessité de faire fusiller des populations ouvrières mourant de faim, quand une taxe des Pauvres, sans cesse augmentée, annonce une misère croissant toujours.

Eh quoi! si l'étendard britannique se levait, on verrait se ranger autour de lui tous les mécontents du globe? C'est une chose déplorable d'avoir à craindre pour auxiliaires les passions et les malheurs des hommes, d'apercevoir des succès qui pourraient prendre leur source dans le bouleversement de la société, de posséder un drapeau d'une telle vertu qu'il serait à l'instant choisi pour la discorde. Il est malheureux d'avouer qu'on trouverait la puissance dans la confusion et le chaos. Si le géant de l'Angleterre, en sortant de son île, affirme qu'il peut brûler l'univers, ne justifie-t-il pas le *blocus continental* d'un autre géant?

La France, quand nous étions ministre, avait des prétentions différentes : sur les champs de bataille, elle aurait voulu rallier autour de son drapeau, non les perturbateurs des divers pays, mais les hommes fidèles à l'honneur et à la patrie, les amis des libertés publiques dans un ordre sage et légal. Si jamais nous eussions été obligés de combattre l'Angleterre elle-même, nous n'aurions point essayé de soulever sur le sol où elle est assise, aux foyers et dans la poussière sacrée de ses aïeux, les millions de mécontents qu'elle a faits;

nous n'aurions point éclairé nos succès du flambeau de la guerre civile : une victoire qui ne serait pas le prix de notre propre sang serait indigne de nous. Le monde reconnaissant s'obstinera à ne devoir à la patrie des Bacon, des Shakespeare, des Milton, des Newton, des Byron, des Canning, que des lumières. La nation anglaise a fait trop d'honneur à la nature humaine, pour qu'on tente jamais de la perdre par des troubles excités dans son sein.

XI.

Difficultés existantes à *priori* pour reconnaître l'indépendance des colonies espagnoles. — Erreurs où tombent les esprits qui ne sont pas initiés aux secrets des négociations.

A l'époque où nous avions l'honneur de siéger dans le conseil du roi, des difficultés de toutes sortes se présentaient à la reconnaissance de l'indépendance de ces colonies espagnoles, émancipées moins par goût et par nécessité intérieure que par le hasard des événements. Quelques-unes admettaient encore la souveraineté, telle quelle de la mère-patrie ; il y en avait d'autres où les royalistes luttaient à main armée contre les *libérales*, tandis que d'autres étaient entièrement séparées de la métropole, bien qu'en proie à des divisions intestines. Ces colonies de trois sortes devaient-elles être comprises dans la même catégorie, traitées d'après le même droit politique et le même droit des gens ? Était-ce une seule république, comme celle des États-Unis, qu'il s'agissait de reconnaître, ou cinq ou six républiques dont on savait à peine les noms ? Les représentants des nations étrangères auraient-ils eu des lettres de créance en blanc, pour en remplir le protocole à volonté, toutes les fois qu'un capitaine aurait chassé un autre capitaine, qu'une tyrannie de mamelucks aurait pris la place d'une république de citoyens ?

Telles étaient les difficultés existantes, *a priori*, dans la matière, sans parler de celles que les différentes cours apportaient à la résolution de la question : il était de notre devoir de les peser.

Des esprits non initiés aux secrets des négociations tombent dans des erreurs considérables en raisonnant sur les affaires diplomatiques ; ils ne tiennent compte des obstacles. Un peuple, dans l'état actuel de la société, ne peut faire un mouvement sans produire des effets à calculer : le courage des passions ou l'inflexibilité des doctrines renverserait tout. Raffinerez-vous des systèmes ? alors vous deviendrez ce que Bayle appelle en religion des *distillateurs de saintes lettres*. Pour parvenir à son but, on doit souvent temporiser, prendre des détours, s'arrêter quelquefois ; comme, en d'autres occasions, l'habileté est d'aller vite. Un *non* mis en travers dans les affaires, par une incapacité à sceptre, les retient tout court ; ce *non* prend de l'inviolabilité, de la sainteté de la couronne. Il faut des mois pour lever le *veto* d'un sot, en employant confesseurs et maîtresses, ministres et valets.

Un moyen plus court de trancher la question reste sans doute : la force ; mais, quand vous aurez abattu, tué, bouleversé, où en serez-vous ? Ne venez pas nous dire que vous vous en trouverez mieux, à nous qui vivons après les révolutions. Une position insulaire, défendue par une marine sans rivale, met à l'aise ; une position continentale demande réserve et mesure. Enfin les transactions se trouvent aujourd'hui retardées par des entraves dont elles étaient libres autrefois. Jadis il ne s'agissait que d'intérêts matériels, d'un accroissement de territoire ou de commerce ; maintenant on traite des intérêts moraux ; les principes de l'ordre social ont leur part dans les dépêches ; on mêle les doctrines aux affaires, et la civilisation croissante, devançant les lenteurs des cabinets, vient jeter son influence à travers la petite diplomatie qui, cinquante ans passés, suffisait à des peuples stationnaires.

Pour s'occuper des colonies espagnoles, il y

avait plusieurs obligations à remplir; les conseillers d'un roi légitime ne pouvaient blesser dans un autre souverain, dans un autre petit-fils de Louis XIV, les droits de la légitimité. Si d'un côté prendre les armes contre les Amériques eût été folie à la France, de l'autre côté reconnaître subitement l'illégitimité à Lima ou à Mexico, quand on avait soutenu la légitimité à Madrid, serait devenu une inconséquence monstrueuse. Notre rôle naturel était de chercher à favoriser tout arrangement généreux entre l'Espagne et ses colonies.

XII.

Opposition des puissances continentales. — Opposition de l'Angleterre. — Instructions secrètes données aux consuls anglais. — Notre projet d'occuper Cadix pour forcer l'Angleterre à un arrangement général. — L'Angleterre a agi trop vite.

Lorsque nous entreprîmes d'exécuter notre plan relativement aux colonies, les oppositions me vinrent de quatre côtés différents : des puissances continentales, de l'Angleterre, de l'Espagne et des colonies espagnoles.

Les puissances continentales ne voulaient pas

traiter sur la base de *l'indépendance;* des monarchies *constitutionnelles* sous des princes de la maison de Bourbon n'étaient pas leur affaire : ces puissances rêvaient de je ne sais quoi d'impossible, d'une conquête des Amériques à main armée, du rétablissement de l'arbitraire du conseil des Indes. Nous ne cherchions pas trop à pénétrer leur absurde principe, nous contentant d'être appuyé d'elles dans ce premier refus de traiter sur une large base, parce que leur opposition empêcherait l'Angleterre d'aller trop vite durant les négociations, et de nous devancer dans la reconnaissance absolue de l'indépendance coloniale, au cas où nous serions obligé d'y venir nous-même.

Alexandre se plaignait de notre dépêche conciliatrice adressée au cabinet de Saint-James, comme si nous pouvions tenir à Londres le même langage qu'à Pétersbourg. Le torrent de l'opinion coulait violemment contre nous en Angleterre. L'amour-propre de M. Canning cherchait à faire illusion au peuple anglais sur nos succès, flattant la Cité d'avoir en compensation le Pérou et le Mexique. Là gisait la difficulté; le mauvais vouloir intérieur était si grand, que, dans des instructions secrètes du cabinet de Saint-James aux consuls destinés pour l'Amérique méridionale (instructions que nous nous étions procurées), on lisait ce paragraphe:

« Ils doivent prendre immédiatement des me-
» sures et employer tous leurs efforts pour obtenir

» des informations exactes sur tous les agents
» français qui pourraient se trouver dans le pays;
» savoir ce qu'ils sont et qui ils font, leurs liaisons
» et leurs rapports, leurs moyens d'obtenir des in-
» formations, l'influence qu'ils peuvent avoir, les
» dispositions qui peuvent exister en leur faveur
» dans le pays ; connaître exactement l'objet réel
» de leur mission, et si, sous le prétexte de ména-
» ger le retour des colonies sous le gouvernement
» du roi d'Espagne, ils ne sont pas secrètement et
» activement occupés à préparer les esprits du
» peuple à recevoir un gouvernement Bourbon in-
» dépendant. Dans le cas où ce serait là leur but,
» savoir quel prince est proposé, et quelle est la
» nature et l'étendue des moyens employés pour
» y parvenir.

» Les informations que nous avons reçues jus-
» qu'ici nous portent à supposer que la grande
» majorité du peuple est, ou serait bientôt, at-
» tachée à une forme monarchique de gouverne-
» ment, pourvu que le chef du gouvernement
» fût de leur choix, et ne fût décidément ni de la
» branche française, ni de la branche espagnole
» des Bourbons. . . . .

» Il est du devoir des consuls de favoriser les in-
» térêts commerciaux, et sous ce rapport ils
» ont à rivaliser avec deux nations, la France et
» l'Amérique. C'est surtout sur la première que
» l'attention doit être parfaitement fixée, parce
» qu'elle réunit en même temps une opposition

» commerciale et une opposition politique, et que
» ses agents sont non-seulement adroits mais in-
» fatigables. Le succès dépendra donc en grande
» partie du secret, et l'aide puissante que l'on
» sera en état de fournir aux différents états pour
» effectuer l'œuvre de leur indépendance, à la-
» quelle on les encouragera par tous les moyens
» possibles, ne leur sera jamais accordée s'ils se
» lient avec la France. Les consuls prendront un
» soin particulier pour que les avantages com-
» merciaux qui leur seront accordés soient tels
» que, dans le cas où l'Angleterre serait impliquée
» dans une guerre, ils assurassent aux ministres
» de Sa Majesté le soutien de l'intérêt commer-
» cial du royaume. »

L'Angleterre ne savait pas que nous connaissions si bien ses bonnes intentions à notre égard ; mais, pour l'obliger d'assister aux conférences générales demandées par l'Espagne, comme on va le voir, à nos sollicitations, nous tenions en réserve un dernier moyen : nous aurions dit au cabinet de Saint-James : « Ou traitez en commun
» avec l'Europe de l'Espagne et de ses colonies,
» ou nous occuperons Cadix et l'île de Léon;
» nous ferons de Cadix un autre Gibraltar : venez
» nous en déloger. »

Il était facile de mettre à exécution cette menace ; les Espagnols eussent souffert notre occupation prolongée de Cadix, pour les arranger avec le Mexique et le Pérou, une fois leur parti pris de traiter avec les colonies; l'Europe nous eût vus sans regret, sinon sans jalousie, forcer l'Angleterre d'entrer dans les intérêts généraux des nations continentales : nous tenions le taureau par les cornes; point ne fallait le lâcher.

L'Angleterre a-t-elle agi avec prévoyance en se hâtant de prendre un parti uniquement fondé sur des intérêts matériels? S'il est au monde quelque puissance qui doive craindre une force maritime indépendante, c'est la Grande-Bretagne : ses véritables rivales sont des nations placées entre deux Océans, offrant à l'Europe des alliances nouvelles, inquiétant Londres sur les mers des Iles-Britanniques et sur les mers de l'Inde.

Dans un demi-siècle, quand la Grande-Bretagne aura nourri sous sa protection les nouvelles républiques; quand elle aura guidé les autres nations aux Amériques espagnoles; quand elle aura montré à ces nations comment on fait des traités avec ces Amériques; quand elle aura vu, par des amitiés ou des inimitiés engendrées dans le sol, les États-Unis soutenir ou subjuguer les démocraties mexicaines, la Grande-Bretagne en sera aux regrets; elle se repentira d'avoir sacrifié l'avenir d'une longueur durable, au présent vite évanoui : la rapidité du coup d'œil nuit quelquefois à l'étendue du regard; mais dans un demi-siècle, il s'agira bien de tout cela.

XIII.

Opposition de l'Espagne. — Nous obtenons deux décrets fameux : l'un pour une demande en médiation, l'autre pour la liberté du commerce au Nouveau-Monde. — Où devaient conduire ces décrets.

En Espagne, les préjugés nationaux, libéraux ou absolutistes, luttaient contre nous : entrer en pourparlers avec les colonies révoltées paraissait monstrueux. Afin de retarder l'impatience du cabinet anglais, et de nous donner le temps d'arriver à des conférences générales, deux choses presque impossibles à obtenir étaient nécessaires.

Il s'agissait d'abord d'une déclaration de liberté de commerce aux états de l'ancienne domination espagnole : Montesquieu l'avait conseillé (*Espr. des Lois*, liv. 21). L'Amérique ouverte ôtait à l'Angleterre l'argument des exigences de son industrie.

Les scrupules de l'Europe étant levés, il nous était licite, à nous autres, France, ainsi qu'à l'Alliance continentale, d'envoyer des consuls dans le Nouveau-Monde.

Après cette première déclaration, il fallait amener le cabinet de Madrid à la demande d'une médiation des cours étrangères, d'où fût résulté un accord définitif entre l'Espagne et ses colonies. La France ne pouvait pas songer à créer seule des monarchies bourboniennes d'outre-mer, sans avoir sur les bras toute l'Europe : l'affaire complexe requérait l'assentiment de tous. La demande en médiation eut lieu, et le décret de la liberté du commerce aux Amériques la suivit. Au grand honneur du gouvernement de S. M. T. - C., ces deux actes resteront dans l'histoire diplomatique ; actes qu'en tout autre temps on aurait remarqués, vantés, applaudis. Fontenay-Mareuil, qui nous a laissé le plus beau portrait du génie politique d'Henri IV, dit, en parlant des Espagnols : « Aussi n'y voit-on » pas prendre légèrement le change, ni manquer » de patience et de courage quand il faut en avoir.

» D'où sont venus tous ces grands avantages qu'ils
» ont eus si longtemps sur tout le reste du monde;
» ils se sont peu étonnés de toutes leurs disgrâces,
» ne pouvant croire ce qu'ils voyaient, préoccu-
» pés d'esprit que leur sagesse et leur habileté
» prévaudrait enfin par-dessus leur mauvaise for-
» tune. »

La puissance des souvenirs et des traditions est grande chez un pareil peuple, et les succès obtenus en combattant cette puissance doivent compter doubles.

XIV.

Suite de l'opposition d'Espagne. — Nous conseillions des emprunts espagnols pour compenser les emprunts des colonies en Angleterre. — A quelles sommes montaient ces derniers emprunts.

Toujours pour disposer de plus en plus l'Angleterre à écouter l'Espagne, nous pressions le cabinet de Madrid de faire des emprunts; moyen de diviser et d'inquiéter à Londres le lucre commercial fourvoyé dans des comptes ouverts avec le Mexique, le Pérou et la Colombie. De 1822 à

1826, dix emprunts avaient été faits en Angleterre au nom des colonies espagnoles ; ils montaient à la somme de 20,978,000 liv. sterl. Ces emprunts, l'un portant l'autre, avaient été contractés à 75 cent. Puis on défalqua, sur ces emprunts, deux années d'intérêt à 6 pour cent ; ensuite on retint pour 7,000,000 de liv. sterl. de fournitures. De compte fait, l'Angleterre a déboursé une somme réelle de 7,000,000 liv. sterl. ou 175,000,000 fr.; mais les républiques espagnoles n'en restent pas moins grevées d'une dette de 20,978,000 liv. sterl.

A ces emprunts, déjà excessifs, vinrent se joindre cette multitude d'associations ou de compagnies destinées à exploiter les mines, pêcher les perles, creuser les canaux, ouvrir les chemins, défricher les terres de ce nouveau monde qui semblait découvert pour la première fois. Ces compagnies s'élevèrent au nombre de vingt-neuf ; le capital nominal des sommes employées fut de 14,767,500 liv. st. Les souscripteurs ne fournirent qu'environ un quart de cette somme : c'est donc 3,000,000 sterl. (75,000,000 de francs) qu'il faut ajouter aux 7,000,000 st. (175,000,000 de francs) des emprunts. En tout, 200,000,000 de francs avancés aux colonies espagnoles ; et l'Angleterre répète une somme nominale de 35,745,500 liv. sterl., tant sur les gouvernements que sur les particuliers.

La Grande-Bretagne a des vice-consuls dans

les plus petites baies, des consuls dans les ports de quelque importance, des consuls-généraux, des ministres plénipotentiaires à la Colombie et au Mexique. Tout le pays est couvert de maisons de commerce anglaises, de commis-voyageurs anglais, de minéralogistes anglais, de militaires anglais, de fournisseurs anglais, de colons anglais, auxquels on a vendu 3 schillings l'acre de terre, qui revenait à 12 sous et demi à l'actionnaire. Le pavillon anglais flotte sur toutes les côtes de l'Atlantique et de la mer du Sud; des barques descendent et remontent toutes les rivières navigables, chargées de produits des manufactures anglaises, ou de l'échange de ces produits; des paquebots partent régulièrement chaque mois d'Albion, et vont toucher aux différents points des colonies espagnoles.

Si l'abondance du billon américain, en faisant baisser de moitié l'intérêt de l'argent, réduisit de moitié la valeur du capital, et amena la banqueroute de Philippe II, il était naturel que les richesses du Nouveau-Monde, changées de nature, produisissent à peu près le même effet.

De nombreuses faillites ont été la suite des entreprises immodérées des Anglais; en plusieurs endroits les régnicoles ont brisé les machines à épuisement; les mines vendues ne se sont point trouvées; des procès ont commencé entre les négociants de Mexico et les négociants de Londres ; des discussions se sont élevées au sujet des emprunts.

Il résulte de ces faits qu'au moment de leur émancipation, les colonies espagnoles sont devenues des espèces de colonies anglaises. Les nouveaux maîtres ne sont point aimés, car on n'aime point les maîtres; l'orgueil britannique humilie ceux qu'il protége ; la suprématie étrangère comprime dans les républiques nouvelles l'élan du génie national. Ces antipathies naissantes me donnaient l'espoir de réussir plus facilement dans mes projets.

Des emprunts espagnols, contrebalançant les emprunts anglais, livrant comme hypothèque les revenus et les mines du Nouveau-Monde, eussent désintéressé la Grande-Bretagne.

XV.

Opposition des colonies espagnoles. — Notre plan généralement adopté, même par l'Angleterre. — Congrès pour une médiation à tenir dans une ville neutre d'Allemagne. — Quelle a été notre politique.

Quant à ces colonies elles-mêmes, à l'opposition de leurs volontés diverses, notre intention était, premièrement, de leur faire accorder des représentants au congrès : on ne pouvait disposer de leur sort sans elles; sous ce raport, nous eussions été appuyés de l'Angleterre. Les chefs des insurgés avaient à Paris des parents et des liaisons ; nous les ménagions. Les colonies ne nous paraissaient pas devoir refuser d'envoyer des députés à la conférence, puisqu'elles furent représentées, le 24 septembre 1810, dans les cortès mêmes de Cadix.

Nous répugnions à traiter tout d'abord, avec les colonies, sur la base de leur indépendance ; c'eût été trancher la question en accordant ce qui était en litige, et ce qui devait devenir le *principe* du traité. Nous disions à ces colonies :

« Vous désirez que l'Espagne reconnaisse votre
» indépendance ; l'Espagne et l'Europe la recon-
» naîtront, lorsque vous aurez choisi pour chef
» un roi du sang de vos anciens rois, avec lequel
» vous réglerez vos libertés dans la forme monar-
» chique-constitutionnelle. Cette forme de gou-
» vernement convient à votre climat, à vos mœurs,
» à vos populations disséminées sur une étendue
» de pays immense. La résistance passive du ca-
» binet de Madrid a de la force. La Hollande a
» souffert jusqu'au traité de Munster. Le droit est
» une puissance longtemps équipollente au fait,
» alors même que les événements ne sont pas en
» faveur du droit : notre restauration l'a prouvé.
» Si l'Angleterre, sans faire la guerre aux États-
» Unis, s'était bornée à ne pas reconnaître leur
» indépendance, les États-Unis seraient-ils ce qu'ils
» sont aujourd'hui ? Vos républiques renferment
» tous les éléments de prospérité : variété de sol

» et de climat, forêts pour la marine; ports pour
» les vaisseaux; double Océan ouvrant le com-
» merce du monde. Tout est riche en dehors et
» en dedans de la terre péruvienne et mexicaine :
» les fleuves en fécondent la surface; l'or en fer-
» tilise le sein. Mais ne vous endormez pas dans
» une sécurité trompeuse; n'allez pas vous eni-
» vrer de songes; vos passions, si vous vous enté-
» tez de théories, vous égareront. Les flatteurs
» des peuples sont aussi dangereux que les flat-
» teurs des rois. Quand on se crée une utopie, on
» ne tient compte ni du passé, ni de l'histoire, ni
» des faits, ni des mœurs, ni du caractère, ni des
» préjugés : enchanté de ses propres rêves, on ne
» se prémunit point contre les événements, et l'on
» gâte les plus belles destinées. »

Après avoir tenu ce langage aux colonies, nous
nous serions adressé à l'Espagne : « Vos colonies
» sont perdues; vous ne les recouvrerez jamais;
» la Colombie n'a plus sur son territoire d'Espa-
» gnols proprement dits; on les appelait les *Goths;*
» ils ont péri ou ils ont été expulsés. Tout le clergé,
» dans cette république, est américain et favo-
» rable à l'émancipation ; au Mexique, on prépare
» des mesures contre les natifs de l'ancienne mère-
» patrie. Si vous refusez de concéder l'indépen-
» dance de vos colonies, elles la prendront malgré
» vous; les États-Unis ont déjà reconnu cette in-
» dépendance; les Anglais sont au moment de la
» reconnaître dans toute sa plénitude. Mais vous

» avez un moyen de salut : placez des Infants sur
» les trônes du Mexique et du Pérou, d'accord
» avec les habitants de ces possessions : vous en
» retirerez de la gloire, en vous réservant des avan-
» tages à l'allégement de vos dettes et au profit de
» votre commerce. »

Nous étions déjà écoutés de tous les côtés ; il ne restait plus qu'une difficulté à lever ; où se tiendraient les conférences ? à Madrid ? elles eussent été impossibles avec les intrigues et les factions du pays ; à Londres ? elles auraient blessé la dignité française : nous proposions une ville neutre en Allemagne.

Notre projet, en dernier résultat, était si naturel, que l'Angleterre avait fini par y prêter l'oreille ; vers la conclusion des négociations, elle s'était rapprochée de nous : bien que, dans des instructions secrètes à ses consuls, elle se fût déclarée contre le règne des Bourbons au Nouveau-Monde, la force des choses l'avait conduite à songer elle-même à l'établissement d'un Infant au Mexique. Elle était surtout arrivée à cette idée par la crainte de voir les États-Unis, liés avec leurs sœurs voisines, supplanter son commerce. Enfin, si le congrès *ad hoc* n'avait pu rien terminer ; si les passions des députés américains et celles de l'Espagne ; si quelques prétentions des puissances continentales, ou quelque avidité commerciale de l'Angleterre avaient rompu les conférences, alors rentrées dans le droit naturel, (ainsi que nous l'avions dit dans la note au congrès de Vérone) chaque nation aurait pris son parti ; et la France n'eût pas été la dernière à reconnaître l'indépendance des colonies espagnoles.

Qui dérangea ces projets laborieusement suivis qui touchaient à leur terme? Ma chute.

Telle a été ma politique : elle s'éloignait des extrêmes; conforme à l'esprit de la Charte, elle réunissait l'intérêt de nos libertés à celui de notre commerce, et nous faisait entrer convenablement dans le mouvement général. Donnez la main au siècle pour l'accompagner en le modérant. Marchez-vous derrière lui? il vous emportera. Marchez-vous devant lui? il vous foulera aux pieds. Dans la destinée des peuples, un moment est à saisir : il existait un espace entre le passé et l'avenir; l'Europe monarchique s'y pouvait mouvoir en sûreté, jusqu'au terme assigné à son existence. Sortie hâtivement de ce milieu, où ira-t-elle?

XVI.

Quelques affaires d'un ordre secondaire. — Amnistie. — Traité d'occupation. — M. de Caraman. — Le maréchal de Bellune. — M. de Polignac. — M. le baron de Damas. — Mort de Pie VII. — Conclave. — M. l'abbé, duc de Rohan. — M. de La Fare, archevêque de Sens. — M. le cardinal de Clermont-Tonnerre.

Dans cette seconde partie de mes travaux s'entremêlèrent quelques affaires d'un ordre secondaire. Il s'agissait de faire publier à Madrid une amnistie; d'obliger Ferdinand à reconnaître la dette contractée envers nos troupes, de régler le traité d'occupation, durée de temps, nombre de soldats, solde supplémentaire : nous avions besoin de cela pour nous présenter aux chambres, ce qui importait fort peu au-delà des monts.

Personne, nous l'avons dit, ne se soucie dans la Péninsule d'une loi d'oubli, bonne ou mauvaise, entière ou exceptionnelle. Un Espagnol pardonné ne se croit pas pardonné; un Espagnol pardonnant ne croit pas avoir pardonné : l'acquittement définitif est la mort. Dieu est là, de l'autre côté de la tombe, pour donner des lettres de grâce; c'est son affaire. A Saint-Domingue, des dogues justiciers poursuivaient les Indiens récalcitrants à l'esclavage. Vous ne verrez pas dans l'histoire, depuis Isidore de Séville, Justin, Mariana, Herrera, une amnistie, de quelque bord qu'elle soit venue, religieusement observée.

Sur l'occupation, nous avions des idées contraires à celles de nos collègues; nous l'aurions voulu prolonger, tant pour achever l'affaire des colonies, que pour prévenir les nouveaux troubles auxquels le caractère de Ferdinand ne manquerait pas de donner lieu.

Nous avions à débattre l'affaire de M. de Caraman et de M. le duc de Bellune. Le premier demanda des gratifications, à raison d'anciennes dépenses extraordinaires. Dans le cas où ces gratifications ne seraient pas accordées, il avait le chagrin d'offrir sa démission.

M. le duc de Bellune venait d'être obligé de quitter le portefeuille de la guerre ; nous proposâmes de donner à ce loyal et modeste militaire, l'ambassade vacante de Vienne. Il s'éleva des difficultés ; on ne voulait point recevoir le maréchal Victor, sous le titre de duc de Bellune. Ce scrupule sur les noms empruntés des actions et des lieux, venait un peu tard : l'Autriche n'avait-elle pas reconnu le *baron du Nil,* Nelson ; le *prince de Waterloo,* Wellington ? le Nil et le champ de Waterloo n'appartiennent pas à l'Autriche, d'accord ; mais le *vice-roi d'Italie,* le prince Eugène ; le *roi d'Italie,* Napoléon Ier ; le *roi de Rome,* Napoléon II, n'étaient-ils pas tout du long par leurs titres dans l'almanach de Vienne ? n'admettons-nous que les souverainetés de ceux qui nous battent ? du moins les pauvres Césars romains, esclaves d'Attila, tenaient pour un général à la solde de l'empire.

Si l'on persistait, nous étions déterminés à n'envoyer à Vienne qu'un chargé d'affaires ; le maréchal Victor ne voulait point accepter l'ambassade que son titre ne fût reconnu. Quelquefois il cédait ; puis, par une susceptibilité fort louable, il revenait à ses premiers sentiments. Pendant ce temps-là, M. de Caraman sollicitait le titre de duc pour sa fidélité ; il fit agir ses amis auprès du roi, et il retourna en Autriche.

A nos sollicitations obstinées, l'ambassade de Londres avait enfin été accordée à M. de Polignac :

Louis XVIII ne voulait pas y entendre, M. de Villèle encore moins : il nous disait que nous nous repentirions ; il vit mieux que nous. Le sort nous obligeait à notre insu de concourir à la perte de la vieille société, au moment où nous employions tout nos efforts pour la faire vivre.

Le remplacement du duc de Bellune au conseil était difficile : la majorité de M. de Villèle, dans la chambre élective, se trouvait royaliste; émue du renvoi du maréchal, elle fut au moment de se diviser; on ne pouvait donc chercher un ministre de l'armée parmi des hommes en dehors de l'opinion royaliste, sous peine de perdre la majorité parlementaire : ce sont les nécessités du gouvernement représentatif. Nous ouvrîmes, chez le président du conseil, l'almanach ; nous nous mîmes à lire la liste des officiers généraux, idoines au portefeuille; nous tombâmes sur le baron de Damas ; nous nous écriâmes : « Voilà notre homme ! » et nos collègues d'applaudir, et le roi d'agréer M. de Damas. Singulière chance de notre vie ! nous avons mis dans les affaires les deux hommes que la légitimité eût été heureuse d'éviter! Arriva la mort de Pie VII, sous lequel nous avions commencé la carrière diplomatique à l'époque de l'empire.

Après ces explications sur les occupations de notre ministère pendant la seconde partie des affaires d'Espagne, il nous reste à donner la *suite* de *notre correspondance diplomatique*, à partir du moment où nous en avons interrompu l'intercallation.

On a maintenant la clef de cette fin de correspondance.

XVII.

Suite de la correspondance diplomatique.

M. DE CHATEAUBRIAND A M. DE TALARU.

Paris, ce 9 octobre 1823.

Allons, mon cher ami, le roi est délivré. Voilà une glorieuse et immense affaire. Je ne puis vous donner une direction bien juste dans ce moment, et vous devez prendre beaucoup sur vous. Je vous écris une lettre officielle où je vous recommande seulement deux conseils pour le roi : licencier l'armée et révoquer le décret des Cortès qui reconnaît l'indépendance de Buénos-Ayres. Cela surtout est important pour nous, afin d'empêcher l'Angleterre d'argumenter de ce décret, pour reconnaître à son tour l'indépendance des colonies espagnoles, avant que nous ayons eu le temps de traiter cette grande affaire. Comme la nouvelle république a voté cent millions contre nous (cent millions que l'Angleterre aurait sans doute prêtés), nous aurons, si nous voulons, un beau prétexte d'intervenir dans ce débat. Je ne vous parle pas de l'occupation de l'Espagne, il faut que cela soit réglé en conseil sur l'avis de monseigneur le duc d'Angoulême. Je vous en écrirai.

Mon plan est de refuser absolument les conférences de Madrid, et de n'en avoir qu'ici : comme cela vous serez hors des tracasseries de vos petits collègues. Je voudrais qu'il fût possible de n'avoir de conférences nulle part, mais cela serait impossible sans rompre l'alliance; et si l'alliance a de graves inconvénients, elle a des avantages considérables, surtout dans les premiers moments.

Chateaubriand.

M. DE CHATEAUBRIAND A M. DE TALARU.

Paris, le 15 octobre 1823.

Je me prépare, mon cher ami, à vous écrire une longue dépêche officielle sur le système général de l'Espagne; en attendant, je dois vous prévenir sur plusieurs points essentiels.

Le comte Pozzo part aujourd'hui; il est dans les meilleures dispositions pour nous, et les plus modérées et les plus conciliantes. J'ai vu les instructions données par son maître, elles sont pleines de raison et de générosité. Il a été très-bien ici, et au point de se compromettre avec vos collègues de Madrid, qui l'ont dénoncé à leur cour. Si nous n'avions pas réussi en Espagne, il serait tombé avec nous; il ne fera qu'un très-court séjour à Madrid, marchera parfaitement d'accord avec vous. Il a été convenu, dans un conférence tenue avanthier chez moi, que le protocole du 7 juin ne regardant que la régence, était détruit de fait par le retour du Roi, et n'emportait plus d'obligation pour les parties, et il a été résolu qu'il n'y aurait plus de conférences à Madrid. Pozzo était convenu avec moi que je demanderais l'abolition de ces conférences, qu'il m'appuierait, et qu'au reste chaque ambassadeur en référerait à sa cour. J'ai déclaré que quelle que fût la décision des cours, le gouvernement français ne consentirait plus à ces conférences de Madrid; que celles de Paris étaient parfaitement suffisantes. Vous pouvez donc être tranquille. Les cours consentiront, et vous voilà délivré de ces réunions insupportables. Canning, blessé dans son amour-propre par nos succès, a une humeur qu'il ne cache plus. Il songe à amener des sujets de contestation à propos des colonies espagnoles; il menace d'en reconnaître l'indépendance, tout en feignant de vouloir en traiter avec nous. L'occupation de Cadix va l'inquiéter davantage, et je m'attends à recevoir une note officielle anglaise à ce sujet. Je ne vois pas trop pourquoi nous occuperions Carthagène : Cadix, Madrid, la Corogne, Santona et les places en-deçà de l'Èbre me paraissent bien suffisantes.

Insistez, mon cher ami, sur le licenciement de l'armée espagnole. Est-ce que le corps de Ballesteros peut rester entier et en cantonnement auprès de Cadix? mais le jour où nous quitterons cette ville, il entrera dans l'île de Léon, et tout recommencera.

Tâchez aussi de modérer les réactions. Vous ne sauriez croire combien ces décrets de rigueur rendus coup sur coup font de mal ici.

Insistez pour que le roi révoque spécialement ce qu'il a pu faire pour l'indépendance de certaines colonies, comme Buénos-Ayres, en disant toutefois qu'il va s'occuper du sort de ces colonies. S'il ne rend pas un pareil décret, il peut jeter ses colonies dans les mains de l'Angleterre. Je vous écris cela à la hâte. Bien d'autres objets de la plus haute importance méritent votre attention. Étudiez tout ce qui peut nous nuire, pour venir au-devant du mal, et ne pas attendre que je vous donne d'ici des directions tardives. Votre séjour à Séville nuit bien aux communications.

Je n'ai point reçu de lettre de vous aujourd'hui, mais M. de Gabriac m'écrit de Madrid que le décret du roi, concernant les personnes qui ne doivent pas se présenter devant le roi, consterne tout Madrid, et frappe dans Madrid seul plus de six cents personnes appartenant aux familles les plus distinguées. Je ne saurais trop vous inviter à vous élever fortement contre ces violences de M. Saez, qui bouleverseraient de nouveau l'Espagne. Au lieu de s'occuper de ces vengeances intéressées, il serait bien plus sage de licencier une armée qui renversera tout quand nous n'y serons plus; et, pour cela, il faudrait profiter de la présence de nos troupes dans le midi de l'Espagne; car, une fois parties (et elles ne peuvent pas y rester longtemps sans nous brouiller avec l'Angleterre), les ordres du roi seront impuissants, et ce n'est pas le curé Merino qui réduira Ballesteros à l'obéissance.

Chateaubriand.

M. DE CHATEAUBRIAND A M. DE POLIGNAC.

Paris, le 16 octobre 1823.

Je n'ai rien à vous mander, si ce n'est les sottises du roi d'Espagne, ces décrets irréfléchis, etc.; mais nous ne le souffrirons pas, nous le forcerons à prendre un ministère raisonnable. Si on vous parle à Londres de ce qu'il fait, montrez hautement votre mécontentement et celui de votre gouvernement contre les mauvais conseillers qui veulent déjà s'emparer du roi; dites que la France ne consentira pas à perdre une part si glorieuse de son expédition; qu'elle veut que l'Espagne soit tranquille et heureuse, et qu'elle s'opposera à toute réaction dangereuse comme à tout esprit de vengeance. Il nous importe de n'avoir pas l'air de complices de la stupidité et du fanatisme.

Veillez bien Canning; il a une humeur que sir Ch. Stuart ne peut dissimuler. Tâchez de découvrir ce qu'il médite sur les colonies espagnoles. Je ne serais pas surpris qu'il vous remît une note sur *l'occupation de Cadix;* vous vous contenterez de dire, si cela vous arrive, que vous la transmettrez à votre gouvernement.

Tout à vous, noble Prince,

CHATEAUBRIAND.

M. DE CHATEAUBRIAND A M. DE TALARU.

Paris, le 17 octobre 1823.

Je reçois, mon cher ami, votre lettre de Séville, du 8 octobre. Toutes mes lettres précédentes adressées, pour vous, à Madrid, vous expriment les sentiments pénibles que vous avez. Il importe d'arrêter cette marche le plus tôt possible. Le mal est dans M. Saez, à ce qu'on assure ici : nous avons fait assez de sacrifices pour qu'on nous écoute; il faut travailler à donner au roi un ministère raisonnable. Si l'on exile tous les hommes capables, parce qu'ils ont fait ce que le roi lui-même faisait à de certaines époques, l'Espagne retombera dans l'anarchie. Songez bien à cela, c'est l'avis du roi et du conseil. Tout doit être employé pour former un ministère raisonnable, parce que ce sera l'instrument avec lequel on fera tout. Vous serez secondé par le général Pozzo, et d'autant plus, qu'il sait que vos petits collègues ont écrit contre lui, il sera avec vous par esprit et par humeur. Ménagez-le; il vous sera très-utile.

Le ministère fait, n'oubliez pas de faire donner l'ordre du licenciement de l'armée; et comment ce malheureux roi renverra-t-il Ballesteros, quand nous n'y serons plus?

De faire prendre une mesure pour les finances.

De faire modérer le premier décret qui abolit tout ce qui a existé, je crois, depuis 1820. Comment? tous les traités, tous les actes politiques avec les étrangers, les emprunts, les conventions, les jugements des tribunaux au civil et au criminel? Que le gouvernement espagnol y prenne garde; qu'il n'oublie pas que le gouvernement des Cortès a été légalement reconnu par l'Europe entière, qui avait ses ambassadeurs à Madrid, jusqu'au mois de février dernier. Il ne peut y avoir d'illégal aux yeux de l'Europe continentale, que ce qui s'est fait depuis la retraite des ambassadeurs. Tel est le droit public de toutes les nations. Enfin, faites cesser ces exils en masse. Si on veut des proscrits, qu'on dresse une liste nominale, que cette fatale liste assouvisse cette soif de vengeance qui tourmente cette sauvage nation; mais que hors de cette liste, tout soit à l'abri et puisse vivre en paix sous une loi d'amnistie scrupuleusement respectée. Entre ne pas se servir de ses ennemis ou les tuer, les bannir, les persécuter, les dépouiller, il y a une nuance. Songez bien, mon cher ami, qu'un établissement d'un absolutisme sanguinaire, avide et fanatique, déshonorerait cette campagne, qui fait un immortel honneur à la France, par sa hardiesse et sa générosité. Vous avez un moyen puissant d'agir sur le gouvernement espagnol: c'est de le menacer de lui retirer nos troupes, s'il veut se livrer à un esprit de vengeance et de folie. L'événement doit lui avoir prouvé que le parti constitutionnel est plus fort qu'il ne le croyait; c'est-à-dire que ce parti a trouvé des armées, de nombreux soldats dans tous les coins de l'Espagne. Il est organisé, échauffé, soutenu secrètement par l'Angleterre. Ses soldats, tout incapables qu'ils sont de se mesurer avec les nôtres, sont pourtant très-supérieurs aux guérillas royalistes, qui se sont fait battre partout où elles ont eu affaire seules aux constitutionnels. Or, que deviendraient le confesseur, les inquisiteurs et le reste, si nous nous retirions au-delà de l'Ebre, sans laisser de garnison à Cadix et à Madrid? C'est pourtant ce que le roi est décidé à ordonner, si le gouvernement espagnol ne veut pas écouter le conseil de la raison. Les alliés ici partagent notre frayeur, et j'espère que les ordres qui arriveront des cours prêcheront dans le même sens que nous. Je crois vous avoir dit que j'ai vu et lu les instructions de l'empereur de Russie, et qu'elles sont généreuses au point de parler de la nécessité de donner à l'Espagne des institutions. Ce langage trompera bien des gens qui croient que Pozzo arrive avec un bonnet d'inquisiteur dans sa poche.

Tout à vous, mon cher ami, j'ai grande envie que vous ayiez fini toutes les neuvaines de Séville.

CHATEAUBRIAND.

M. DE RAYNEVAL A M. DE CHATEAUBRIAND.

Berlin, 17 octobre 1823.

Monsieur le Vicomte,

Je profite de l'occasion que me procure M. de La Ferronnais, pour vous envoyer la dépêche par laquelle je vous annonce l'arrivée à Berlin, du courrier porteur de la grande nouvelle de la délivrance du roi Ferdinand. Je voudrais pouvoir y ajouter quelques détails sur l'effet qu'elle a produit dans le public, où il y avait encore assez d'incrédules sur un succès définitif de notre part; mais, par une fatalité tout-à-fait contrariante, un accès de goutte très-fort est venu me surprendre la veille même du jour de l'arrivée du courrier. C'est tout ce que j'ai pu faire que d'aller chez le comte de Bernstorff, à qui j'avais promis d'annoncer moi-même un événement qu'il attendait; je dois lui rendre cette justice, avec une impatience presqu'égale à la mienne. Mais cette sortie m'a mal réussi, et depuis il m'a été impossible de quitter le coin de mon feu. Le comte de Bernstorff étant aussi retenu chez lui par le même motif que moi, je n'ai rien pu savoir qui fût digne de vous être mandé.

Je ne terminerai point cette lettre, monsieur le Vicomte, sans offrir à Votre Excellence mes bien sincères félicitations sur la part qu'elle a eue aux grands événements qui font aujourd'hui la joie et l'orgueil de tous les cœurs vraiment français. Il n'est personne qui ne reconnaisse combien l'énergie de vos conseils, la rectitude de vos principes, ont contribué au succès. L'esprit de rébellion éteint dans son dernier asile, et du même coup, la monarchie légitime à jamais affermie en France, commencent pour l'Europe une nouvelle ère politique à laquelle se rattachera votre nom, ce nom déjà illustré de tant de manières.

Agréez, monsieur le Vicomte, l'hommage de mon entier dévouement et celui de ma haute considération.

RAYNEVAL.

S. A. R. LE DUC D'ANGOULÊME A M. DE CHATEAUBRIAND.

Andujar, ce 20 octobre 1823.

J'ai reçu hier, Monsieur, votre lettre du 12, avec le numéro du *Journal des Débats* du même jour. Je suis très-sensible à tout ce qu'il contient de flatteur pour moi ; mais ce qui m'en a fait plus de plaisir, est la manière dont vous y parlez en ministre d'une monarchie représentative. Pour ce qui me concerne, je remercie le ciel d'avoir couronné de succès la mission qu'il avait plu au roi de me confier.

Je vous prie de croire, Monsieur, à toute mon estime et affection.

Louis-Antoine.

M. DE CHATEAUBRIAND AU GÉNÉRAL POZZO.

Paris, ce 24 octobre 1825.

Cette lettre, Général, vous trouvera arrivé ou arrivant à Madrid. Je veux vous dire un mot de ce qui s'est passé ici, afin que vous puissiez transmettre à qui de droit l'exacte vérité. Le maréchal duc de Bellune a succombé à la lutte établie depuis cinq mois entre lui et Ouvrard. Une puissance plus forte qu'un ministre a exigé sa retraite, et il a fallu nous séparer avec un vif regret de cet excellent homme. La grande affaire politique était le choix d'un successeur : ce choix allait marquer ou la continuation du même système, ou un changement de principes dont les conséquences auraient été incalculables. Le baron de Damas a été nommé. Par une autre chance, M. de Caraman m'avait envoyé sa démission. Le roi l'a acceptée et a nommé à Vienne le Maréchal ; il fait encore quelques difficultés d'accepter ; mais j'espère que l'affaire s'arrangera.

J'ai grande envie, Général, que le roi soit arrivé à Madrid. Vous serez content de M. de Talaru, et vous vous entendrez parfaitement avec lui. Tâchez de faire effacer de ces malheureux décrets ce qu'il y a d'absurde et d'impraticable ; qu'on cesse ces proscriptions par catégories, qui menacent la population entière ; qu'on licencie cette armée, qui se soulèvera quand nous n'y serons plus ; qu'on choisisse un ministère prudent ; et que d'avoir servi le roi sous les Cortès, *par ordre même* du roi, ne soit pas un titre de condamnation et un crime impardonnable. Enfin, Général, prêchez la modération, et ne craignez pas que le génie espagnol abuse de ce mot ; et tâchez que l'on fasse à Madrid quelque chose qui ressemble aux actes d'un peuple civilisé. Surtout, Général, revenez-nous vite, et croyez à mon sincère dévouement ainsi qu'aux sentiments de haute considération de votre serviteur.

CHATEAUBRIAND.

M. DE CHATEAUBRIAND A M. DE TALARU.

Paris, le 22 octobre 1823.

J'ai reçu, mon cher ami, vos lettres du 11 et du 12. Je me désole de votre séjour à Séville qui interrompt tout et nous ôte, par la longueur du temps et du chemin, la possibilité de nous entendre. Monseigneur nous a envoyé la lettre qu'il a écrite au roi d'Espagne, et qu'il vous a laissé libre de transmettre ou de supprimer. Vous êtes, étant sur les lieux, meilleur juge que nous; mais quoique la missive soit rude, nous pensons dans le conseil qu'elle pouvait être remise comme un moyen d'action sur des hommes incorrigibles. Il paraît aussi qu'on ne prend aucun parti sur le licenciement de l'armée et du corps de Ballesteros, et qu'en conséquence, le corps de Molitor reste immobile, sans que le Prince puisse lui faire commencer sa retraite. Avertissez M. Saez que nous ne pouvons prolonger les frais de la guerre, que chaque mois nous coûte 12 ou 15 millions, et qu'il n'y a pas de ministère qui voulût se présenter aux Chambres avec de tels frais par delà la délivrance du roi, sans s'exposer à porter la tête sur l'échafaud. L'ordre très-positif de la retraite va être donné, si on ne profite pas du dernier moment, et alors, le gouvernement espagnol verra comme il s'arrangera avec Ballesteros dont le corps se grossira à l'instant, quand nous n'y serons plus, de tous les proscrits faits par les décrets du port Sainte-Marie, de Xérès et de Séville.

La chicane que l'on fait à sir W. A'Court est ridicule et expose le gouvernement espagnol à augmenter l'humeur de l'Angleterre. Sir W. A'Court était ambassadeur auprès du *roi* et non pas auprès des *Cortès*. Sir W. A'Court est un excellent homme, fort loyal et fort sage.

Ces commissaires ne sont donc pas encore à bord de notre frégate? quelle pitié. Certainement, nous ne nous chargerons pas de porter Quesada et les siens, à Cuba.

Tout à vous, mon cher ami.

CHATEAUBRIAND.

M. DE BELLUNE A M. DE CHATEAUBRIAND.

Ménars-le-Château, le 22 octobre 1825.

Monsieur le Vicomte,

La duchesse de Bellune s'est empressée de répondre aux lettres que votre amitié pour nous vous a dictées; elle vous exprime sa pensée sur mon éviction du ministère de la guerre et sur les

conséquences qui résulteraient de ma soumission
à vos vœux. Je partageais ses sentiments à cet
égard avant de les connaître, et je voyais les diverses faces de ma position, avant de quitter Paris. Si je ne m'en suis pas expliqué clairement
avec vous et avec MM. vos collègues, il faut l'attribuer à l'agitation naturelle qu'a dû me causer
un événement qui renverse toutes les idées de
mon dévouement à la cause que j'aime et que je
servirai toujours.

Je suis sacrifié pour avoir rempli un devoir ri-
goureux, pour avoir fait entendre mes plaintes
contre de grands désordres, et aux préventions
d'un prince à la gloire duquel j'étais passionné-
ment attaché, sans égard pour mon caractère,
pour mes sentiments et ma conduite. La fidélité
éprouvée, les droits que je crois avoir acquis à
l'estime et à la bienveillance du roi et de son auguste famille, n'ont été d'aucune considération
dans la circonstance dont il s'agit; j'ai été frappé
sans être entendu et avec une précipitation dont
je serai toujours étonné, car il semblait que l'on
voulût se débarrasser d'un malfaiteur dangereux;
et cela, pour satisfaire le ressentiment le plus injuste et le moins mérité. On m'offre vainement
une mission que l'on regarde comme un dédommagement honorable et qui doit atténuer l'effet
que peut produire la résolution qui vient d'être
prise contre moi; il n'en reste pas moins avéré,
qu'une ambassade confiée à un ministre disgracié,

n'ait été de tout temps considérée comme un exil déguisé, ou comme un hochet donné à l'ambition déçue. Je ne crois pas avoir donné lieu de me faire éprouver l'une ou l'autre de ces humiliations. On peut aussi voir cette ambassade qui m'est offerte sous un jour plus fâcheux encore : que ne peut-on pas dire en effet de l'éloignement ordonné du ministère de la guerre, au moment même du plus glorieux triomphe de nos armes, de l'homme qui, dans des circonstances difficiles, a le plus contribué à préparer ces triomphes. Je laisse à tout esprit judicieux le soin de faire observer les conséquences d'une pareille disposition; il ne m'appartient pas de m'en occuper; mais je sens vivement que je serais déplacé au poste que le roi daigne m'assigner.

Le conseil de Sa Majesté pense que mon acceptation serait une nouvelle preuve de mon dévouement au service du roi, et qu'elle satisferait l'opinion publique. A cela je réponds que, mon dévouement n'ayant jamais été douteux, il me paraîtrait bien extraordinaire que je dusse en donner un nouveau gage pour faire croire à sa sincérité. Quant à l'opinion, elle devra se contenter des dispositions de l'ordonnance royale du 20 de ce mois; elle fait connaître les intentions du gouvernement à mon égard, et cela doit suffire; le roi avait ses raisons pour changer ma destination, et il ne convient à personne d'en chercher l'explication.

Monsieur le Vicomte, je viens de vous dire ma

pensée sur l'événement inattendu qui me concerne. N'y voyez, je vous prie, ni amertume ni mécontentement : ils ne sont pas dans mon cœur. Il n'est pas plus étonné d'un revers, qu'il ne pourrait l'être d'un succès. Je vois les hommes et les choses avec calme, je les juge sans passion, et le coup qu'ils viennent de me porter ne m'ébranle pas malgré sa violence. Je ne désire maintenant qu'une chose, c'est que le conseil du roi, en me conservant sa bienveillance, n'attache pas à ma position plus d'importance qu'elle ne mérite. Le monde, selon l'usage, s'occupe de moi aujourd'hui, il n'y pensera plus demain.

Je ne puis terminer cette lettre sans vous exprimer encore combien je suis reconnaissant des marques d'amitié que j'ai reçues de vous et de vos nobles collègues. Veuillez en agréer, ainsi qu'eux, mes remerciements.

De Bellune.

M. DE CHATEAUBRIAND A M. DE TALARU.

Paris, le 25 octobre 1823.

Je reçois, mon cher ami, votre lettre et votre projet de traité d'occupation. Je la porterai demain au conseil. Nous voulons très-peu *occuper,* comme vous le verrez par mes précédentes lettres, car il faudrait le faire à nos frais. De plus, nous ne sommes pas du tout disposés à prêter les soldats du roi, pour autoriser des lois de proscription. Dans votre petite lettre, vous me dites que vous êtes content de votre position; j'en suis charmé et j'étais sûr qu'elle vous deviendrait agréable. C'est certainement la plus importante place et la plus belle qu'il y ait au monde, dans ce moment, et je me félicite d'avoir pu vous la procurer.

CHATEAUBRIAND.

S. A. R. LE DUC D'ANGOULÊME A M. DE CHATEAUBRIAND.

Mançanarès, ce 25 octobre 1823.

J'ai reçu, Monsieur, votre lettre du 16; d'après l'autorisation que le roi vous a chargé de m'en donner, j'accepterai les ordres du Portugal quand ils me seront envoyés.

Quant à ce qui regarde l'ambassade de Constantinople pour un des officiers-généraux de mon armée, je ne me permettrai pas d'en désigner particulièrement un, mais je citerai les lieutenants-généraux comte Guilleminot, comte Bordesoulle et vicomte Dode, comme m'ayant parfaitement secondé. Heureux si mon oncle daigne arrêter son choix sur un des trois.

Je vous renouvelle, Monsieur, l'assurance de toute mon estime et de mon affection.

Louis-Antoine.

M. DE CHATEAUBRIAND A M. DE POLIGNAC.

Paris, le 27 octobre 1823.

Eh! bon Dieu, Prince, comment imaginez-vous que c'est moi qui ai voulu envoyer le maréchal à Vienne? C'est l'ordre du roi, qui voulait que la chute du maréchal n'eût pas l'air d'une disgrâce. Au reste, le renvoi du maréchal est une des plus lourdes fautes qui ait jamais été commise. En politique et devant l'ennemi, il faut manœuvrer habilement, ou vous êtes attaqué à l'instant même où vous présentez un côté faible. On aurait pu satisfaire monseigneur le duc d'Angoulême à un moindre prix; c'est un exemple funeste dans un gouvernement représentatif, qu'un prince puisse exiger le renvoi d'un ministre porté par l'opinion de la majorité. Le choix du baron de Damas rend la faute moins sensible, mais ne la répare pas.

La dépêche officielle où vous deviez trouver des détails n'en valait pas la peine : c'était une circulaire à tous les ministres sur l'événement, et qui ne disait que des phrases de bureau.

Je voudrais vous donner de l'argent pour votre police, mais je n'ai pas un sou.

Voici un fait essentiel, et faites-vous valoir de la nouvelle auprès de M. Canning. Le roi d'Espagne a reconnu le dernier traité d'indemnités pour vaisseaux de commerce avec l'Angleterre.

Tout à vous, noble Prince.

CHATEAUBRIAND.

M. DE CHATEAUBRIAND A MONSEIGNEUR LE DUC D'ANGOULÊME.

Paris, ce 28 octobre 1823.

Monseigneur,

J'ai l'honneur d'envoyer à Votre Altesse Royale, la copie d'un projet d'occupation, que je fais passer à M. de Talaru, ainsi que celle de la lettre que je lui écris pour lui expliquer l'esprit dans lequel ce traité est conçu.

Votre Altesse Royale remarquera que tout est abandonné à son jugement, quant au nombre des troupes qu'il lui plaira de laisser en Espagne et aux différentes places qu'elles doivent occuper. Le roi ne tient d'une manière fixe qu'aux articles.

Ce traité, pour pouvoir être exécuté, doit être

accompagné d'une convention militaire qui restera secrète, tandis qu'au contraire le traité sera publié. Ma lettre à M. de Talaru relate une partie des objets sur lesquels doit porter cette convention. Un conseil de guerre, formé et présidé par Votre Altesse Royale, peut seul statuer sur cette matière en connaissance de cause; lui seul peut avoir les renseignements nécessaires sur l'état des lieux, les ressources du pays, l'esprit des autorités locales et le caractère des habitants.

Si j'osais avoir une opinion sur un pareil sujet, j'insisterais pour que la convention portât qu'il n'y aura, dans les places occupées par les troupes de Votre Altesse Royale, ni garnison espagnole, ni autorité militaire espagnole, excepté dans les lieux où le roi pourrait faire sa résidence. Je sais que cet article sera difficile à établir; mais s'il choque l'orgueil national, et s'il a quelques inconvénients, il a d'immenses avantages.

Je pense encore que si les places ne sont pas suffisamment armées, elles doivent achever de l'être, partout où besoin sera, aux frais du gouvernement espagnol. Si l'on jugeait nécessaire de les approvisionner au-delà de la consommation ordinaire de la garnison, et comme dans l'attente ou la supposition d'un siége, cet approvisionnement extraordinaire doit être également laissé à la charge du gouvernement espagnol. Enfin, si dans le cours de l'occupation, nos troupes étaient obligées de faire usage des munitions appartenant au roi d'Espagne pour le bien de son service, il doit être statué qu'au moment de l'évacuation des places nous ne serons pas obligés de tenir compte de ce que nous aurions employé à la défense du souverain légitime.

Je n'ai d'autre excuse, à la longueur de ces remarques, que mon zèle pour le service du roi, ma passion pour la gloire de Votre Altesse Royale, et mon attachement pour mes devoirs comme ministre.

Je suis, etc. CHATEAUBRIAND.

LE PRINCE DE POLIGNAC A M. DE CHATEAUBRIAND.

Londres, ce 28 octobre 1823.

J'espère m'être expliqué clairement relativement au *memorandum* de M. Canning : le genre de caractère officiel qu'il désire lui donner a pour but de rester convaincu que les explications que je lui ai données de la part de mon gouvernement lui ont été *officiellement communiquées*, ce qui est de toute vérité comme le prouvent les instructions que vous m'avez transmises à ce sujet; il ne s'agit donc de signer aucun papier, mais simplement de convenir, de part et d'autre, que ce qui se trouve dans le *memorandum* est la substance de la conversation que j'ai eue avec lui; or, à quelques inexactitudes près, que M. Canning m'a encore offert de faire disparaître, ce *memorandum* contient fidèlement la substance de notre conversation, et je vois cet avantage à donner satisfaction à M. Canning sur ce point, qu'il peut être important d'avoir connaissance des intentions du cabinet britannique, relativement à la question des colonies espagnoles, dans un écrit avoué par M. Canning, puisqu'il est rédigé par lui-même; tandis que le refus qui lui serait fait, en nous privant de cet avantage, laisserait entrevoir de notre part une *arrière-pensée* offensante pour notre loyauté et *qui* n'existe pas : je n'ai pas mandé à M. Canning que je vous avais transmis son *memorandum* ; d'après ce qu'il m'a écrit à ce sujet, considérant cet envoi, me dit-il, comme une reconnaissance tacite de ma part, mais *qui lui suffisait*, de l'exactitude des faits exposés dans le *memorandum* ; quelle que soit votre réponse à ma dépêche du 21, je ne ferai connaître à M. Canning l'envoi que je vous ai fait de son *memorandum* qu'après avoir obtenu de lui les changements que je crois devoir y apporter.

Recevez, mon cher Vicomte, l'assurance de mon sincère attachement.

Le Prince DE POLIGNAC.

M. DE CHATEAUBRIAND A M. DE LA FERRONNAIS.

Paris, le 1er novembre 1823.

Maintenant, monsieur le Comte, que le premier mouvement de joie est passé et que nous entrons dans une autre série d'événements, je vais vous exposer l'état des choses, et m'expliquer avec vous sur une multitude de faits qu'il vous est utile de bien connaître pour les présenter à l'empereur dans toute leur vérité.

J'ai considéré trois choses dans la guerre de la Péninsule : la question européenne, la question française et la question espagnole. Les deux premières sont résolues d'une manière miraculeuse.

Il s'en faut de beaucoup que la question espagnole, qui n'est plus à la vérité qu'une question secondaire, soit aussi heureusement résolue.

Quiconque a un peu réfléchi sur ce qui s'est passé en Espagne depuis huit à neuf ans, sur le caractère du roi, sur celui de la nation, sur l'état des mœurs, le degré de civilisation et des lumières, sur l'esprit de fanatisme et de vengeance, et pourtant sur l'humeur et les habitudes apathiques de ce malheureux pays, a dû prévoir que la délivrance du monarque n'amènerait pas aussi facilement qu'en France le retour de l'ordre et le règne des lois. Rien n'arrive en Espagne comme ailleurs; le sang des Maures mêlé à celui des Visigoths a produit une race d'hommes moitié européenne, moitié africaine, qui trompe tous les calculs. Y a-t-il rien de plus surprenant que le dénouement de la guerre actuelle. Les Cortès renfermées dans Cadix pouvaient se défendre, fuir par mer ou se porter à tous les excès; pour avoir le roi, il n'est point de conditions individuelles qu'on n'eût acceptées; elles élevaient elles-mêmes des prétentions exorbitantes; et tout à coup, elles ouvrent leurs portes, sans traités, sans réserve aucune, et nous livrent le roi et la famille royale.

Le roi de son côté et ses conseillers ne se conduisent pas en arrivant d'une manière moins extraordinaire. Au lieu de licencier l'armée, de publier une amnistie, au lieu de revenir vite à Madrid pour réorganiser la monarchie, les finances et l'administration, ils se retirent à Séville et au milieu des fêtes et des illuminations, se contentent de faire paraître quelques décrets de proscription qui inquiètent la population, tandis que les rebelles occupent encore les places et tiennent la campagne avec des armées. Il faut que monseigneur le duc d'Angoulême suspende la marche de ses troupes pour attendre qu'il plaise à un confesseur, devenu ministre, de publier un ordre de licenciement qui serait vain, si Molitor n'était là pour le faire exécuter.

Ces deux exemples, monsieur le Comte, vous

suffiront pour juger ce qu'il y a d'inattendu et de bizarre chez ce peuple, et combien il sera difficile de lui faire adopter des mesures raisonnables. Quoi qu'il en soit, voici notre plan.

Le roi Ferdinand compte si peu sur ses sujets qu'il voudrait que nous pussions laisser en Espagne toute notre armée : il nous demande des garnisons partout. Cela ne peut convenir ni à nous, ni à l'Europe; à nous qui ne pouvons continuer nos sacrifices, à l'Europe qui ne doit pas vouloir notre établissement chez nos voisins. Sur les cent vingt mille hommes que nous avons dans la Péninsule, quatre-vingt mille vont repasser les Pyrénées, quarante mille hommes resteront en Espagne dans les places fortes et sur les points où la révolution pourrait rallumer ses foyers. Ces quarante milles hommes se retireront sur la simple demande du roi Ferdinand. Ils seront à notre solde; l'Espagne fera seulement la différence du pied de guerre au pied de paix; c'est-à-dire, que ces quarante mille hommes, qui nous coûteraient à peu près 20 millions par an sur le pied de paix, nous en coûteront 30 sur le pied de guerre, et que l'Espagne ne sera appelée qu'à tenir compte de ces 10 millions : je ne crois pas qu'on puisse agir d'une manière plus généreuse.

Quant à notre politique, nous nous bornerons à des conseils.

C'est aux Espagnols à savoir s'ils ont besoin d'être régis par des institutions nouvelles; c'est à leur roi à juger de ce besoin. Sur ce point, nous n'avons rien à dire, ou à faire; mais ce que nous voulons empêcher de tout notre pouvoir, ce sont les réactions et les vengeances. Nous ne souffrirons pas que des proscriptions déshonorent nos victoires, que les bûchers de l'inquisition soient les autels élevés à nos triomphes. Nous aimerions mieux abandonner à l'instant l'Espagne que de prêter nos armes à ceux qui ne veulent qu'égorger les objets de leur haine, et qui préfèrent le sang répandu sur les échafauds au sang versé sur le champ de bataille.

Comment parvenir à contenir tant de passions? en prêchant tous les mêmes doctrines de tolérance et d'oubli; ne craignons pas qu'on abuse en Espagne de ces mots comme on en a abusé en France; quand, sur mille victimes, on aura consenti à nous en rendre cinq cents, on croira avoir agi avec une modération sans exemple.

Il est bien à désirer, monsieur le Comte, que les souverains alliés entrent tous dans ces sentiments, donnant à leurs ministres à Madrid les instructions les plus précises. Je ne puis me dissimuler qu'un esprit de jalousie, de rivalité et presque de haine, n'ait éclaté quelquefois à Madrid contre nous parmi les agents de nos alliés. Nous avons été calomniés; on s'est plu à dénaturer les intentions du prince généralissime; nous étions incessamment soupçonnés de favoriser le parti appellé constitutionnel, de traiter avec les

Cortès, et de mille autres choses que les événements venaient chaque jour démentir. On cherchait à nous rendre suspects aux Espagnols, et si nous nous croyions obligés d'arracher quelques malheureux aux fureurs populaires, on s'écriait que nous voulions ouvrir les prisons à tous les *negros* de l'Espagne. Et pourtant c'étaient nos troupes, c'était l'héritier du trône de France qui portaient le poids de la chaleur et du jour.

Il est arrivé de là un grand mal : c'est que les Espagnols ont cru trouver dans tel membre de l'alliance un abri contre l'opinion de l'autre. Ainsi le parti exalté a recours à l'Autriche, et le parti modéré implore la France et la Russie. Si l'alliance n'a qu'un langage, si nos ambassadeurs s'accordent tous à blâmer la même mesure, s'ils protestent tous en même temps contre tel décret, s'ils sont uniformes dans leurs conseils, ils obtiendront d'immenses résultats pour la paix et le bonheur de l'Espagne.

Puisque nous ne pouvons guère décider quelles seraient les institutions les plus propres à faire renaître les prospérités de l'Espagne, nous pouvons du moins savoir quels sont les hommes les plus convenables à l'administration. Ces hommes sont rares ; mais enfin il en existe quelques-uns, et nous devons réunir tous nos efforts pour les faire agréer au roi comme conseillers et comme ministres. Il ne faut pas, parceque ces hommes auront servi pendant le règne des Cortès, que leur patrie soit privée de leurs talents, et que le roi retombe dans les fautes qui l'ont perdu en s'entourant d'une camarilla nouvelle.

Il m'est souvent venu une idée; l'affaire des colonies espagnoles est une des plus importantes qui ait jamais occupé les hommes d'état, car, non-seulement il s'agit de savoir si ces colonies deviendront indépendantes, ou s'il n'est pas quelque moyen de les rattacher à la mère-patrie.

Cette grande question ne pourrait-elle pas être traitée dans un congrès européen où l'on appellerait le roi d'Espagne ? Là, le monarque au milieu de ses pairs, pourrait recevoir des instructions utiles, et apprendre, par le conseil et l'exemple, à gouverner ses états. Voilà mon idée; je ne vous la communique qu'avec défiance, n'ayant pas bien creusé le sujet.

Pour achever ce qui concerne l'Espagne, je vous envoie ci-joint le projet de la convention relatif au séjour de nos troupes dans la Péninsule. Cette convention a été dressée d'après le même principe de générosité qui a réglé notre conduite dans toute l'affaire d'Espagne; vous en ayant déjà parlé au commencement de cette lettre, j'ai pensé qu'il vous serait agréable d'en pouvoir mettre le texte sous les yeux de l'empereur. Il est possible qu'il subisse quelques modifications par la volonté de monseigneur le duc d'Angoulême, mais elles se réduiront à peu de chose.

J'ai dû particulièrement observer les sentiments

qui animaient les divers cabinets de l'Europe pendant cette entreprise. Parmi les puissances secondaires, Naples a été peu amical et la malveillance ridicule de ses prétentions a été encore aigrie par nos succès; le Danemark a été remarquablement favorable, et la Suède, aussi ennemie que possible; elle s'était faite tout Anglaise. En général l'esprit des Petits cabinets a été en sens inverse de l'esprit des peuples : les peuples de l'Italie et de l'Allemagne se sont réjouis de notre triomphe, parce qu'ils ont cru voir dans notre renaissance militaire un contrepoids à la puissance de l'Autriche; les cabinets, au contraire, se sont affligés, parce que notre état de faiblesse les consolait du leur. On n'a pas senti qu'un royaume qui renaît pour l'ordre et qui rentre dans les voies morales, en retrouvant ses forces, loin d'être un objet de crainte est un espoir de salut pour tous.

Quant aux Grands cabinets, la Russie a seule été parfaitement noble, franche et assurée. Je ne saurais trop me louer du général Pozzo, il a vu juste, il n'a cru à aucune des petites calomnies de l'incapacité et de la jalousie; il s'est pénétré des difficultés immenses qui nous environnaient de toutes parts, et, sans venir nous harasser de ses plaintes et de ses soupçons, il a secondé de tous ses efforts notre entreprise.

L'Autriche n'a pas été aussi complétement satisfaite des événements que la Russie; il est visible qu'elle était travaillée par deux sentiments contraires; d'un côté, elle se réjouissait de voir s'écrouler sous nos coups l'édifice démagogique ; de l'autre, nos succès militaires lui faisaient ombrage.

L'Angleterre s'est fort amoindrie; elle a diminué l'effet moral de sa puissance pendant le cours de notre expédition d'Espagne; elle a mal commencé et mal fini; elle s'est faite le champion du jacobinisme dans le parlement, à l'ouverture de la campagne, et, quand nos troupes sont parvenues de la Bidassoa à Cadix, elle a voulu s'emparer de l'honneur de la victoire, sans en avoir couru les dangers, en offrant une médiation toujours impossible et toujours refusée. L'humeur de M. Canning en a augmenté; il a appuyé ses passions privées sur les passions publiques; sa jalousie excitée et son amour-propre trompé ont cherché un abri dans la jalousie et l'orgueil national de l'Angleterre. Cet homme d'état, en se conduisant autrement, aurait pris son parti pour ou contre avant l'expédition de l'Espagne; il ne se serait pas contenté d'exhaler son mécontentement en paroles outrageantes. Premier ministre d'un grand royaume, je n'aurais pas fait des vœux publics contre un autre état, si, en même temps, je n'avais pas tiré l'épée. Si M. Canning eût armé vingt vaisseaux avant la campagne, et qu'il les eût envoyés devant Cadix, il nous eût fort embarrassés; il est trop tard. L'Angleterre ne peut plus rien de raisonnable par la force ou la menace de la force; elle voit avec dépit une garnison française dans Cadix, tout auprès de Gibraltar, et elle ne peut nous contraindre à nous retirer. Elle sait bien que nous n'avons ni l'intention d'occuper longtemps cette place, ni de nous emparer de quelques colonies espagnoles, mais elle affecte de le craindre, et pourtant elle nous propose d'entrer en négociation avec nous sur ces colonies, et elle a le chagrin de nous voir franchement lui répondre : « Les colonies espagnoles ne sont » pas à nous; nous ne pouvons nous occuper de » leur sort qu'avec le roi d'Espagne, leur souve- » rain légitime. » Ne pouvant nous rendre complices de ses desseins, elle cherche à les exécuter seule, non encore à visage découvert. Elle envoie des consuls dans les colonies espagnoles, mais elle fait déclarer que ce n'est point une reconnaissance politique de l'indépendance de ces colonies, que c'est une simple mesure relative aux intérêts de son commerce. Elle s'est bien conduite dans les négociations de Constantinople, parce qu'elle avait un grand intérêt à satisfaire l'empereur Alexandre, mais, en même temps, ses journaux continuent à prodiguer les outrages à ce prince.

Je crois juger sainement l'Angleterre : je ne partage pas les préjugés de mes compatriotes contre ce pays; j'aime au contraire l'Angleterre et ses institutions. J'ai passé ma jeunesse à Londres;

j'y ai reçu dans mon exil une noble hospitalité; Canning a été mon ami, et je lui suis encore attaché d'admiration; mais je ne puis m'empêcher de voir la vérité. Je ne sais quel mauvais génie s'est emparé de l'Angleterre depuis la bataille de Waterloo; est-ce qu'étant parvenue au plus haut point de sa prospérité, elle commence, comme toutes les choses humaines, à descendre? Ce qu'il y a de certain, c'est qu'elle semble avoir perdu sa force en perdant son esprit de justice. Son commerce a franchi les bornes de sa prospérité, par l'excès de cette prospérité même. Le monde, encombré du produit de ses marchandises, ne sait plus qu'en faire; étant obligée de les livrer au plus bas prix pour en trouver le débit, elle amène par cela seul une stagnation parmi les acheteurs, qui ont plus d'objets manufacturés qu'ils n'en peuvent consommer. La Grande-Bretagne n'a plus qu'un intérêt, une idée fixe, l'*industrie*. Elle a substitué au principe moral de la société un principe physique; elle sera soumise à la conséquence de ce principe, et subira le sort de toutes les choses matérielles que le temps use et détruit.

Il ne me reste plus qu'à vous parler de notre état intérieur. Malgré le petit ébranlement produit par la retraite du duc de Bellune, l'état intérieur de la France est admirable. Vous savez que, depuis longtemps, Mgr. le duc d'Angoulême se plaignait de l'administration de la guerre;

de son côté, le duc de Bellune se plaignait des marchés d'Ouvrard. Il est arrivé que le maréchal a succombé dans cette lutte contre un fils de France, victorieux à la tête d'une armée dont il est l'idole : on devait s'y attendre.

En principe, c'est certainement un mal qu'un prince puisse faire renvoyer un ministre fidèle. Dans un gouvernement représentatif, c'est l'opinion qui doit faire et défaire les ministres, et si, exposés à l'attaque des chambres, ils le sont encore à celle des cours, alors vous avez à la fois les inconvénients de la monarchie absolue et de la monarchie représentative.

Telle est l'influence naturelle de cette guerre d'Espagne, que nous sommes en mesure maintenant de corriger et d'affermir nos institutions ; et nous serions coupables de ne pas profiter d'une occasion qui nous donne le pouvoir de tout entreprendre pour la stabilité du trône et la prospérité de la patrie.

Nous avons une armée excellente et fidèle qui pourrait être quadruplée demain, si nous en avions besoin. Notre commerce intérieur est dans l'état le plus florissant. Jamais nation, après tant de malheurs, n'eut de plus belles espérances et ne fut replacée plus vite à son rang. Je voudrais vivre assez pour voir l'empereur Alexandre accomplir avec nous quatre grandes choses : la réunion de l'église grecque et latine, l'affranchissement de la Grèce, la création de monarchies bourboniennes dans le Nouveau-Monde, et le juste accroissement de nos frontières.

Voilà, non pas une lettre, monsieur le Comte, mais un volume. Les lettres officielles vous diront les nouvelles et les affaires particulières; je m'étais réservé de vous montrer le fond des choses ; c'était mon devoir comme ministre, et mon plaisir comme ami. Au reste, je vous dirai que mes cheveux ont blanchi dans cette guerre d'Espagne. Je sentais qu'elle pesait particulièrement sur moi, et que j'aurais été accusé aux yeux de la postérité d'avoir perdu mon pays, si le succès n'eût couronné ce que j'avais conseillé et soutenu dans les commencements de l'entreprise.

Chateaubriand.

P.-S. En voulant parler des Grands cabinets, j'ai oublié celui de Prusse. Il s'est montré franc et loyal dans ses vœux pour nos succès. Il les a vus sans crainte et sans jalousie; mais son représentant à Madrid, quoiqu'ami de la France, est tombé dans toutes les crédulités, les frayeurs et les déclamations de ses collègues.

Par une conversation entre M. Canning et le prince de Polignac, dont celui-ci m'a envoyé le détail, il paraît que le ministère anglais veut incessamment reconnaître l'indépendance des colonies espagnoles, quelles que soient les oppositions de la mère-patrie et le parti que pourront prendre les puissances continentales. Il déclare aussi que l'Angleterre ne souffrira pas qu'aucune puissance intervienne dans les différends qui peuvent continuer à exister entre l'Espagne et les colonies. Il est utile que vous me mandiez l'opinion et l'intention du cabinet de Pétersbourg sur ce point.

Je sors du conseil; le conseil croit la chose assez importante pour en faire l'objet d'une dépêche officielle que je vous adresse avec le mémorandum de M. de Polignac.

PROJET DE DÉPÊCHE A ENVOYER A MM. DE LA FERRONNAIS, RAYNEVAL ET CARAMAN, AVEC UNE COPIE DU MÉMORANDUM D'UNE CONFÉRENCE ENTRE LE PRINCE DE POLIGNAC ET M. CANNING.

Paris, ce 1.er novembre 1825.

Monsieur, j'ai l'honneur de vous envoyer le mémorandum d'une conférence entre M. le prince de Polignac et M. Canning. Ce mémorandum est de la plus haute importance. Vous y verrez que le ministère de S. M. B. ne dissimule plus ses projets; il avoue hautement qu'il reconnaîtra l'indépendance des colonies espagnoles; qu'il ne souffrira pas qu'aucune puissance puisse aider l'Espagne à pacifier ses colonies, et qu'enfin il prendra sur ces colonies tel parti que bon lui semblera, sans se croire obligé d'en traiter avec les alliés ou d'attendre la décision du gouvernement espagnol, dans le cas où ce gouvernement serait trop longtemps à se décider.

Vous savez que l'intention du gouvernement du roi a toujours été de traiter la question de l'indépendance des colonies espagnoles en commun avec le cabinet de Madrid et les cabinets de Pétersbourg, de Vienne et de Berlin, mais l'Angleterre, en précipitant sa résolution, donne une autre face à cette grande affaire, et nous oblige à nous prononcer à notre tour. Il est urgent que le roi d'Espagne et les autres alliés agissent de concert. Je vous invite donc à demander à la cour auprès de laquelle vous résidez d'envoyer à son ambassadeur à Paris des pouvoirs pour traiter, en conférence avec le gouvernement du roi et l'ambassadeur d'Espagne, la question des colonies espagnoles. Il s'agira de déterminer les points suivants :

1° Si l'Angleterre reconnaît l'indépendance des colonies espagnoles sans le consentement de S. M. C. la cour de . . . . . reconnaîtra-t-elle aussi cette indépendance ?

2° Est-elle déterminée à faire cause commune avec la France, si la France se croyait obligée de prendre le parti de l'Espagne en refusant de reconnaître l'indépendance des colonies espagnoles reconnue par l'Angleterre.

3° La . . . . . . n'ayant point de colonie, se regarderait-elle comme étrangère à la question, laissant la France et l'Angleterre prendre tel parti que ces puissances jugeraient convenable?

4° Si le gouvernement espagnol refusait de s'arranger avec ses colonies, et s'obstinait à réclamer sur elles une puissance de droit sans avoir aucun moyen d'établir une puissance de fait, etc., la cour de . . . . . . jugerait-elle qu'on peut passer outre, et que chaque état serait libre d'agir selon ses intérêts particuliers relativement aux colonies espagnoles.

Vous voudrez bien, monsieur, donner connaissance de cette dépêche au gouvernement de. . . . . et solliciter la réponse la plus décisive : il n'y a pas un moment à perdre, et il est à désirer que les conférences puissent s'ouvrir à Paris, au plus tard dans les premiers jours de décembre.

CHATEAUBRIAND.

M. DE CHATEAUBRIAND A M. DE POLIGNAC.

Paris, ce 6 novembre 1823.

Prince, je profite du départ d'un courrier de M. de Rotschild pour vous adresser cette dépêche; vous y trouverez la copie des lettres que j'adresse aux ambassadeurs du roi à Vienne, à Pétersbourg et à Berlin, relativement à votre conversation avec M. Canning sur les colonies espagnoles. Je vous engage à voir ce ministre, à lui demander catégoriquement quelle est l'intention de l'Angleterre relativement au Portugal; s'il compte reconnaître l'indépendance du Brésil, comme il prétend reconnaître celle des colonies espagnoles : nous verrons, par la réponse, si le gouvernement anglais a deux poids et deux mesures. Au reste, si l'Angleterre précipite trop la question, si elle se décide, malgré les protestations de l'Espagne et le sentiment des cours alliées, à reconnaître l'indépendance des colonies espagnoles, les choses n'iront pas aussi facilement; nous pouvons gêner le pavillon de ces colonies, y soutenir le parti royaliste; et enfin si l'Angleterre nous poussait à bout, nous n'avons pas encore évacué Cadix, Barcelone et la Corogne. *Ceci, Prince, est pour vous seul,* et pour vous faire comprendre que, sans manquer aux convenances et à la mesure diplomatique, vous pouvez parler d'un ton ferme à M. Canning. Vous l'inviterez surtout à ne rien précipiter, à se joindre à nous pour inviter l'Espagne à prendre une résolution, à donner aux alliés le temps d'être entendus dans une question qui touche à ce qu'il y a de plus important dans la politique. Il m'est impossible de comprendre comment ce ministre a pu vous parler des États-Unis. A-t-il donc oublié que les États-

Unis ont reconnu dès l'année dernière, par acte du congrès, l'indépendance de certaines colonies espagnoles, qu'ils sont par conséquent désintéressés, et tout-à-fait hors de la question?

Quant au reste de votre lettre, noble Prince, vous avez raison, si vous le voulez. J'ai l'habitude de ne pas compter, et quand je parle économie, c'est pour l'acquit de ma conscience. Rognez donc vos courriers, tranchez, retranchez, je m'en lave les mains, et je mourrai à l'hôpital.

Tout à vous,

CHATEAUBRIAND.

S. A. R. LE DUC D'ANGOULÊME A M. DE CHATEAUBRIAND.

Bosequillas, ce 8 novembre 1823.

J'ai reçu, Monsieur, vos deux lettres des 21 et 28 octobre. Je suis charmé d'avoir fait une chose qui vous était agréable en nommant votre neveu Louis colonel du 4ᵉ de chasseurs. A l'égard de son frère Christian, il m'a dit qu'il était content de ce qu'il était, et qu'il ne désirait pas autre chose : ce sont deux bien bons sujets tous les deux.

Je joins ici ma réponse au roi de Saxe à la

lettre que vous m'avez fait passer par le dernier courrier.

J'ai vu M. Pozzo à Madrid; il m'a paru professer de très-bons sentiments.

Je vous renouvelle, Monsieur, l'assurance de tous mes sentiments d'estime et d'affection.

Louis-Antoine.

P.-S. J'ai laissé à Madrid le major-général avec mes instructions pour la conclusion, de concert avec l'ambassadeur, du traité d'occupation; mais il me paraît, d'après les dernières lettres de Madrid, que cela traînera beaucoup en longueur, ce qui ne me surprend pas avec les Espagnols.

M. DE CHATEAUBRIAND A M. DE TALARU.

Paris, le 15 novembre 1823.

Vous aurez aujourd'hui une lettre officielle de moi et cette lettre particulière. Il paraît que le roi d'Espagne voudrait faire quelque chose d'agréable à notre roi. Voici ce qui conviendrait le mieux. Il faudrait que Ferdinand fît présent à Louis XVIII ou à M. le duc d'Angoulême, de quelques-uns de ces beaux tableaux de Raphaël, du Dominicain, de Murillo, et qui ont été restaurés en France. Nous avions voulu les acheter ou plutôt les échanger contre des meubles, des porcelaines, etc., etc. Nous pourrions encore envoyer présents pour présents. Tâchez de conduire à bien cette négociation au milieu de toutes les autres, cela serait bon ici pour l'opinion, qui se souvient toujours que la galerie du Louvre a été dépouillée sous les Bourbons. Il serait juste qu'une guerre nous rendît une partie de ce qu'une guerre nous a fait perdre.

Ma lettre officielle vous dira le reste.

CHATEAUBRIAND.

M. DE CHATEAUBRIAND A M. DE TALARU.

Paris, ce 25 novembre 1823.

Mes deux dernières lettres officielles, mon cher ami, vous auront appris qu'il y avait eu erreur dans la manière dont l'Espagne doit demander la médiation des alliés; il faut absolument qu'elle comprenne l'Angleterre dans l'alliance, car elle y est en effet. Isoler les quatre cours continentales de la cour de Londres serait donner à celle-ci le droit de se déclarer, à l'instant même, pour l'indépendance des colonies : faites bien réparer cette erreur capitale. C'est comme cela aussi que toutes les cours comprennent la médiation. L'Autriche et la Prusse viennent d'écrire qu'elles adhèrent au plan dans lequel, disent-elles, il faut comprendre l'Angleterre : en effet, c'est mettre celle-ci, soit qu'elle accepte ou refuse, dans le plus grand embarras.

M. de Polignac n'a point été trop loin; nous ne pouvons nous départir de cette politique : ou l'Espagne adoptera un plan raisonnable pour ses colonies, ou elle ne l'adoptera pas ; si elle l'adopte, nous et nos alliés la seconderons de tous nos efforts; si elle ne l'adopte pas, nous ne pouvons pas voir l'Angleterre augmenter sa puissance, déjà trop grande, de toutes les richesses des colonies espagnoles, sans chercher à participer à ces richesses. Nous exposerions la France et nous nous ferions lapider par la partie industrielle de la nation. Ainsi, nous sommes très-décidés à agir dans les intérêts particuliers de notre pays, le jour où nos efforts auront été infructueux, pour amener l'Espagne à des idées raisonnables sur ses colonies : voilà sur quoi vous devez appuyer toute votre politique.

Tâchez donc de faire conclure nos traités : le traité d'occupation, le traité de reconnaissance des sommes que nous avons prêtées à l'Espagne, pendant la campagne, le traité pour les indemnités de notre commerce. Pourquoi le décret sur le licenciement de l'armée, tant royaliste que constitutionnelle, n'a-t-il pas paru? tout le mal est là en grande partie; pourquoi le décret d'amnistie n'est-il pas publié? etc., etc., etc. Vous me direz que les Espagnols ne vont pas si vite; je le sais, mais cette anarchie de l'Espagne retombe ici en accusation contre nous : cela nous fait beaucoup de mal. Quant à M. Saez, peu m'importe qu'il soit là, s'il est capable et qu'il gouverne bien. Du moins devrait-il se démettre de sa place de confesseur, et révoquer les décrets qu'il a fait rendre sur la route de Séville à Madrid.

J'oubliais de vous de dire que nous sommes décidés à vouloir que l'affaire des colonies espagnoles, si elle a lieu, soit traitée à Paris, en conférence, et point à Madrid, comme l'Autriche en laisse percer l'envie. Vous sentez qu'elle nous échapperait, que le gouvernement espagnol même, au milieu de toutes les intrigues, de tous les intérêts, de tous les préjugés nationaux, ne serait pas maître d'agir raisonnablement. La France aussi jouera par ce moyen un rôle bien plus important, et il nous importe d'élever tant que nous pouvons notre patrie.

Chateaubriand.

M. DE CHATEAUBRIAND AU MARÉCHAL DUC DE BELLUNE.

Paris, ce 26 novembre, 1823.

J'ai reçu, monsieur le Maréchal, la lettre que vous m'avez fait l'honneur de m'écrire le 23 de ce mois. Je vous annonce que le roi veut lui-même vous écrire, pour vous déterminer à accepter l'ambassade de Vienne; mais, monsieur le Maréchal, avant que Sa Majesté vous donne cette preuve éclatante de son estime, il convient que je sache si vous êtes disposé à obéir, car vous sentez que le roi ne peut pas s'exposer à un refus. Soyez assez bon, monsieur le Maréchal, pour me répondre poste par poste, ou même pour m'envoyer un courrier, si cela vous paraissait plus prompt. Il me paraît impossible que vous repoussiez cette marque touchante de l'attachement et de la faveur de votre souverain. C'est aussi l'opinion de M. le duc d'Havré, dont j'ai l'honneur de vous transmettre les lettres.

Mon attachement pour vous, monsieur le Maréchal, égale les sentiments de la haute considération avec laquelle je serai tout ma vie votre très-humble et très-dévoué serviteur.

CHATEAUBRIAND.

M. DE LA FERRONNAIS A M. DE CHATEAUBRIAND.

Saint-Pétersbourg, le 30 novembre 1823.

Malgré l'exacte fidélité avec laquelle je vous rends compte aujourd'hui de ma conversation avec l'empereur, il est cependant quelques détails et explications que j'ai cru devoir réserver pour ma lettre particulière. Il en est même que j'ai trouvés d'une nature trop délicate pour les confier au papier, et j'ai chargé M. Bois-le-Comte de vous les faire connaître.

Aujourd'hui, monsieur le Vicomte, c'est vers nous, ou plutôt vers vous seul que se tournent les vues et les espérances de l'empereur; il voit peu à peu se dérouler tout ce que sa politique semble avoir prévu. Il voit ses ennemis naturels, l'Autriche et l'Angleterre, commettre des fautes dont quelques-unes décèlent plus de faiblesse encore que de manque d'habileté. Il voit la France, qu'il regarde comme son allié naturel, acquérir de la force, affermir sa puissance, et se replacer sur la scène politique au rang qui lui appartient; il nous sait une armée brave et fidèle; dès lors il se rapproche de nous, se met à côté de nous; et, tout en professant le même attachement aux principes de la Sainte-

Alliance, il m'a cependant plusieurs fois fait entendre, dans sa dernière conversation, que la France et la Russie, étant bien d'accord et s'entendant bien sur tout, assureront toujours la tranquillité de l'Europe, et forceront les autres puissances du continent à vouloir ce qu'elles voudront. Je le répète, monsieur le Vicomte, cette disposition actuelle n'est due qu'à la confiance sans bornes que vous inspirez aujourd'hui personnellement à l'empereur; il croit que vous avez deviné sa pensée, ses vues; que vous êtes, comme il le dit, l'homme des circonstances, destiné à opérer, d'accord avec lui, tous les changements que l'ordre social et la situation politique de l'Europe réclament encore. Il a mis trop de soins à me répéter qu'il vous accordait toute sa confiance, à me dire qu'il désirait que tout le monde le sût, pour n'être pas bien sûr que j'ai à cet égard pénétré sa pensée. Vous seriez donc aujourd'hui, je n'en doute pas, monsieur le Vicomte, tout à fait en mesure de remplacer M. de Metternich dans la confiance de l'empereur. Si les circonstances ou *le malaise et le sourd mécontentement* qu'éprouve la nation mettent l'empereur dans le cas de s'occuper de la Turquie, et lui imposent l'obligation de faire la guerre, il sait très-bien ce qui *peut nous convenir;* c'est à lui à s'expliquer. Si les premiers nous faisions un seul pas au-devant de lui, nous le ferions reculer. Au reste, monsieur le Vicomte, je ne puis assez vous le répéter, toute la situation actuelle repose sur vous seul; et, si vous quittiez le ministère, ce serait tout autre chose. Ce que je vous demande seulement, monsieur le Vicomte, c'est de maintenir cette heureuse confiance que l'empereur a en vous; rien n'y contribuera davantage que votre correspondance particulière avec moi; vos lettres ne manquent jamais leur effet.

Vous verrez, dans la révélation que vous fera M. Bois-le-Comte, une preuve de plus de l'intérêt que l'empereur met à ce que rien ne puisse arrêter le développement de nos forces et de notre prospérité. Je sais que l'on pourrait être étonné que l'on eût eu l'audace de faire une pareille proposition à l'empereur; mais il est nécessaire de savoir que tous les partis ont toujours cru pouvoir attacher ce prince à leurs causes, et en faire un instrument. Les bonapartistes se sont sans cesse adressés à lui en faveur du petit Napoléon, d'autres en faveur du prince d'Orange ou de Beauharnais, d'autres encore en faveur du grand-duc Nicolas.

Une personne attachée à la cour et très à même de savoir ce qui s'y passe, vient de m'assurer que le projet de l'empereur est d'envoyer à monseigneur le duc d'Angoulême le grand-cordon de Saint-Georges. Pour bien apprécier cette attention, il faut savoir l'extrême valeur que l'empereur attache à cette décoration; elle est telle, que lui-même l'a refusée lorsqu'elle lui était offerte par le chapitre de l'ordre, après son retour de Paris, déclarant ne l'avoir pas méritée. Le duc de Wellington est le seul qui la porte aujourd'hui. Les statuts de l'ordre n'accordent le grand-cordon qu'au général qui, commandant en chef une armée, a gagné plusieurs batailles dont le résultat a été une paix glorieuse pour le pays. — J'entre dans ce détail, monsieur le Vicomte, pour que l'on ne se trompe pas sur le prix réel de cette prévenance de l'empereur, qui ne peut pas donner une preuve plus forte de l'importance qu'il attachait au succès de la guerre d'Espagne et de la haute estime qu'il porte à monseigneur le duc d'Angoulême.

Recevez, avec l'hommage de ma haute considération, l'assurance de mon inviolable et bien sincère attachement.

La Ferronnais.

M. DE CHATEAUBRIAND A M. DE TALARU.

Paris, le 11 décembre 1825.

Je vous ai dit mille fois, mon cher ami, que le seul moyen, le moyen sûr que vous aviez d'agir sur le roi et le gouvernement espagnol était de ne fixer qu'une très-courte occupation et de les menacer sans cesse d'une retraite. Quand je vous présentai cette idée pour la première fois, vous la combattîtes : je suis charmé que vous vous soyez rangé à cet avis et vous allez avoir occasion de faire usage de ce moyen de pouvoir.

Il ne me semble possible ni à moi, ni au président du conseil, de forcer le roi à renvoyer sur-le-champ un ministère, et à exiler un favori, en lui mettant le marché à la main. Il faut réserver la menace de la retraite de nos troupes pour les cas extrêmes ; c'est à votre habileté que je me confie, et c'est à présent qu'il vous faut déployer toutes les ressources de la diplomatie.

D'abord il vous faut témoigner hautement votre mécontentement de la faveur d'Ugarte, et déclarer que si cet homme n'est éloigné et que si la Camarilla revient en puissance, vous demanderez à votre cour le rappel de notre armée. La menace ainsi venant de vous sera bonne et efficace, au lieu que le gouvernement français disant luimême du premier mot, ou *cela* ou *rien*, serait le parti d'hommes sans patience et qui n'entendent rien aux affaires.

Remarquez bien que le traité vous donne le moyen complet de la menace : car non-seulement le terme de l'évacuation est très-rapproché; mais le roi s'est réservé le droit de retirer ses troupes quand il le jugerait à propos. Nous avions senti la nécessité de cette clause pour pouvoir garder notre influence en Espagne.

Ainsi donc, en faisant connaître hautement votre mécontentement du rappel de la Camarilla, vous ébranlerez d'abord ce ministère, en ayant l'air de ne pas l'attaquer directement; vous verrez s'il est nécessaire de renverser Casa Irujo, homme doux que nous connaissons et qui est attaché à la France. Je vous indiquais Las Amarillas de mon côté, tandis que vous me le proposiez du vôtre. Dans votre système, Vergas, vieux et violent, remplacerait Casa Irujo. Almenara nous est désigné par tout le monde pour les finances. Nous regrettons l'ancien ministre des grâces et de la justice, qu'on disait habile et honnête homme. Il faut aussi que le confesseur du roi ne soit pas un *inquisiteur*. Si Las Amarillas ne pouvait passer à la guerre, vous avez Sarsfield et d'Eroles; mais surtout Sarsfield qui a plus de vigueur que d'Eroles.

Vous me dites qu'on n'a rien vu de votre humeur : c'est bien, et c'est le métier. Il est tout simple que vous ne voyiez que l'Espagne; mais moi qui suis au centre du cercle, je vois tous les rayons et les divers points de la circonférence. Notre vraie politique est la politique russe, par laquelle nous contrebalançons deux ennemis décidés, l'Autriche et l'Angleterre. Si la Russie maintenant voulait être trop prépondérante, une légère inclinaison de notre part vers l'Angleterre aura bientôt rétabli le niveau : c'est entre ces deux contre-poids que nous devons jouer. Ne vous écartez jamais de ce système et surtout cachez bien votre politique et vos sentiments. Soyez *bon homme* excepté pour les Espagnols, auxquels il vous faut parler en maître. Vous êtes un vrai roi, car vous disposez de quarante-cinq mille hommes, et en mêlant l'adresse à la force vous vous ferez obéir.

Il y a une chose que je ne comprends pas. Si le changement des ministres a été produit par un coup de la Camarilla, comment ces ministres sont-ils des modérés ou même des demi-libéraux?

Je comprends qu'au milieu de tous ces bouleversements, rien ne marche et que tout rétrograde. Il est pourtant heureux que la demande en médiation ait été retardée, puisque cela vous aura peut-être donné le temps, d'après mes lettres, de l'asseoir sur une autre base. Vous leur ferez remarquer que leurs espérances pour le Pérou et le Mexique ne sont point renversées par la médiation; bien au contraire, elles s'accroîtront en donnant de la force aux royalistes dans les colonies; les royalistes américains seront encore bien plus forts et leurs antagonistes bien plus faibles, si vous obtenez la déclaration de liberté du commerce que je vous ai demandée.

Veillez à nos traités. Si celui d'occupation n'est pas signé immédiatement, vous déclarerez que les troupes vont avoir l'ordre de se retirer. Vous n'ajouterez pas même à ce traité l'article que vous m'aviez indiqué et que je vous ai envoyé rédigé. Il faut que le traité reste absolument tel qu'il est. Heureusement que par mon billet du 9, à deux heures et demie, je vous ai dit de ne point insérer cet article.

Voilà certes, mon cher ami, de longues explications : vous saurez maintenant comment agir en réunissant ce que je vous dis dans cette lettre confidentielle à ce que je vous dis dans ma lettre officielle.

Chateaubriand.

M. DE CHATEAUBRIAND A M. DE POLIGNAC.

Paris, ce 15 décembre 1825.

J'ai reçu ce matin votre dépêche du 12. Je vais en faire passer une copie à M. de Talaru. Cela va assez mal en Espagne : on ne finit à rien, et cette médiation que nous voudrions établir pour les colonies est ajournée comme toutes les autres affaires. Le temps surprendra ces gens-là, et tandis qu'ils délibèrent, tiraillés en sens contraire par leurs passions, et par les intérêts divers de l'alliance, l'Angleterre ira son chemin, et un beau matin, peut-être à la prochaine session du parlement, reconnaîtra l'indépendance des colonies.

Veillez bien à ce qui se passe autour de vous : la douceur de Canning, et son apparence de changement de sentiments pour nous, me sont suspects. Il est peut-être content de notre loyauté et de nos explications franches sur nos intentions touchant les colonies espagnoles, parce que cela lui permet de suivre plus facilement ses projets. J'ai peur qu'il ne sorte de toute cette paix quelque traité, surtout avec le Mexique, par lequel l'Angleterre obtiendrait, au détriment de notre commerce et de notre industrie, des avantages immenses. Prenons garde à nous laisser endormir;

ne jouons pas un rôle de dupes. Je sais que tout cela est fort difficile à prévenir, car nous n'avons pas de forces maritimes, et le continent, surtout depuis nos succès, ne nous aime pas assez pour nous soutenir dans une guerre contre l'Angleterre; mais il est toujours de notre devoir de faire tout ce que nous pourrons, et de ne pas tomber par imprévoyance. Il me semble difficile que la prochaine session du parlement n'amène pas quelque nouvelle révélation. Canning peut-il se présenter à la chambre des communes sans compensation pour la guerre d'Espagne qu'il a laissé faire? S'il ne m'a pas donné une très-haute idée de sa politique, son intérêt et son amour-propre doivent le pousser à tenter quelque chose qui puisse fermer la bouche à ses ennemis.

CHATEAUBRIAND.

M. DE CHATEAUBRIAND A M. DE TALARU.

Paris, le 17 décembre 1823.

Je profite d'une estafette de M. le duc Doudeauville, pour vous envoyer le duplicata, à tout événement, de mes lettres et dépêches. Comme je vous ai écrit hier, je n'aurais rien à vous mander aujourd'hui sans l'arrivée de Rotschild de Londres, de Barring et de deux autres grands banquiers.

Ils viennent avec le projet de s'entendre avec le Rotschild de Paris, pour prêter une somme considérable à l'Espagne. Ils vont examiner la chose ici, voir dans quelle position financière se trouve la monarchie de Ferdinand : après quoi ils feront leur proposition.

Mais si, après avoir calculé dans leur propre intérêt que l'emprunt est possible, nous, France, nous ne le trouvions pas bon, ils nous déclarent qu'ils ne feront rien sans nous. Cette affaire est toute différente de celle que proposait Parish, l'homme du prince Metternich, de concert avec Ouvrard, et dans laquelle le Rotschild de Paris n'a pas voulu entrer.

Ceci, mon cher ami, est de la plus haute importance. En cas que ces premiers banquiers de l'Europe viennent au secours de l'Espagne, c'est encore à nous qu'elle devra ce nouveau et signalé service. Armé de ce nouveau moyen, vous pouvez tout. Si vous n'avez pu encore parvenir à obtenir ce que nous demandons avec tant d'instance, vous le pouvez maintenant. Vous pouvez faire un ministère à votre gré, dicter des lois, faire signer nos traités, décider la médiation pour les colonies, la liberté du commerce en Amérique, en liant ou en déliant les cordons de la bourse. Il serait bien malheureux que, maître des forteresses d'Espagne, et pouvant fermer et ouvrir la source du crédit, nous fussions nous-mêmes sans crédit dans la Péninsule.

CHATEAUBRIAND.

M. DE CHATEAUBRIAND A M. DE TALARU.

Paris, le 29 novembre 1823.

Je conçois, mon cher ami, que dans le despotisme absurde de l'Espagne et la complète anarchie de l'administration, ce soit un pas de fait que l'organisation d'un conseil de ministres; partout ailleurs cela ne serait rien. Mais ce conseil des ministres est composé des mêmes hommes que nous avons vus au travail, rendant décrets sur décrets comme leur maître, rétablissant les dîmes, proscrivant les miliciens en masse et hésitant à pardonner à Morillo. Je serai charmé qu'ils aillent bien, et que le roi, qui doit tout décider, décide d'une manière raisonnable, mais j'en doute. En attendant je remarque qu'on vous dit qu'on fera, qu'on va faire, et l'on ne fait rien, ni pour la conclusion de nos traités, ni pour les affaires de l'Espagne. Faites donc reconnaître nos créances, régler l'acte d'occupation et les indemnités pour notre commerce. Pressez, grondez, menacez même, s'il le faut. Nous n'avons pas dépensé 200,000,000 et délivré Ferdinand pour être sans crédit en Espagne. Vos dernières dépêches jusqu'au n° 112, me donnent l'espoir que les miennes, à dater du 19, vous seront arrivées à temps pour redresser l'erreur dans laquelle on allait tomber en demandant l'intervention de l'alliance pour les colonies sans y associer l'Angleterre. Dans cette occasion la lenteur espagnole nous aura servis. Le ton de l'Angleterre envers nous devient de plus en plus pacifique; ne la bravons pas inutilement, empêchons-la de se séparer trop brusquement des intérêts communs. Le continent parle fort à son aise des *quelques vaisseaux* et du *peu de soldats* qu'il faudrait pour réduire le Pérou et le Mexique, et qui les fournirait ces vaisseaux et ces soldats? nous sans doute : or, pouvons-nous soutenir une guerre maritime? et dans cette guerre même les alliés, si entreprenants, nous soutiendraient-ils? L'Autriche n'est-elle pas tout anglaise, et la Russie ne ménage-t-elle pas même le cabinet de Londres à cause des affaires d'Orient? Jouons serré et ne soyons la dupe de personne. Nous avons Cadix et Barcelonne : avec ces nantissements, l'Angleterre n'ira pas trop vite en besogne; nous aurons le temps de voir si l'Espagne est raisonnable sur les colonies ; si elle ne l'est pas, nous prendrons notre parti. Décidément, nous évacuerons l'Espagne; nous la laisserons s'arranger avec les factions comme elle le voudra, si elle ne veut en finir sur rien : c'est ce que vous ne sauriez trop répéter à M. Saez. Et qu'il ne se repose pas sur l'idée que nous serions nous-mêmes en danger, si des troubles renaissaient en Espagne; les ministres qui gouvernent aujourd'hui avec si peu de prudence seront certainement chassés, renversés par des soulèvements quand nous n'y serons plus. Il y va de leur intérêt personnel : qu'ils sentent au moins celui-là s'ils ne sont pas touchés par des motifs plus nobles. Comment! ils n'ont pas encore fait les trois choses que le simple bon sens indique et pour lesquelles il ne faut pas plus d'une séance du conseil, l'amnistie, le licenciement de l'armée et l'emprunt! nos affaires à nous n'avancent pas plus que les leurs. Défiez-vous, mon cher ami, de Saez; je crains que cet homme rusé ne vous endorme par des paroles qu'il ne réalise jamais. Parlez-moi encore de ce ministre : dites-moi ce qu'il est : quelle est sa capacité, son caractère, ses intérêts, ses passions; ce qu'on en doit espérer, ce qu'il faut en craindre. Répondez-moi sur tous ces points :

Affaires de l'Espagne.

Colonies, amnistie, licenciement de l'armée, emprunt.

Affaires de France.

Traité d'occupation, reconnaissance de nos créances, indemnité pour notre commerce.

Voilà qui est clair, mon cher ami. Je vous le

répète, le roi ici est très-irrité, et si l'Espagne ne conclut pas, nous conclurons. Avertissez M. Saez du danger. Je ne l'ai pas caché au duc de San Carlos. J'ai reçu une très-longue lettre du général Pozzo aujourd'hui. J'y répondrai demain. Dans votre politique soyez Russe. Notre ennemie naturelle, l'Autriche, est très-malveillante dans ce moment. La Prusse craint la Russie, mais elle la suit. L'Angleterre voudrait nous brouiller avec la Russie surtout et nous caresse à présent; soyez poli sans confiance; il est certain que, dans l'affaire des colonies, l'Angleterre est plus près de nous que les puissances continentales, parce que nos intérêts se rapprochent.

Je vous remercie de la toison. J'étais charmé qu'on vous l'eût donnée, sans penser un moment que je pouvais la mériter. Je suis, grâce à Dieu, fort au-dessus de ces ambitions.

Tout à vous, mon cher ami.

CHATEAUBRIAND.

M. DE CHATEAUBRIAND A M. DE POLIGNAC.

Paris, ce 5 janvier 1824.

Je sors d'une conférence avec le duc de San Carlos, le général Pozzo et le baron Vincent. Le duc de San Carlos a reçu la note officielle pour la demande en médiation et a ordre de la faire connaître à moi, aux ambassadeurs d'Autriche, de Russie et d'Angleterre. Nous sommes convenus qu'il retarderait cette communication de quelques jours pour vous donner le temps de me répondre et de connaître par vous la disposition de M. Canning : elle sera favorable ou défavorable. Dans le premier cas, nous accepterons immédiatement la demande en médiation, aussitôt qu'elle nous aura été faite officiellement. Dans le second cas, nous prendrons la chose *ad referendum*, jusqu'à ce que nous connaissions la détermination de l'Angleterre, et surtout pour ne pas précipiter une rupture sur la question des colonies, entre nous et le cabinet de Saint-James.

Voilà le point où en sont les choses; mais il faut que vous sachiez que l'Autriche suppose, et a fait dire à M. Canning, que les conférences, pour la médiation, pourraient être établies à Londres. Or, vous voyez que l'Espagne demande positivement qu'elles soient établies à Paris, et nous, notre résolution est de tout rejeter, plutôt que de transporter à Londres le lieu de la médiation. Voyez M. Canning le plus tôt possible, et renvoyez-moi mon courrier.

CHATEAUBRIAND.

M. DE CHATEAUBRIAND A M. DE TALARU.

Paris, ce 17 janvier 1824.

J'ignore encore, mon cher ami, quel parti M. Canning prendra sur la médiation; cependant, sir Charles Stuart m'a dit aujourd'hui qu'il avait reçu des lettres de Londres et que le ministère paraissait assez favorablement disposé sur cette médiation. Si maintenant le décret pour la liberté du commerce paraissait, nous pourrions espérer un succès, malgré le fatal décret du conseil des Indes.

Je vous le répète pour la millième fois, si le ministère actuel ne vous plaît pas, changez-le; vous devez commander en maître; si le clergé est le plus fort et peut-être le plus utile, liez la partie avec lui, pourvu qu'il vous donne tout ce que vous lui demanderez pour le bien de l'Espagne. Amnistie, emprunt, décret sur la liberté du commerce et nos traités. Mettez-vous bien dans la tête que vous êtes roi d'Espagne, que vous devez régner. Je ne vous demande ni de faire prévaloir telle ou telle théorie, ni d'appuyer tel ou tel homme; mais de faire ce que l'état des choses permet. Ne vous embarrassez ni des intrigues de vos collègues, ni des jalousies de nos ennemis. Qu'on écrive ici et à la cour mille calomnies sur moi et sur le gouvernement du roi, peu importe : laissez

COLONIES ESPAGNOLES. 355

dire et agissez. Je vous le répète, vous avez carte blanche pour agir. Tout ce que vous aurez fait sera bien fait et approuvé, pourvu *qu'il y ait action.* Voici ce que vous pouvez dire au roi pour le déterminer à en finir avec nous et pour lui :

Si avant un mois, à partir de la date de cette lettre, il n'y a rien de fait pour nos traités et pour l'Espagne, vous recevrez vraisemblablement l'ordre de demander vos passeports. M. de Bourmont recevra en même temps les instructions nécessaires pour quitter Madrid. La patience du roi est à bout. Lui et son gouvernement sont las de n'être payés de tant de sacrifices que par l'ingratitude.

Mes lettres officielles vous transmettent des documents curieux sur Cuba. Je vous enverrai, par le courier de mardi 20, la ratification du petit traité des prises : il sera demain dans le *Moniteur.*

Tout à vous, mon cher ami.

Chateaubriand.

M. DE CHATEAUBRIAND AU GÉNÉRAL BOURMONT.

Paris, ce 17 janvier 1824.

J'ai reçu, monsieur le Comte, la lettre que vous m'avez fait l'honneur de m'écrire. Vous pouvez être sûr que je ferai tout ce qui dépendra de moi pour améliorer le sort de M. de La Roche-Saint-

André. Maintenant, je répondrai à votre politique.

Je suis persuadé, monsieur le Comte, que si nous perdons notre influence en Espagne, ce sera absolument notre faute. Quand on est maître des places fortes d'un pays, que l'on peut en outre faire fournir à ce pays l'argent qui lui manque, je ne sais pas ce qu'on ne peut pas faire. Je ne cesse d'écrire à notre excellent ambassadeur d'agir avec force, de donner, s'il le faut, des ordres : tout ministère qui déplaît à la France doit s'en aller, tout ministère qui lui plaît doit rester. Rien n'ira si nous ne gouvernons pas nous-mêmes ; c'est nous qui devons dicter l'amnistie, faire faire les emprunts, licencier et réformer l'armée. Il ne s'agit pas de donner à l'Espagne tel ou tel genre de gouvernement; mais de trouver dans son sein une force avec laquelle on puisse rétablir l'ordre et la justice. Est-ce le clergé qui est cette force? il faut s'appuyer sur lui, le mettre à la tête de l'état, à condition qu'il fera toutes les choses qu'il est raisonnable de faire pour le salut de la monarchie. Ainsi il faut qu'il se prête aux arrangements qui peuvent encore sauver une partie des colonies, qu'il paie les intérêts d'un emprunt, qu'il signe nos traités particuliers, etc. A ces conditions, marchons avec lui ; nous lui laisserons notre armée; nous ne souffrirons pas qu'il soit chassé du pouvoir. Qu'importe aujourd'hui que l'ancien ministère soit tombé par telle

ou telle cause, par l'influence de tel ou tel homme ;
qu'importe que le ministère actuel soit soutenu
par tel ou tel crédit. S'il ne convient pas au pays,
qu'il se retire, et c'est à la France, c'est à notre
ambassadeur à désigner les hommes qui doivent
être placés à la tête de l'état. Je sais, monsieur
le Comte, que vous avez à vaincre bien des
obstacles, que les intrigues, les jalousies, les
préjugés sont armés contre vous : le corps diplomatique mêle ses inconvénients à tant de difficultés.

Le mal de tout cela, c'est qu'on perd dans de
vains reproches le moment d'agir. Je vous engage
fort, monsieur le Comte, à vous réunir à M. l'ambassadeur pour porter un coup vigoureux. Il faut
enlever en quinze jours la signature de tous
nos traités, et l'accomplissement de toutes les
choses sur lesquelles M. de Talaru a des instructions. M. de Talaru a carte blanche; je prends
sous ma responsabilité tout ce qu'il fera. Allez
droit au roi tous les deux, parlez; et si l'on se
refusait à ce que vous croiriez utile au salut de
l'Espagne, M. de Talaru recevrait immédiatement
des ordres. Nous serions forcés d'abandonner le
malheureux monarque que nous avons délivré à
une destinée dont il ne serait plus en notre pouvoir de changer le cours.

Voilà, monsieur le Comte, quels sont mes
sentiments politiques sur l'Espagne : s'ils sont
conformes aux vôtres, je m'en applaudirai. Vous

avez comme moi à cœur le bien de l'Espagne et l'honneur de la France.

Recevez, etc.

CHATEAUBRIAND.

P.-S. J'oubliais de vous dire, monsieur le Comte, pour ne rien garder sur ma conscience, qu'il me semblerait utile de rassembler les vieilles Cortès; mais faut-il les convoquer à présent pour suppléer à la faiblesse royale, et faire tout ce qu'il y a à faire d'utile et de vigoureux, ou faut-il attendre qu'une administration forte ait rétabli l'ordre dans la Péninsule? Les deux systèmes peuvent également se soutenir. Il y a des affaires telles que celle des colonies (qui est tout pour l'Espagne) qu'un corps politique comme les vieilles Cortès peut seul déterminer, car je doute que le roi et des ministres osent jamais prendre un parti décisif sur ce point; mais aussi les vieilles Cortès, à présent, peuvent ramener des troubles. Il faudrait être comme vous sur les lieux pour juger l'à-propos.

M. DE CHATEAUBRIAND A M. DE TALARU.

Paris, le 24 janvier 1824.

Nous désirons, plutôt que nous n'espérons, mon cher ami, que la présence de Marcellus frap-

pera le gouvernement espagnol, et l'amènera à
une décision. Si vous réussissez, Marcellus reviendra; si vous manquez le coup, Marcellus restera
comme chargé d'affaires; vous recevrez vos lettres
de rappel; en même temps nous prendrons envers l'Espagne les mesures les plus sévères. Le roi
est tellement révolté de son ingratitude envers la
France, qu'il ne veut plus entendre à rien.

Je désire vivement, pour votre honneur et
pour le nôtre, que vous emportiez ce décret de
la liberté du commerce. Vous devez tout mettre
en usage. Vous sentez qu'il ne nous est pas possible de rester comme nous sommes. Songez à ce que
nous deviendrons lorsque les discussions vont
s'ouvrir dans le parlement d'Angleterre, et que
nous verrons celle-ci s'emparer, sous nos yeux, des
colonies espagnoles; car déclarer leur indépendance ou les prendre, le résultat est le même; et
c'est là ce que nous aurions fait à Madrid! Cela
n'est pas tolérable. La déclaration de l'indépendance du commerce sauve notre honneur, nous
met dans une bonne position à la tribune, et obligerait l'Angleterre à se faire ouvertement le champion de l'insurrection, puisqu'elle ne pourrait plus
argumenter de ses intérêts commerciaux. Attaquez
le roi corps à corps, faites signer devant vous; et,
si l'on exigeait pour ce décret quelque concession
de votre part pour les troupes, les prisonniers, etc.,
nous tiendrons vos engagements.

Nous avons fait le décret de deux manières; celui que nous aimerions le mieux est celui où il est question des consuls. Si l'Espagne entendait bien ses intérêts et la politique, elle l'adopterait. Par ce moyen elle culbuterait tout le système anglais; car les Anglais ayant déjà envoyé des agents consulaires dans les colonies espagnoles, en autorisant la France et les alliés à y avoir aussi légitimement des consuls, ces derniers consuls combattroient les autres, et soutiendraient et étendraient les droits de la métropole. Mais M. Heredia, homme d'esprit, dit-on, sera-t-il de force à entendre cette politique? Les conseils surtout l'entendront-ils? Il y a un moyen, c'est de faire signer le roi sans en passer par les conseils. Et ne sortez du palais que le décret n° 2 ne soit signé. Faites-vous, si vous voulez, accompagner de M. de Bourmont, qui déclarera qu'il attend ses ordres pour évacuer Madrid.

CHATEAUBRIAND.

LE GÉNÉRAL BOURMONT A M. DE CHATEAUBRIAND.

Madrid, le 29 janvier 1824.

Monsieur le Vicomte,

Si on suivait à Madrid les idées exprimées par la lettre que Votre Excellence m'a fait l'honneur de m'écrire le 17 de ce mois, je suis convaincu que la monarchie se relèverait promptement en Espagne, et rendrait à ce pays une assez grande prospérité; que toutes les réclamations ou affaires particulières à la France pourraient être terminées dans huit jours, et que de bien longtemps l'Espagne ne pourrait causer aucune espèce d'inquiétude à la France, mais qu'au contraire la France en pourrait tirer des ressources utiles avant deux ans, si elle en avait besoin.

Je crains qu'il ne soit difficile d'obtenir quoi que ce soit de bon par les ministres actuels de S. M. C. qui ont été l'œuvre de la camarilla, qui sont dans sa dépendance, et contre lesquels l'opposition va devenir plus forte encore.

Je m'affligerais aussi de voir appuyer par la France des gens qui ont cherché à mettre la dissension dans la famille royale, et qui ont osé même accuser l'infant Don Carlos d'intentions coupables envers le roi son frère.

La réunion des anciennes Cortès du royaume serait impossible avec les ministres actuels, qui n'y voudraient pas consentir à cause de l'influence énorme que le parti qui leur est opposé aurait sur les Cortès.

Cette assemblée me paraîtrait aussi dangereuse en ce moment, où le pouvoir royal est sans force. Je serais donc d'opinion qu'il faudrait établir en Espagne une dictature dirigée par la France pendant une année au moins, puis assembler les anciennes Cortès, dans un ou deux ans, après que le pouvoir royal aurait repris de la force, se serait rendu populaire par le bien qu'il aurait fait, en réformant et régularisant toutes ses administrations, et en faisant payer au courant ses dépenses.

J'ai l'honneur d'être avec respect, monsieur le Vicomte, de Votre Excellence, le très-humble et très-obéissant serviteur.

Le lieutenant-général commandant en chef,

Comte DE BOURMONT.

M. DE CHATEAUBRIAND A M. DE TALARU.

Paris, le 29 janvier 1824.

D'après votre lettre et dépêche du 22 de ce mois, mon cher ami, vous étiez en grande espérance pour la reconnaissance des 34,000,000 fr. Dieu veuille que le conseil d'état n'ait pas fait de nouvelles chicanes.

Marcellus peut donc vous être arrivé au moment d'une amélioration dans les affaires françaises, et peut-être après la signature de la reconnaissance et même du traité d'occupation. Alors vous aurez fait valoir surtout son arrivée pour deux points : le décret pour la liberté du commerce, et l'amnistie.

Pour la liberté du commerce, il ne suffit pas, comme vous l'a dit M. Heredia, de venir dire tout bas à la France et à l'Angleterre que l'on donnerait aux étrangers toute facilité aux colonies : c'est un décret patent qu'il nous faut, et pour toutes les nations de l'Europe. En voici les raisons :

Ce décret peut faire un nombre de partisans infini aux Espagnols, dans les colonies ;

Il embarrasse les projets de l'Angleterre et retarde, du moins s'il n'empêche, la reconnaissance que cette puissance veut faire de l'indépendance des colonies. Or, gagner du temps sur ce point est tout pour l'Espagne ;

Enfin il sera du plus grand effet en France, et fermera la bouche aux détracteurs de la guerre d'Espagne. Nous aurons fait par cette guerre, ce que personne n'avait fait avant nous, nous aurons amené l'Espagne à ouvrir légalement ses colonies à l'Europe ; il ne s'agit pas de l'effet *réel,* de l'effet *physique,* mais de l'effet d'*illusion,* de l'effet *moral,* qui est aussi une force immense. Nous savons bien que ce décret n'empêchera peut-être pas l'Angleterre de déclarer l'indépendance, et il ne fera pas qu'un port de plus soit ouvert à nos vaisseaux au Mexique et au Pérou. Mais il nous place sur un excellent terrain ; il met au contraire l'Angleterre dans une position glissante, nous renforce et est surtout de la plus grande utilité à l'Espagne.

Les emprunts que ce malheureux pays fait ou veut faire achèvent sa ruine. S'il engage partout ses revenus, comment vivra-t-il ? C'est le clergé qui devrait payer l'intérêt d'un emprunt et adopter le plan très-raisonnable des Rothschild. Vous direz que ce clergé veut régner et qu'il ne fera rien avec ce ministère ; je vous répondrai : Eh bien ! qu'il règne et qu'il renverse ce ministère, pourvu qu'un ministère nouveau soit dans les intérêts communs de l'Espagne et de la France; mais voilà la difficulté : Saez était-il à nous ? Erro, que nous avons comblé ici, est-il à nous ? Ce peuple est ingrat avant tout, et le clergé l'est encore davantage. Au reste, peu nous importe qui gouverne, pourvu qu'*on gouverne*. Le despotisme le plus aveugle vaut encore mieux que l'anarchie; mais en Espagne, il n'y a que de l'*arbitraire*, ce qui est bien différent du despotisme; et avec l'arbitraire on ne fait rien.

Voici donc en résumé votre conduite en ce moment :

Signez la reconnaissance et le traité d'occupation; obtenez l'amnistie et le décret pour la liberté du commerce, et ne pensez pas que vous puissiez revenir avant d'avoir obtenu ces deux derniers actes.

Le front du roi commence à s'éclaircir; tout s'arrangera par mon amitié et mon dévouement pour vous. Puisque vous avez payé pour la Toison, que je ne perde pas mon argent, et faites-moi délivrer le diplôme. Villèle a payé aussi des paperasses et ne reçoit rien.

Les nouvelles des provinces dont vous me parlez ne sont pas aussi mauvaises qu'on le dit, à Madrid du moins, sur nos frontières. La Catalogne, au contraire, s'organise, et le baron d'Éroles prouve qu'on peut faire quelque chose et trouver même de l'argent en Espagne; mais vous verrez que, parce qu'il va bien en Catalogne, on le retirera.

Tout à vous, mon cher ami.

CHATEAUBRIAND.

LE PRINCE DE POLIGNAC A M. DE CHATEAUBRIAND.

Londres, ce 6 février 1824.

Vous avez dû voir par les papiers anglais, mon cher Vicomte, quelle différence il y avait entre le langage des ministres anglais au parlement, cette année et l'année dernière; lord Liverpool a fait un brillant éloge de M. le duc d'Angoulême, et M. Canning, de l'armée française dans la guerre de la Péninsule.

Deux membres du gouvernement colombien sont venus en Europe : ces deux personnes partagent l'opinion de leurs concitoyens à l'égard de la nation anglaise; ils ne l'aiment point et préfèrent les Français; je dois les voir demain, non comme *ambassadeur*, mais comme curieux d'apprendre par moi-même tout ce qui se passe dans le Nouveau-Monde. Ils (ou au moins l'un des deux) doivent se rendre en France; vous trouverez peut-être utile de les voir en secret et de les bien accueillir.

Recevez l'assurance de mon bien sincère attachement.

Le Prince DE POLIGNAC.

M. DE CHATEAUBRIAND A M. DE RAYNEVAL.

Paris, ce 17 février 1824.

J'ai le plaisir, monsieur, de vous annoncer que toutes nos affaires en Espagne sont terminées. M. de Talaru a signé le traité des prises, la reconnaissance des 34 millions et le traité d'occupation. Les bases de ce dernier sont, comme je vous l'ai déjà dit : quarante-cinq mille hommes que nous laisserons à notre solde en Espagne; les Espagnols ne nous paieront que la différence du pied de guerre au pied de paix, évaluée à deux millions, y compris les dépenses de notre marine à Cadix, entretenue aussi sur le pied de guerre. L'occupation finira au mois de juillet; mais il est stipulé par une clause particulière que si, à cette époque, les parties contractantes le désirent, l'occupation pourra être prolongée.

La modération et la raison ont été notre guide dans tous ces actes; pourtant nous avons été violemment calomniés. Nous demandions, dit-on, 34 millions sans titres; nous demandions 2 millions pour quarante-cinq mille hommes, et nous n'en avions que vingt-sept mille; et pourtant nous fournissions la preuve que nous avions prêté 34 millions, et nous avions quarante-cinq mille hommes et, de plus, notre marine en Espagne, sauf les hommes que le licenciement ordonné tous les ans par notre loi du recrutement nous a enlevés, et que nous remplaçons par de nouveaux hommes. Il fallait que nous ne parlassions pas de tout cela; qu'avec un gouvernement représentatif nous nous présentassions aux chambres, qui, ne sachant ce qu'étaient devenus les 34 millions prêtés à l'Espagne, auraient dit justement que nous les avions mis dans notre poche, et nous auraient chassés, comme nous l'aurions très-bien mérité. Et quand on songe que toutes ces reconnaissances ne sont que nominatives, que l'Espagne ne nous paiera jamais, et que nous ne demandions qu'un morceau de papier pour mettre notre budget en règle, ces cris paraissent encore bien autrement sans motifs.

Une chose plus importante que la signature de nos traités est le décret pour la liberté du commerce aux colonies espagnoles, que j'ai enfin obtenu, après bien des sollicitations : je vous en envoie copie, en vous en faisant remarquer les principaux avantages, dans ma lettre officielle. Il faudra maintenant que l'Angleterre avoue, si elle se hâte de reconnaître l'indépendance des Amériques espagnoles, qu'elle veut des révolutions; car elle ne peut plus argumenter des intérêts de son commerce.

La demande en médiation, que j'ai également obtenue de l'Espagne, est restée sans effet pour le moment; car il m'aurait paru de la dernière imprudence d'avoir ici des conférences sur cette immense question, l'Angleterre refusant d'y participer. Nous aurions justifié toutes les résolutions de M. Canning; sous prétexte que les puissances continentales s'occupaient des colonies, il se serait hâté d'en reconnaître l'indépendance, et nous aurions ainsi précipité les colonies dans les bras de l'Angleterre en voulant les sauver. M. Canning a fait entendre, ainsi que le président des États-Unis, qu'il niait aux puissances du continent le droit d'intervenir à main armée dans les affaires des colonies. Que cette déclaration soit fondée en justice ou qu'elle ne le soit pas, qu'elle soit ou non téméraire, il en résulte que c'est de la guerre dont il s'agit, si l'Europe veut intervenir. Or toute l'Europe veut-elle faire la guerre à l'Angleterre?

Non pas certainement l'Autriche; la Prusse n'y a aucun intérêt : il est donc clair que la Russie et la France restent seules sur le champ de bataille. Elles suffisent à tout, j'en conviens; mais il faut éviter tout ce qu'on peut éviter, faire tout ce que la modération, la raison, la prudence réclament, avant d'en venir à tirer l'épée. C'est pour cela que j'ai trouvé qu'il fallait traîner en longueur sur la question de la médiation, éloigner les conférences, essayer par tous les moyens de ramener l'Angleterre à ses vrais intérêts et à des idées plus justes. Je n'en désespère pas, depuis le décret sur la liberté du commerce : c'est à quoi nous devons tous travailler de concert et avec activité.

Pour en finir de l'Espagne, le ministère actuel a contre lui le clergé; mais il paraît assez sage pour le pays. Nous espérions le décret d'amnistie. Ce décret sera sans doute mal fait, car en Espagne tout est passion; mais enfin il ira tellement quellement. Au reste, faute d'argent et par mille autres raisons, la Péninsule est dans la plus profonde anarchie, anarchie qui toutefois ne tuera pas ce malheureux peuple, accoutumé à vivre sans administration depuis deux siècles.

CHATEAUBRIAND.

M. DE CHATEAUBRIAND A M. DE TALARU.

Paris, 19 février 1824.

Ce que vous me mandez, dans vos dépêches n° 26, sur l'amnistie, me fait craindre que M. Heredia n'ait succombé sous les efforts de ses ennemis. Vous vous étiez d'abord déclaré fortement contre ce ministre, mais depuis, l'expérience vous avait sans doute appris qu'il pouvait être utile; dans votre dépêche, vous vantez son habileté. Si vous en gardez toujours la même opinion, votre devoir est de le soutenir dans la position difficile où il se trouve. Un ministre qui a eu le courage de signer la reconnaissance des 34 millions, le décret sur la liberté du commerce, et qui veut publier l'amnistie, toutes choses impopulaires dans le malheureux pays où vous vivez, ne pourrait être abandonné sans une sorte d'ingratitude de la part de la France.

Reste à savoir, au milieu de toutes les intrigues, ce qu'il y a de vrai dans les frayeurs du roi et les discours de M. Heredia. Ne veulent-ils pas se créer un prétexte pour suspendre l'amnistie, ou bien le parti du clergé qui veut renverser le ministère n'oppose-t-il pas un parti factice à cette mesure pour épouvanter S. M. C.? Ce qu'il y a de certain, c'est qu'il est étrange qu'ayant une garnison assez nombreuse à Madrid, l'autorité militaire ait souffert des rassemblements sous les fenêtres du château. On sait combien la fermeté impose.

Dans tous les cas, vous ne devez jamais consentir à ce qu'on ne publie pas l'amnistie. Le roi et le prince généralissime regardent leur parole engagée, et S. M. tient à en parler dans son discours à l'ouverture des chambres.

Je ne saurais trop diriger à présent votre attention vers l'emprunt. Les colonies espagnoles, surtout le Mexique, se créent à Londres des partisans et des intérêts immenses par des affaires de finances. Il faut que la mère-patrie, qui a d'ailleurs un besoin réel d'argent pour exister, et pour influer dans les colonies, contrebalance en Angleterre le crédit des Amériques espagnoles, en liant à sa prospérité les fortunes des grands capitalistes de l'Europe. M. Heredia est homme d'esprit et comprendra ce système.

Le décret sur la liberté du commerce fait un effet considérable. Les Anglais sont dans la position la plus embarrassante; ils ont de l'humeur et n'osent ouvertement attaquer un acte inattaquable, et qui les gêne en les forçant de s'expliquer.

CHATEAUBRIAND.

M. DE CHATEAUBRIAND A M. DE SERRE.

Paris, le 16 mars 1824.

Je voudrais, monsieur le Comte, commencer ma lettre par vous offrir mes félicitations sur votre nomination à la chambre des Députés, et je n'ai à vous faire, au contraire, que des compliments de condoléance ; mais il y a un remède à tout avec la patience et le temps, et j'espère bien vous voir quelque jour honorer le département des affaires étrangères par vos talents à la tribune.

J'ai reçu toutes les lettres que vous m'avez fait l'honneur de m'écrire. Ce que vous dites du renouvellement septennal est excellent. La loi ne sera pas présentée comme je le désirais. J'aurais voulu le renouvellement quinquennal d'abord pour la chambre actuelle, élue en vertu de la Charte, et le septennal pour les chambres qui suivront. J'ai proposé aussi le changement d'âge : j'ai été battu sur ces deux points et on proposera le septennal pur et simple. Il n'y a aucun doute qu'il passera à une immense majorité. Je préférerais mon projet comme plus légal et plus complet. Quoi qu'il en soit, ce sera un grand bien que cette loi, et un beau résultat, pour nous, de la guerre d'Espagne.

Cette Espagne est tranquille; tous les troubles

civils y sont apaisés; mais la plaie politique étant dans le roi, le remède est presque impossible à appliquer. Il n'y aurait de raisonnable que la convocation des vieilles Cortès modifiées selon le temps. Le roi ne le voudra pas, et le peuple n'en veut pas davantage. Un grand ministre pourrait les rappeler; mais où est-il ce grand ministre? les étrangers, même la France, ne pourraient rien de national dans ce bizarre pays, et de plus ils sont divisés d'intérêts et de doctrines : il faut donc laisser aller. Le ministère espagnol actuel, qui nous a donné le décret pour le commerce libre dans les colonies et qui a demandé la médiation des puissances, va être chassé parce qu'il a le sens commun.

Vous avez raison pour les colonies : elles n'amèneront aucune guerre, par la raison que nous ne la voulons pas, et que le continent, qui fait tant de bruit de ses théories, ne nous seconderait pas si nous voulions les soutenir à main armée contre l'Angleterre. Les colonies seront donc séparées, et notre déclaration à Véronne nous a mis dans la meilleure position pour profiter de cette séparation. Nous avions prévu l'événement, et nous avons fait entendre que nous ne sacrifierions pas nos intérêts à des théories politiques. Le tout est que la reconnaissance ne soit pas trop prompte, et que l'on sache bien s'il existe en Amérique des gouvernements capables de faire et de maintenir des traités. Sur ce point l'Angleterre entend parfaitement raison, et nos relations de part et d'autre sont extrêmement bienveillantes.

Vos renseignements sur les sociétés secrètes sont, monsieur le Comte, extrêmement précieux. Il restera à distinguer ce qu'il y a de théorique et de pratique dans ces machinations, et jusqu'à quel point le plan est fictif ou réel. Que l'on veuille renverser l'ordre établi, cela est de tous les temps et de tous les lieux; mais que de ce mouvement d'une nature humaine corrompue on fasse une action régulière et permanente de destruction au moyen de sociétés secrètes, c'est ce qui me paraît toujours très-difficile.

Je vous prie de soutenir vivement les intérêts de notre commerce.

J'ai fait ce que vous désirez pour vos appointements; je mettrai tous mes soins à vous rendre votre position agréable. Notre patrie est dans ce moment si prospère et si glorieuse que la considération de nos ambassadeurs doit s'en accroître à l'étranger.

Recevez, monsieur le Comte, la nouvelle assurance de mon dévouement et de ma haute considération.

CHATEAUBRIAND.

P. S. Mon neveu, Christian de Chateaubriand, part pour l'Italie : s'il va à Naples, je le recommande à vos bontés : c'est le petit-fils de M. de Malesherbes.

M. DE POLIGNAC A M. DE CHATEAUBRIAND.

Londres, ce 16 mars 1824.

Rien de nouveau ici, mon cher Vicomte; vous aurez lu, quand vous recevrez cette lettre, le discours que lord Liverpool a prononcé hier à la chambre des pairs d'Angleterre en réponse à la motion de lord Lansdown sur la question de l'indépendance des colonies espagnoles. Lord Lansdown était passé chez moi la veille; je ne m'étais pas trouvé à la maison, ce que je regrette. Au reste, ses expressions ont été aussi modérées que possible pour un membre de l'opposition, et forment contraste avec celles du jeune lord Ellenborough, qui a trouvé dans notre conduite, louée par lui, en Espagne, un motif de nous accuser de vues ambitieuses envers ce pays. Le discours de lord Liverpool n'a rien de bien remarquable; on y trouve seulement ces deux points saillants : 1° qu'il ne paraît pas encore prêt à reconnaître l'indépendance des colonies espagnoles; 2° que son vœu personnel eût été que ces colonies eussent choisi de préférence une forme de gouvernement monarchique. La discussion importante sera celle d'après-demain à la chambre des communes. Il m'est revenu que M. Canning a exprimé son mécontentement, à une personne tierce, du retard qu'éprouvait le ministre espagnol accrédité près la cour Saint-James; il sait qu'il est depuis longtemps à Paris; qu'il a de longues, fréquentes et secrètes conférences avec Pozzo; tout cela excite ses inquiétudes et lui donne un peu d'humeur. Je tâcherai de le voir demain pour le faire changer de disposition avant la séance de jeudi.

Le prince de Polignac.

M. DE CHATEAUBRIAND AU PRINCE DE POLIGNAC.

Paris, ce   mars 1824.

Dans votre dernière lettre, noble Prince, vous me demandez ce que dit et fait l'Europe relativement aux colonies. L'alliance, depuis quelques jours, me travaille très-mal à propos; elle insiste pour nous faire prendre des résolutions contre l'indépendance; elle veut recommencer des conférences sur les affaires d'Espagne, y compris les colonies. Notre langage modéré sur ce point, votre *memorandum* lui déplaît fort : elle n'ose le dire ouvertement, mais on aperçoit aisément des signes d'humeur et d'inquiétude. Je me défends comme je peux; j'ai déclaré formellement que j'étais prêt à continuer nos vieilles conversations sur l'Espagne ; mais que je refusais nettement des conférences *ad hoc* sur l'affaire des colonies, voulant pouvoir dire toujours sans mentir à l'Angleterre : « Il n'y a point de conférences pour les colonies. » J'ai emporté ce point en demandant s'il s'agissait de tirer l'épée et si les alliés étaient prêts à agiter cette grande question. Là-dessus, le baron Vincent s'est récrié contre la seule idée de prendre les armes, et le chargé d'affaires de Prusse a été également épouvanté ; c'est ce que je prévoyais. L'Autriche est trop bien avec l'Angleterre pour lui déclarer la guerre. La chose en est donc restée là, et je vous en avertis parce que si sir Charles Stuart écrivait à M. Canning que nous avons repris des conférences, vous pourrez lui assurer qu'il ne s'agit que des anciennes et très-rares réunions que nous avions ici pour causer des affaires d'Espagne, comme de l'amnistie, de l'emprunt, de notre corps diplomatique à Madrid, des changements des ministres espagnols, etc. ; mais qu'il *n'est nullement question de conférences sur les colonies.*

Votre position avec vos collègues est nécessairement un peu gênée, parce que notre politique n'est pas tout à fait semblable à la leur sur les colonies ; mais faites comme moi, c'est-à-dire bonne mine ; dites que nous ferons toujours tous nos efforts pour amener l'Angleterre à ne pas déclarer l'indépendance des colonies, et à s'entendre avec l'Espagne et avec nous sur cette grande question ;

mais évitez de parler du parti que nous prendrons sur les colonies, dans le cas où l'Angleterre vînt à déclarer leur indépendance : c'est là le point scabreux et notre secret. Alors comme alors, nous prendrons conseil de l'événement. Nous sommes d'ailleurs sur un bon terrain, car à Vérone nous avons été très-*libéral* sur l'affaire des colonies; ainsi nous n'avons point changé d'opinion : nous pensons après la guerre comme avant la guerre. Je vous envoie cette pièce, qui est un bon retranchement contre l'empressement de vos collègues et une excellente pièce pour M. Canning. En tout, ce que vous avez de mieux à faire est d'éluder sans affectation les conversations sur les colonies ; je m'en rapporte à votre prudence. Parlons d'autre chose.

J'ai vu les débats sur le commerce des nègres. Il est assez ridicule de dire que les États-Unis sont la seconde ou l'une des premières puissances maritimes du monde; ils ont quatre vaisseaux de ligne et une douzaine de bricks et de frégates. Passe pour cette gasconnade; mais il faudra savoir ce que veut dire cette législation de piraterie, déjà proposée à Vérone. Il y a un point que dans tous les cas nous n'admettrons jamais : la visite de nos vaisseaux.

Je ne connais rien, au moment où je vous écris, des détails de la séance sur notre occupation d'Espagne. Je vois seulement en gros que M. Canning a fait l'éloge de notre armée et le vôtre ;

il a bien raison cette fois ; mais comment a-t-il pu dire qu'il nous a fait trois conditions pour nous laisser entrer en Espagne : 1° que nous n'attaquerions pas le Portugal ; 2° que nous ne nous mêlerions pas de l'affaire des colonies ; 3° que nous n'occuperions pas militairement l'Espagne ? Il faut que l'*Étoile* ait mal traduit, car cela serait incroyable, et les dires de M. Canning, l'année dernière, ont assez prouvé qu'il n'avait *consenti* à aucune condition. Cette jactance est bien peu digne ; et si M. Canning l'a employée pour nous *défendre* et pour repousser l'opposition, nous pourrions lui dire comme le duc d'Orléans au cardinal Dubois : « Dubois, tu me déguises trop. »

Vos dépêches et les papiers anglais, que j'attends ce matin, éclairciront tous ces faits.

CHATEAUBRIAND.

P. S. Je viens de lire le discours de M. Canning dans les *Débats :* réparation. Il est très-bon, trèsbon, s'il est tel qu'il est traduit, et je vous charge même de remercier M. Canning de ma part.

Je reçois vos dépêches et vos lettres du 19. Vous voyez que j'avais prévenu votre désir. Remerciez M. Canning de son excellent discours. Je vais faire mettre un mot dans le discours du roi.

M. DE CHATEAUBRIAND A M. DE LA FERRONNAIS.

Paris, ce 19 mars 1824.

Je compte vous expédier un courrier après la séance royale qui aura lieu le 23, et comme après ce temps je serai fort occupé aux chambres, et que j'aurai peu de temps pour écrire, je veux m'y prendre de bonne heure aujourd'hui afin de traiter les affaires à fond avec vous.

Je commence par votre lettre du 1er mars : parlons de ma dépêche au prince de Polignac.

Je suis fâché, monsieur le Comte, que Sa Majesté l'empereur, qui en avait paru content au premier moment, ne l'ait pas trouvée ensuite assez forte. L'Angleterre n'en a pas jugé ainsi. M. Canning y a fait une réponse qu'il a communiquée aux représentants de l'alliance à Londres, et qui est très-faible : je vous l'envoie, quoique j'aie la certitude qu'elle est parvenue à Pétersbourg où M. Canning tenait beaucoup qu'elle parvînt pour détruire l'effet de ma dépêche. J'avais fait celle-ci de manière à ce qu'elle pût devenir publique, en cas que le ministre anglais la produisît aux chambres ; mais il s'en est bien gardé, tant il l'a trouvée contraire à ses vues, et je sais que c'est en partie les raisons rassemblées dans cette dépêche qui l'ont fait reculer sur la reconnaissance *immédiate* de l'indépendance des colonies.

Selon moi, tout l'art de la politique en ce moment consiste à mener les choses avec une telle prudence que nous pussions gagner la fin de la session parlementaire, en Angleterre et en France, sans compromettre cette importante question à la tribune. L'Angleterre l'a pris si haut, elle a si ouvertement déclaré que la moindre intervention du continent dans l'affaire des colonies serait pour elle une raison de reconnaître leur indépendance, qu'une démarche un peu vive pourrait tout précipiter. Or, la France ne pouvait et ne devait pas prendre sur elle l'initiative, ni se charger d'une telle responsabilité. Je me suis donc bien gardé, dans ma dépêche à M. de Polignac, de combattre l'Angleterre sur le terrain des principes qu'elle ne reconnaît pas, mais sur celui des intérêts où elle place toute sa doctrine. J'ai cherché à lui prouver qu'elle n'avait dans ce moment aucune raison pressante pour déclarer l'indépendance des colonies, et j'ai si bien réussi, que lord Liverpool et M. Canning ont repoussé les propositions de lord Landsdowne et de M. Mackintosch. Encore une fois gagner du temps c'était tout. La session parlementaire finira, les troubles qui peuvent survenir dans les colonies pourront donner moins d'ardeur à l'Angleterre et plus de force aux raisons des puissances continentales.

Il ne faut pas se dissimuler d'ailleurs, monsieur

le Comte, que l'opinion générale de la France, même l'opinion royaliste, est fort tiède sur la question des colonies espagnoles. Nous l'avons exprimée à Véronne dans notre note telle qu'elle est dans notre pays, et, quand on examine la chose de près, voilà la solution que l'on trouve.

Le continent peut-il empêcher l'Angleterre de reconnaître l'indépendance des colonies espagnoles? Il n'y en a peut-être qu'un seul moyen : c'est de menacer la Grande-Bretagne de lui faire la guerre.

Si elle n'est pas arrêtée par cette menace, si au contraire elle déclare les colonies indépendantes et s'allie aux États-Unis, toutes les puissances du continent tireront-elles l'épée? L'Autriche, particulièrement liée avec l'Angleterre, et dont celle-ci vient de louer le souverain et le ministre tandis qu'elle insulte tous les autres souverains, l'Autriche entrera-t-elle en campagne? Fermera-t-elle au commerce anglais tous les ports de l'Italie? La Prusse, qui n'a rien à démêler avec les colonies, et qui est pauvre, repoussera-t-elle les vaisseaux anglais de ses havres dans la Baltique? la Suède, le Danemarck, le royaume des Pays-Bas entreront-ils dans le nouveau système du nouveau blocus continental, seul moyen d'atteindre l'Angleterre? S'il est probable que la plupart de ces puissances reculeraient; si la Russie, à l'abri par son immense puissance et par sa position continentale, ne pouvait nous assister que par des soldats, dont nous n'aurions pas besoin, puisque nous n'aurions personne à combattre sur le continent? Si aucune puissance n'est assez riche pour fournir une part considérable de subsides pour équiper nos flottes; il est à peu près sûr que tout le poids de la guerre retomberait sur nous seuls, que nous perdrions notre prospérité présente, notre commerce, nos colonies, nos vaisseaux, dans une lutte inégale contre une puissance toute maritime, et qu'une secousse sur le continent pourrait faire renaître parmi nous des factions si heureusement étouffées par le succès de la guerre d'Espagne.

Ces considérations, monsieur le Comte, n'échappent pas à un peuple aussi éclairé et aussi spirituel que le nôtre. La tribune et des journaux libres disent tout, et il n'y a point de ministère qui ne fût écrasé s'il s'engageait dans une pareille affaire avant d'avoir épuisé tous les autres moyens d'action.

Je remarque avec peine combien on comprend difficilement dans les monarchies absolues la position d'un ministre dans les monarchies représentatives. Il est aisé pour un bon serviteur de son Prince à Pétersbourg, à Vienne et à Berlin, de dire dans le secret du cabinet toutes les bonnes choses qu'il a à dire, de mettre en avant les principes qu'il lui semble devoir soutenir; mais nous, exposés sans cesse à la publicité, attaqués par des ennemis secrets et publics à la cour et à la tribune, nous sommes obligés de peser toutes nos paroles, de calculer les effets de nos moindres notes, et d'arriver au même but que nos alliés, mais par d'autres voies et par d'autres moyens. Combien de fois, monsieur le Comte, ne s'est-on pas irrité contre nous, et pendant et après la guerre d'Espagne? excepté la Russie qui me comprenait, et me laissait faire, combien ai-je été tourmenté, harassé de notes, de représentations et presque de reproches? Et pourtant qu'est-il arrivé? Voyez ce que nous avons fait depuis que je suis entré au ministère? La guerre d'Espagne, l'emprunt des 23 millions, l'élévation de la rente au pair, les élections totales et royalistes au moyen desquelles nous allons avoir la septennalité, la réduction des rentes; tout cela dans quinze mois! C'est pourtant quelque chose, et l'Europe doit trouver que nous marchons. Quant à l'affaire des colonies, elle s'arrangera aussi, si on veut procéder avec mesure et circonspection; si on veut aller brusquement, on peut tout perdre. Il faut faire tous nos efforts pour déterminer l'Angleterre à s'entendre avec les alliés. Elle est dans ce moment très-éloignée de cette pensée; mais quand le parlement sera séparé, et s'il arrive des événements dans d'autres parties des colonies espagnoles, comme il vient d'y en avoir au Pérou, il ne paraît pas impossible que le ministère anglais se rapproche de nous.

Si l'on veut, monsieur le Comte, me laisser le temps de dérouler mon système à l'intérieur et à l'extérieur, on sera content. Aurait-on cru, l'année dernière, que la France était capable de faire la guerre seule avec la forme de son gouvernement, et pour ainsi dire encore en face de la révolution? Aurait-on cru, que cette année, nous aurions pu faire disparaître une opposition composée de cent onze membres dans la chambre des députés? Aurait-on cru que nous eussions été assez forts pour rendre la chambre élective septennale? On a fait beaucoup de mal à ce pays, et l'on ne peut pas se dissimuler que, pendant quatre ou cinq ans, l'Europe elle-même a appuyé, de toute sa puissance, le système déplorable que l'on suivait ici. Qui a donné le signal du péril? c'est moi; qui s'est exposé à toutes les persécutions pour sauver la France? c'est moi; qui, le premier, a fait ouvrir les yeux à l'opinion? c'est encore moi. Depuis que je suis au ministère, ai-je démenti mes doctrines? qu'on en juge par les immenses pas vers le bien qu'a faits la France depuis quinze mois. Mais si l'on veut tout précipiter; si, dans notre opposition dangereuse, vis-à-vis de l'Angleterre, on nous pousse mal à propos; si, comptant pour rien les obstacles que présentent nos intérêts nationaux et les formes de notre gouvernement, on nous pousse à des mesures intempestives, il arrivera que l'on brisera mon système, que l'on m'obligera à me retirer, que tout changera avec ma retraite.

Chateaubriand.

M. DE CHATEAUBRIAND A M. DE POLIGNAC.

Paris, ce 1ᵉʳ avril 1824.

Ma dépêche d'aujourd'hui, noble Prince, est intéressante. J'y veux ajouter quelques réflexions.

Sir W. A'Court a dit à M. Brunetti qu'il était très-mécontent de la réponse de M. Heredia. Il est certain que le cabinet de Madrid, refusant de traiter sur la base de l'indépendance des colonies, embarrasse beaucoup le cabinet anglais, qui ne se dissimule pas que le consentement à l'indépendance de la part de l'Espagne est d'un poids considérable dans cette affaire. D'un autre côté, les nouvelles du Mexique n'étant pas très-bonnes, je vous engage à en causer avec M. Canning, et à lui demander si ce refus de l'Espagne, et les troubles politiques de l'Amérique, ne modifieraient pas ses résolutions et ne l'engageraient pas à accepter la médiation, collectivement avec les alliés? Remarquez que l'Angleterre a déjà un peu reculé, qu'elle voulait d'abord traiter sur la base de l'indépendance pure et simple, et puis qu'elle ne propose plus cette indépendance que d'une manière hypothétique.

Qu'est-ce que M. Canning peut craindre en acceptant la médiation? à quoi cela l'engage-t-il? à rien du tout. Il est toujours libre de se refuser aux plans qui ne lui conviendraient pas, et il sait que de notre côté nous sommes bien plus près des idées de l'Angleterre que des théories impraticables des alliés. Ainsi, nous marcherions avec lui ou très-près de lui, et nous pourrions faire pencher la balance pour des choses possibles. Je crois que M. Canning a pris les choses trop haut. Il est à craindre qu'il ne se trouve engagé d'amour-propre à soutenir ce qu'il a dit; dans tous les cas, s'il revenait à l'idée de prendre part à la médiation, ce ne serait probablement que quand il serait débarrassé du parlement. Il est encore probable que le lieu des conférences serait un obstacle : il ne voudrait pas Paris; nous ne pouvons consentir à Londres. Resterait Madrid, mais en face du peuple espagnol et des intrigues de la cour de Ferdinand, la chose est presque impossible.

Causez donc, noble Prince, avec M. Canning; mais sans affectation, sans aucune nuance officielle, sans écrire mutuellement ce que vous aurez dit. Nous allons envoyer des consuls à Cuba et à Porto-Ricco, et nous approcher peu à peu du Mexique, en profitant du décret de Ferdinand : ne dites rien de ceci.

J'espère que vous commencez à voir clair dans nos idées sur les colonies, et à reconnaître les nécessités qui nous enchaînent de toutes parts.

CHATEAUBRIAND.

M. DE CHATEAUBRIAND A M. DE POLIGNAC.

Paris, le 10 mai 1824.

Je vous ai mandé que nous avions enfin l'amnistie pour l'Espagne. Cela couronne notre ouvrage, et c'est une importante nouvelle. M. Paez part enfin pour Londres. Il est venu me voir; nous avons causé. Je vous le recommande : il doit être, autant que vous le pourrez, sous votre protection et dans votre dépendance. Tâchez qu'il ne traite pas secrètement avec M. Canning de quelque arrangement préjudiciable à la France. Les Espagnols sont sujets à ces négociations mystérieuses; L'estafette qui arrivera ce soir de Madrid m'apportera la réponse du ministère espagnol à M. Canning. Je crois que l'Espagne refuse de traiter pour le Mexique sur la base de l'indépendance, et qu'elle demande itérativement la médiation de l'Angleterre et de toutes les puissances. C'est le moment d'insister auprès de M. Canning sur cette médiation. Rapprochez-vous de vos collègues et surtout de M. Liéven, qui se plaint de votre froideur; parlez tous à la fois de la médiation demandée par l'Espagne; dites à M. Canning qu'elle ne l'oblige à rien, ni nous non plus, qu'elle mettra l'Angleterre et nous à même de prendre le parti qui nous paraîtra le plus convenable. Laissez entendre que si le lieu de la négociation (Paris) était désagréable à l'Angleterre, on pourrait le transporter ailleurs, dans quelque ville neutre d'Allemagne. Je n'ai jamais désespéré de cette affaire, parce que la résistance passive de l'Espagne et du Continent avec l'Espagne contre l'indépendance complète des Amériques espagnoles, doit embarrasser beaucoup l'Angleterre. Vous savez que M. Canning, pour engager l'Espagne à reconnaître l'indépendance du Mexique, lui promettait de lui garantir la possession de Cuba et de Porto-Ricco.

Je vous prie, noble Prince, de donner pour moi à la société pour le *soulagement des gens de lettres* 40 livres sterling ; vous tirerez une égale somme sur moi.

CHATEAUBRIAND.

M. DE CHATEAUBRIAND A M. LE COMTE DE LA FERRONNAIS.

Paris, ce 19 mai 1824.

Vous verrez, monsieur le Comte, par mes dépêches, que les affaires vont mieux en Espagne. Nous avons enfin l'amnistie; mais il a fallu la circonstance du renouvellement du traité d'occupation, pour l'arracher; et, si nous n'avions pas posé cette alternative : *Point d'amnistie, point de renouvellement de traité*, nous n'eussions rien eu, et tout ce que les souverains auraient écrit et demandé, aurait été inutile. M. de Talaru, se trouvant dans une meilleure position que ses collègues pour agir, en a profité; et ce que nous avions si longtemps sollicité pour nos services, a été accordé à la crainte de nous voir partir.

Vous serez encore plus content de la réponse de M. Ofalia à la note de sir W. A'Court. Vous verrez que tous les droits de l'Espagne sont réservés, qu'elle se serre à ses amis du Continent, et qu'elle prie de nouveau l'Angleterre d'entrer elle-même dans la médiation. Elle ne pouvait faire une réponse plus digne et plus convenable.

Vous avez été un peu étonné de la différence des rapports que je vous ai transmis à Pétersbourg et de ceux qui arrivaient par l'Autriche. Les événements subséquents ont dû vous prouver que je vous avais dit la vérité. Tout marche à présent; le Parlement va finir, et alors j'ai toujours l'espérance d'amener l'Angleterre à écouter ses véritables intérêts. Dans tous les cas, le seul moyen de procéder, dans les circonstances difficiles où nous nous trouvions, était la patience et la longueur du temps : des mesures précipitées auraient tout perdu.

Il vient de se passer les scènes les plus affligeantes en Portugal. La France a encore eu le bonheur d'y jouer, par son ambassadeur, un rôle noble et généreux. J'ai craint, dans le premier moment, que le contre-coup de cet événement se fît sentir en Espagne. Le roi de Portugal est malheureux en famille : de pareilles scènes donnent beau jeu à ceux qui déclament contre les gouvernements absolus et les souverains légitimes.

CHATEAUBRIAND.

M. DE CHATEAUBRIAND A M. DE TALARU.

Paris, le 26 mai 1824.

Je ris aussi d'avoir cru que ce qui était fait le 1ᵉʳ à Madrid n'était pas fait le 12; mais vous êtes aussi amusant que moi, car vous me mandiez qu'il fallait que la chose *fût connue*, et moi, vous croyant sûr de votre affaire, j'ai fait publier l'amnistie. Heureusement cela n'a rien fait manquer, puisque M. Mortier me l'envoie du 19 : Dieu soit loué !

Vous ne pouvez vous faire une idée du dépit qu'ils ont qu'on leur ait caché l'amnistie. Ils disent qu'on a prouvé à l'Europe qu'on employait auprès du roi une *horrible coaction*. Les bonnes gens ! ils n'ont pas voulu sans doute agir sur le roi et contre nous ! ils n'ont pas changé son ministère! ils n'ont pas voulu la *coaction physique* de nos baïonnettes! Il m'est clair, d'après tout ce bruit, qu'ils ne voulaient pas au fond l'amnistie, et, qu'en outre de leur amour-propre blessé, il y a le mécontentement d'avoir vu promulguer un acte qui leur était peu agréable. Ils ne seront pas appuyés ici, parce que j'ai donné l'amnistie à la Conférence aussitôt que je l'ai eue : ils passeront pour des niais dans leurs cabinets, voilà tout. Il m'est démontré que, si vous aviez parlé, l'amnistie était suspendue, d'autant plus que ces messieurs lui reprochent de renfermer des articles qu'ils ne connaissaient pas. En dernier résultat, pourquoi être si malheureux qu'on ait obtenu l'*amnistie?* Est-ce un acte contre l'Alliance, contre l'Espagne? Et nous qui avons porté *isolément* tout le poids de la guerre, ne pouvions-nous *seuls* obtenir le couronnement de la paix? Au reste tout est fini, l'amnistie est publiée, et on n'en parle peut-être déjà plus à Madrid.

Il paraîtrait que vos collègues ont tenu une conférence sans vous sur l'affaire des colonies. Ne faites semblant de rien ; demandez toujours des renseignements et des papiers, et offrez toujours de parler tant qu'on voudra. Mais dites à M. Ofalia que, tandis qu'on parle beaucoup, nous agissons; que M. de Polignac a eu une longue conférence avec M. Canning sur les colonies à propos de la réponse de l'Espagne ; qu'il l'a pressé de nouveau d'accepter la médiation ; que M. Canning a toujours continué de la refuser, mais que M. de Polignac ne désespère de rien si l'Espagne se dépêche d'envoyer un ambassadeur en Angleterre.

Chateaubriand.

XVIII.

Quelques mots sur cette correspondance.

Ici finit la correspondance diplomatique. Je n'ai donné qu'un très-petit nombre des lettres de mes honorables amis; ils s'y montrent pleins d'habileté, de talent et de noblesse : ils auront pu voir que j'ai eu soin de retrancher scrupuleusement de ces lettres les détails que la discrétion commande de laisser dans l'ombre. Heureux les rois dont les intérêts sont confiés à de tels hommes!

Quant aux diplomates étrangers, quelle que soit l'opposition qu'ils nous ont faite, ils n'en sont pas moins des hommes de capacité et d'honneur. Les affaires étaient si compliquées qu'il était naturel de les voir autrement que nous ne les voyions. Par exemple, en Espagne, MM. Royez et Brunetti pouvaient très-bien croire, comme représentants de monarchies absolues, que le cabinet français inclinait trop aux idées libérales; ils devaient servir les intérêts de leurs gouvernements, qui n'étaient pas ceux du nôtre. Si par hasard ils avaient deviné notre politique (l'agrandissement dont nous espérions fortifier notre pays), leur devoir les obligeait à nous entraver davantage. Le même raisonnement s'applique à M. de Metternich : sur le champ de bataille, chacun cherche à remporter la victoire. Nous désirons qu'on use envers nous de la même impartialité : pourquoi n'en userait-on pas? Est-ce de la diplomatie du moment dont il s'agit? Non! c'est de la diplomatie historique; il s'agit d'une société qui n'est plus; nos Lettres et nos Dépêches sont des documents poudreux qui comptent déjà des siècles.

Reconnaissance à nos honorables et nobles amis de la chambre élective et de la chambre des pairs, qui voulaient comme nous la guerre d'Espagne : leur éloquente conviction passait de la tribune dans le public. Nous sommes également redevable à cette nombreuse partie de la droite des députés, attachée à M. de Villèle : voyant le président du conseil soutenir, par nécessité, avec clarté et logique, un sentiment dont pourtant il ne se sentait pas entraîné, elle se rangea à sa parole, et forma cette majorité compacte sans laquelle nous n'aurions pu agir. Enfin nous nous félicitons de la bienveillance particulière que nous montrèrent les orateurs de la gauche, tout en s'élevant contre notre système. M. le duc de Rauzan, nommé directeur des affaires politiques, pour tenir lieu d'un de ces sous-secrétaires d'état qui devraient exister dans les départements ministériels, seconda nos travaux et montra ce jugement rassis, qualité essentielle du diplomate.

On le voit, nous avons à cœur d'être juste : nous voulons qu'adversaires et amis soient satisfaits. Notre ouvrage y gagnera, car le premier ornement du langage est l'équité. Nous qui, après le reflux de la monarchie, sommes restés à sec comme les lais et les relais de la mer, quel retentissement pourraient avoir nos murmures sur les plages désertes d'un océan retiré, vers lequel nous tournons en vain des yeux surpris et une oreille attentive? Les trois quarts d'entre nous ont déjà payé leur tribut à la Mort, personnage fatal et inconnu : comme Charles Ier, il faut nous réconcilier, avant de rencontrer le Masque armé qui attend chaque homme au bout de sa vie.

XIX.

Septennalité. — Bruits divers. — Mon caractère.

Les dates des lettres ci-dessus approchent du moment où notre destinée allait encore changer. Si voisin d'un succès complet, nous touchions à un autre dénoûment. La nouvelle péripétie arriva sans nous étonner; nous avions l'habitude des fragilités de la fortune. La guerre d'Espagne est le grand événement de notre carrière politique, de même qu'elle fut la principale affaire de la Restauration.

Le moment de la discussion des lois était venu : nous parlâmes sur le budget des affaires étrangères; nous avançâmes deux choses : que la multiplicité des emplois remplaçait les largesses monastiques en France, et la taxe des pauvres en Angleterre; cette manière de donner étant seulement plus honnête : que le temps des ambassadeurs était passé, et celui des consulats revenu; conséquemment les ambassadeurs doivent être diminués de nombre, les consuls multipliés et mieux rétribués.

La septennalité fut notre œuvre; mais nous la voulions avec le changement d'âge. Admettre des députés de quarante ans pour une période septennaire, dans une chambre renouvelée intégralement, c'était despotisme de ministres et radotage de Gérontes. Nous soutînmes deux fois notre opinion contre M. de Villèle. Il eût été plus régulier de n'établir la septennalité qu'après la dissolution du corps nommé dans un autre système; il eût encore mieux valu se borner à la quinquennalité; mais la considération de ce qui était arrivé relativement à la chambre des Communes en Angleterre; la presque certitude qu'une chambre est congédiée avant l'expiration de sa vie légale; la preuve acquise qu'on va toujours trop vite en France, qu'on ne se donne jamais le temps de voir jouer une machine politique, d'en perfectionner les mouvements, fixèrent l'opinion du Conseil. M. de Villèle nous promit d'ailleurs d'abaisser l'âge, après l'essai d'une nouvelle législature.

Avant de passer à la loi, motif ou plutôt prétexte de notre renvoi, il faut dire quelques mots des bruits répandus.

On a dit qu'il y avait eu des propos et des intrigues autour de nous, qu'on inquiétait M. de Villèle : nous l'ignorons. Nous ne ferions aucune difficulté d'avouer aujourd'hui notre ambition : que nous voulussions être président du conseil, rien là-dedans n'eût été extraordinaire. Mais il n'en était pas ainsi ; des hommes communs nous avaient jugé d'après les opinions communes : nous étions au-dessus ou au-dessous de ce qu'ils regardaient comme la grandeur.

M. de Villèle n'était pas aimé ; le vulgaire nous supposait son rival. Des membres des deux chambres tenaient vraisemblablement des propos inconvenants ; une officieuse courtisanerie les reportait à l'hôtel des finances.

La chatte du milieu de l'arbre venait nous raconter aussi, à nous, aigle ou laie, qu'on nous allait chasser ; que M. de Villèle ne voulait plus de nous ; que M. de Corbière avait juré notre perte. Ces rapports ne nous faisaient garder ni notre aire ni notre bauge ; nous laissions notre gîte au premier occupant. Le chancelier Séguier était

tout revenu en nous : « Il fut si mauvais courti-
» san, qu'il demanda à la reine ce qu'il avait à
» faire, et la reine lui ayant dit qu'il se reposât,
» et qu'il ne se donnât pas la peine de venir au
» Palais-Royal, il accepta ce parti, et y alla si
» peu, que bientôt après il n'y alla point du
» tout. »

Cependant, un matin qu'on était accouru nous répéter que M. de Villèle nous trompait, qu'il ne parlait secrètement de nous qu'avec envie et l'écume à la bouche, importuné de ces rumeurs, nous allâmes chez M. de Villèle; nous lui fîmes part des propos du jour; nous lui protestâmes ne pas croire un mot de ce qu'on nous disait de lui ; nous lui déclarâmes que nous ne désirions nullement sa place; que si elle nous était offerte nous la refuserions.

Quoi qu'il en soit, nous aurions résisté aux attaques, en consentant à donner une opinion publique propre à décider la conversion de la rente : nous étions bon garçon et travailleur; nous rendions quelque service; nous ne demandions rien ; mais il aurait fallu parler.

XX.

Conversion de la rente. — Mon opinion et ma résolution. — Inhabileté. — Hommes des pouvoirs. — M. de Corbière.

La mesure de la conversion de la rente était hâtive : en général toute diminution de l'intérêt d'un capital est une banqueroute. Nous nous entendons en finances; nous le disons parce que c'est une aptitude dont nous n'avons cure. Nous pensons qu'en France on fera toujours banqueroute sans produire une révolution. Notre histoire, depuis François Ier jusqu'à nous, est là pour confirmer la vérité de l'assertion. Cette facilité de manquer à ses engagements, ne nous fait pas cependant prendre notre parti sur les réductions. Si, au moment des emprunts, vous déclariez qu'à une certaine cote ascendante il vous sera libre de baisser le chiffre de l'intérêt, celui qui vous confierait son argent serait averti; autrement vous l'égorgez pour le remercier de vous avoir ouvert sa bourse.

Le cours du 5 p. %, au commencement de 1824, était à 93; il ne s'éleva au-dessus du pair qu'avec l'assistance des banquiers de l'Europe, par l'appât d'un gain forcé. En 1825, sur 140 millions de rentes 5 p. %, on parvint à en réduire 30,374,116 f. en 3 p. %.

Toutes ces opérations d'agiotage sont fondées sur une erreur : quand on dit que le gouvernement *emprunte,* on dit mal : le gouvernement *n'emprunte pas de fonds; il vend des rentes.* Ces rentes augmentent-elles de valeur sur la place, comme marchandises, tant mieux pour moi. Diminuent-elles de valeur vénale, tant pis pour moi. En achetant, je suis entré dans le commerce; je me suis décidé à courir les chances de la bonne ou de la mauvaise fortune.

Mais vous, vendeur, si vous avez le droit de m'enlever mon gain licite, c'est-à-dire le droit de me rembourser au taux de ma première mise, lorsque les rentes en hausse ont accru mon capital, moi, acheteur, j'ai aussi le droit d'exiger de vous le remboursement intégral de ma première mise, lorsque les rentes sont en baisse, c'est-à-dire, lorsque mon capital est diminué : autrement, vous m'avez rendu victime d'un marché frauduleux, vous qui me remboursez ou ne me remboursez pas selon votre intérêt, parce que vous êtes le plus fort et que je n'ai aucun recours contre vous. D'ailleurs, quand vous dites que vous me remboursez, c'est une fiction; si tous les rentiers vous demandaient à la fois leurs fonds, comment pourriez-vous les leur rendre?

Si l'Angleterre n'a pas senti, ou si elle a méprisé cette improbité, c'est que l'Angleterre est un pays de papier, d'industrie générale, de pari universel. La fortune britannique tourne incessamment dans diverses roues; ce qu'on perd d'un côté on le gagne de l'autre. En France, il n'en est pas de la sorte; celui qui a acheté de la rente ne joue pas, auprès de ce jeu-là, un autre jeu. La propriété, parmi nous, tient encore de la stabilité de la terre dont elle est née.

Nous étions donc, en général, contre le principe de la conversion ou du remboursement. Cependant, bien qu'instruit en finances mieux que les trois quarts de nos collègues (ce qu'au reste M. de Villèle apercevait), nous aurions, faute de confiance dans nos lumières, prêté le secours de notre voix à la majorité du Conseil, n'eût un obstacle achevé de nous retenir.

Nous ignorions les conditions du traité entre M. de Villèle et M. Rothschild : M. de Villèle n'en communiqua les articles particuliers qu'à M. de Corbière. Comment aurions-nous pu parler en faveur d'une mesure sur laquelle nous ne pouvions avoir d'idée arrêtée?

Nous commîmes alors une grande faute, la faute de ne pas insister sur des éclaircissements. Nous avons une invincible répugnance aux explications; nous restons barricadé derrière un silence hébété ressemblant à une bouderie. D'un autre côté, nous craignions, en nous expliquant au Conseil, de faire avorter la mesure dans le Conseil même. Ces syndérèses de conscience, ce temps sans conscience ne les comprendra guère; mais, encore une fois, nous croyions, et nous avions raison de le croire, M. de Villèle, supérieur en finances, et nous lui étions dévoué. De cette conviction et de ce dévouement, nous en vînmes à la détermination qui semblait arranger tout, nos scrupules et notre confiance dans les lumières de notre collègue : ne point parler comme *homme*, voter affirmativement comme *ministre*.

En pesant à cette heure le pour et le contre, en balançant les avantages et les désavantages de notre résolution, notre rectitude dans une chose secondaire nous paraît avoir été une inhabileté. Nous étions entouré d'ennemis, contre lesquels notre insouciance et notre franchise nous laissaient sans défense; nous poussions trop loin le mépris des petites gens. M. de Villèle avait pour s'ennuyer une intrépidité dont nous étions incapable; souvent, lorsque nous nous trouvions chez lui, on venait lui annoncer la visite d'un importun : « Ah! mon Dieu! » s'écriait-il, avec un grand soupir, et il accueillait en souriant le fâcheux : nous nous enfuyions.

Ces hommes qui fréquentent tous les pouvoirs, qui sont vertueusement les *hommes du pays* à la barbe du pays, ces admirateurs de louage, lesquels, éperdus, nous venaient dire qu'on n'avait jamais vu sous le soleil un Mécène tel que nous, se réservant de nous proclamer, à notre chute, le plus pauvre des humains; ces hommes nous étaient abominables : les Catons, qui sous l'apparence de l'impartialité et de l'attachement, nous sermonnaient à l'endroit de nos fautes, nous étaient odieux; ils nous plaçaient au point de vue commun, et prenaient pour des erreurs les choses dont ils ne pouvaient être juges. De sorte qu'aux sycophantes et aux amis, nous devions paraître un phénomène d'ingratitude et d'orgueil.

XXI.

La conversion de la rente rejetée à la Chambre des Pairs. — M. le comte Mollien, M. le comte Roy, M. le duc de Crillon, M. l'archevêque de Paris. — Je vote en faveur de la loi. — La septennalité à la Chambre élective; M. de Corbière ne me laisse pas parler.

Le jour de la clôture de la discussion du projet de finances à la chambre héréditaire était arrivé; la loi sur la septennalité avait passé dans cette chambre, comme la loi sur les finances avait été votée à la chambre élective. Louis XVIII (nous le vîmes le matin avant d'aller au Luxembourg) nous fit, d'une manière affectée, l'éloge d'un discours prononcé en faveur de la réduction des rentes. Nous n'en persistâmes pas moins dans notre dessein de mutisme : quelque chien sans doute nous avait mordu. Cela dut paraître d'autant plus mal au roi, qu'on assurait la retraite de M. de Villèle certaine dans le cas où la loi serait repoussée : nous savions le contraire, mais nous n'en avions pas moins l'air, en refusant notre parole, de travailler au renversement du président du conseil. Nous nous rendîmes, le jeudi 3 juin, à ce palais de la veuve d'Henri IV, témoin de tant d'événements et qui devait en voir tant d'autres. Le comte Mollien présentait un amendement; il consistait à substituer, à une conversion en rente à 3 p. %, une conversion en rente à 3 et à 4. M. Mollien est un homme de bonnes manières et versé dans les matières de finances; il avait jadis connu mon frère; j'étais enclin à lui souhaiter bonheur. Toutefois son projet n'était pas admissible; c'était ôter à la loi sa simplicité : cela ne pouvait raisonnablement entrer dans l'esprit juste de l'ancien ministre du trésor, mais cela plaisait au défenseur de l'amendement.

M. le comte Roy avait proposé de remplacer les rentes à 5 p. % par des rentes à 4 1/2 p. % : la conversion alors n'en valait pas la peine; on avait écouté avec respect un homme qui s'était créé douze cent mille livres de rentes.

M. le duc de Crillon reproduisit l'amendement de ce préopinant.

Alors M. de Villèle, avant qu'on allât aux voix sur le premier paragraphe de la loi (paragraphe qui contenait la loi entière), expliqua les desseins bienveillants du gouvernement relatifs aux rentiers au-dessous de 1,000 fr. : il répondait indirectement à M. l'archevêque de Paris. Ce prélat peut justement passer pour avoir le plus ébranlé la loi, lorsqu'il se prononça contre la conversion, par un esprit de commisération chrétienne en faveur des rentiers et de la ville de Paris : il leur sauva à peu près douze millions de rentes.

Le premier paragraphe de la loi voté au scrutin et rejeté à la majorité de 120 voix contre 105, la loi fut perdue.

Nous votâmes en faveur de cette loi. Aussitôt le résultat prononcé, nous nous approchâmes de M. de Villèle et nous lui dîmes : « Si vous vous retirez, nous sommes prêt à vous suivre. » M. de Villèle, pour toute réponse, nous honora d'un regard que nous voyons encore. Ce regard ne nous fit aucune impression ; il nous était tout un de rester avec nos collègues, de nous en aller avec eux ou de partir seul.

Le lendemain vendredi 4 juin, il y eut assemblée de commerce chez M. de Villèle; M. de Corbière ne s'y trouva pas ; le président du conseil nous parut de sang-froid comme à l'ordinaire, discuta sans préoccupation et avec lucidité.

Que faisait M. de Corbière absent? mon secrétaire rencontra sur le boulevard M. de Rothschild; celui-ci lui demanda si nous comptions parler sur la septennalité; le secrétaire répondit : « Sans doute. » Le maître des Rois repartit : « Il faut savoir si on lui en laissera le temps. »

La septennalité fut débattue, le samedi 5, à la chambre élective. M. de Labourdonnais parla contre la loi. Nous fîmes un signe au président, M. Ravez, dans le dessein de monter à la tribune : il était probable que nous eussions eu quelque succès; notre renvoi immédiat devenait alors impossible. M. de Corbière se leva, requit d'être entendu le premier sur une loi ressortissant de son ministère; il nous dit : « Vous parlerez après. » Nous trouvâmes cela tout simple; nous cédâmes notre rang. Il n'y a pas d'apprenti en politique qui ne nous jouât sous jambe. Nous ne sommes cependant pas de ces capacités supérieures, enfants et génies à la fois : bon homme sans bonhommie, nous voyons qu'on nous attrape et nous nous laissons attraper : il est plus commode d'être dupe que de s'évertuer à ne pas l'être.

M. de Corbière battit la campagne pour gagner l'heure où la chambre a coutume de se retirer : interrompu par M. de Labourdonnais et par M. Casimir Périer, il répondit longuement. Quand il se tut après une heure cinquante-trois minutes d'éloquence, M. de Girardin emporta la tribune d'assaut, parla de tout, excepté de la septennalité : comme il n'est pas d'usage qu'on entende de suite deux ministres, nous le laissâmes faire. Six heures sonnèrent; les députés désertèrent leurs banquettes; la séance fut levée et la discussion remise au lundi suivant.

Plusieurs amis nous vinrent voir dans la soirée; ils nous grondèrent de n'avoir pas gardé la parole. Ils n'étaient pas sans inquiétude. Nous leur répondîmes : « Nous renvoyer demain? tout à l'heure si l'on veut! » et nous allâmes nous coucher. Craindre pour une place ou la pleurer est une maladie dont nous serions honteux comme d'une gale.

XXII.

Pentecôte. — Je suis chassé.

Le 6 au matin, nous ne dormions pas; l'aube murmurait dans le petit jardin; les oiseaux gazouillaient : nous entendîmes l'aurore se lever; une hirondelle tomba par notre cheminée dans notre chambre; nous lui ouvrîmes la fenêtre : si nous avions pu nous envoler avec elle! Les cloches annoncèrent la solennité de la Pentecôte; jour mémorable dans notre vie : ce même jour, nous avions été relevé à sept ans des vœux d'une pauvre femme chrétienne; après tant d'anniversaires ce jour nous rendait à notre obscurité première; de là il s'en allait nous attendre au palais des rois de Bohême où nous devions saluer ce Charles X exilé, à qui l'on ne nous permit pas, en 1824, de chanter aux Tuileries l'hymne des félicitations.

A dix heures et demie, nous nous rendîmes au château. Nous voulûmes d'abord faire notre cour à Monsieur. Le premier salon du pavillon Marsan était à peu près vide : quelques personnes entrèrent successivement et semblaient embarrassées. Un aide de camp de Monsieur nous dit : « Monsieur le Vicomte, je n'espérais pas vous rencontrer ici : n'avez-vous rien reçu? Nous lui répondîmes : « Non, que pouvions-nous recevoir? » Il répliqua : « J'ai peur que vous ne le sachiez bientôt. » Là-dessus, comme on ne nous introduisit point chez Monsieur, nous allâmes ouïr la musique à la chapelle.

Nous étions tout occupé des beaux motets de la fête, lorsqu'un huissier vint nous dire qu'on nous demandait. Nous suivîmes l'huissier, il nous conduit à la salle des Maréchaux. Nous y trouvons notre secrétaire, Hyacinthe Pilorge; il nous remet cette lettre et cette ordonnance, en nous disant : « Monsieur n'est plus ministre. » M. le duc de Rauzan, directeur des affaires politiques, avait ouvert le paquet pendant notre absence et n'avait osé nous l'apporter.

« Monsieur le Vicomte,

» J'obéis aux ordres du roi en transmettant de
» suite à Votre Excellence une ordonnance que
» Sa Majesté vient de rendre.
» J'ai l'honneur d'être, etc.

» Le président du conseil des ministres,
» *Signé* : J. DE VILLÈLE. »

« Louis, par la grâce de Dieu, etc.
» Nous avons ordonné et ordonnons ce qui suit :
» Le sieur comte de Villèle, président de notre
» conseil des ministres et ministre secrétaire d'état
» au département des finances, est chargé *par in-*
» *térim* du portefeuille des affaires étrangères en
» remplacement du sieur vicomte de Chateau-
» briand.
» Le président de notre conseil des ministres
» est chargé de l'exécution de la présente ordon-
» nance, qui sera insérée au Bulletin des lois.
» Donné à Paris en notre château des Tuile-

» ries, le 6 juin de l'an de grâce 1824, et de notre
» règne le vingt-neuvième.

» *Signé :* Louis.

» Par le roi :

» Le président du conseil des ministres,

» *Signé :* J. de Villèle.

» Pour ampliation :

» Le président du conseil des ministres,

» *Signé :* J. de Villèle. »

Nous remontâmes dans notre voiture avec Hyacinthe; nous étions fort gai, quoique au fond mortellement blessé, du ton de la lettre et de la manière dont nous étions *chassé*.

Deux heures après notre déménagement était fini : nous étant toujours regardé en hôtel garni à l'hôtel des affaires étrangères, nous n'avions que notre mouchoir de nuit et notre manteau à remporter. Nous répondîmes à la lettre de M. le président du conseil par ce billet devenu public.

« Paris, 6 juin 1824.

» Monsieur le Comte,

» J'ai reçu la lettre que vous avez bien voulu
» m'écrire contenant l'ordonnance du roi, datée

» de ce matin, 6 juin, qui vous confie le portefeuille
» des affaires étrangères. J'ai l'honneur de vous pré-
» venir que j'ai quitté l'hôtel du ministère et que
» le département est à vos ordres.

» Je suis avec une haute considération, etc.

» Chateaubriand. »

Nous reçûmes bientôt de M. de Villèle cette autre lettre ; elle terminait tout, et prouvait à notre grande simplicité que nous n'avions rien pris de ce qui rend un homme respecté et respectable.

« Paris, 16 juin 1824.

» Monsieur le Vicomte,

» Je me suis empressé de soumettre à Sa Majesté
» l'ordonnance par laquelle il vous est accordé
» décharge pleine et entière des sommes que vous
» avez reçues du Trésor royal, pour dépenses se-
» crètes, pendant tout le temps de votre ministère.

» Le roi a approuvé toutes les dispositions de
» cette ordonnance que j'ai l'honneur de vous
» transmettre ci-jointe en original.

» Agréez, monsieur le Vicomte, etc.

» *Signé* : J. de Villèle. »

Notre chute fit grand bruit. Ceux qui s'en montraient les plus satisfaits en blâmaient la forme.

Nous avons appris depuis que M. de Villèle hésita; il avait le pressentiment de divisions futures. M. de Corbière décida la question : « S'il entre par une porte au conseil, dut-il dire, je sors par l'autre. » On me laissa sortir. Il était tout simple qu'on nous préférât M. de Corbière. Nous ne lui en voulons pas : nous l'importunions ; il nous a fait chasser ; il a bien fait.

XXIII.

L'opposition me suit.

Le lendemain de notre renvoi et les jours d'après, on lut dans le *Journal des Débats* ce paragraphe si remarquable et si honorable pour MM. Bertin :

« C'est pour la seconde fois que M. de Chateau-
» briand subit l'épreuve d'une destitution solen-
» nelle.

» Il fut destitué en 1816, comme ministre d'é-
» tat, pour avoir attaqué, dans son immortel ou-
» vrage de la *Monarchie selon la Charte*, la fameuse
» ordonnance du 5 septembre, qui prononçait la
» dissolution de la chambre introuvable de 1815.
» MM. de Villèle et Corbière étaient alors de sim-
» ples députés, chefs de l'opposition royaliste, et
» c'est pour avoir embrassé leur défense que M. de
» Chateaubriand devint la victime de la colère
» ministérielle.

» En 1824, M. de Chateaubriand est encore des-
» titué, et c'est par MM. de Villèle et Corbière,
» devenus ministres, qu'il est sacrifié. Chose sin-
» gulière! en 1816, il fut puni d'avoir parlé; en
» 1824, on le punit de s'être tu; son crime est
» d'avoir gardé le silence dans la discussion sur
» la loi des rentes. Toutes les disgrâces ne sont pas
» des malheurs; l'opinion publique, juge suprê-
» me, nous apprendra dans quelle classe il faut
» placer celle de M. de Chateaubriand; elle nous
» apprendra aussi à qui l'ordonnance de ce jour
» aura été le plus fatale, ou du vainqueur ou du
» vaincu.

» Qui nous eût dit, à l'ouverture de la session,
» que nous gâterions ainsi tous les résultats de
» l'entreprise d'Espagne? Que nous fallait-il cette
» année? Rien que la loi sur la septennalité (mais
» la loi complète) et le budget. Les affaires de
» l'Espagne, de l'Orient et des Amériques, con-
» duites comme elles l'étaient, prudemment et en

» silence, seraient éclaircies; le plus bel avenir
» était devant nous ; on a voulu cueillir un fruit
» vert; il n'est pas tombé, et on a cru remédier à
» de la précipitation par de la violence.

» La colère et l'envie sont de mauvais conseil-
» lers; ce n'est pas avec les passions et en mar-
» chant par saccades que l'on conduit des états.

» *P-S.* La loi sur la septennalité a passé, ce
» soir, à la chambre des députés. On peut dire
» que les doctrines de M. de Chateaubriand triom-
» phent après sa sortie du ministère. Cette loi,
» qu'il avait conçue depuis longtemps, comme
» complément de nos institutions, marquera à ja-
» mais, avec la guerre d'Espagne, son passage
» dans les affaires. On regrette bien vivement que
» M. de Corbière ait enlevé la parole, samedi, à
» celui qui était alors son illustre collègue. La
» chambre des députés aurait au moins entendu
» le chant du cygne.

» Quant à nous, c'est avec le plus vif regret que
» nous rentrons dans une carrière de combats,
» dont nous espérions être à jamais sortis par l'u-
» nion des royalistes ; mais l'honneur, la fidélité po-
» litique, le bien de la France, ne nous ont pas
» permis d'hésiter sur le parti que nous devions
» prendre. »

Le signal de la réaction fut ainsi donné. M. de Villèle n'en fut pas d'abord trop alarmé; il ignorait la force des opinions. Plusieurs années furent nécessaires pour l'abattre, mais enfin il tomba.

XXIV.

Derniers billets diplomatiques.

Ces derniers billets ferment notre correspondance.

M. DE CHATEAUBRIAND A M. DE TALARU.

Paris, le 9 juin 1824.

Je ne suis plus ministre, mon cher ami; on prétend que vous l'êtes. Quand je vous obtins l'ambassade de Madrid, je dis à plusieurs personnes qui s'en souviennent encore : « Je viens de nommer mon successeur. » Je désire avoir été prophète. C'est M. de Villèle qui a le portefeuille par intérim.

CHATEAUBRIAND.

M. DE CHATEAUBRIAND A M. DE RAYNEVAL.

Paris, le 16 juin 1824.

J'ai fini, Monsieur ; j'espère que vous en avez encore pour longtemps. J'ai tâché que vous n'eussiez pas à vous plaindre de moi.

Il est possible que je me retire à Neufchâtel, en Suisse ; si cela arrive, demandez pour moi d'avance à S. M. prussienne sa protection et ses bontés : offrez mon hommage au comte de Bernstorff, mes amitiés à M. Ancillon et mes compliments à tous vos secrétaires. Vous, Monsieur, je vous prie de croire à mon dévouement et à mon attachement très-sincère.

CHATEAUBRIAND.

M. DE CHATEAUBRIAND A M. DE CARAMAN.

Paris, 22 juin 1824.

J'ai reçu, monsieur le Marquis, vos lettres du 11 de ce mois. D'autres que moi vous apprendront la route que vous aurez à suivre désormais; si elle est conforme à ce que vous avez entendu, elle vous mènera loin. Il est probable que ma destitution fera grand plaisir à M. de Metternich pendant une quinzaine de jours. Recevez, monsieur le Marquis, mes adieux et la nouvelle assurance de mon dévouement et de ma haute considération.

CHATEAUBRIAND.

M. DE CHATEAUBRIAND A M. HYDE DE NEUVILLE.

Paris, le 22 juin 1824.

Vous aurez sans doute appris ma destitution. Il ne me reste qu'à vous dire combien j'étais heureux d'avoir avec vous des relations que l'on vient de briser. Continuez, Monsieur et ancien ami, à rendre des services à votre pays, mais ne comptez pas trop sur la reconnaissance ; et ne croyez pas que vos succès soient une raison pour vous maintenir au poste où vous faites tant d'honneur. Je vous souhaite, Monsieur, tout le bonheur que vous méritez, et je vous embrasse.

P.-S. Je reçois à l'instant votre lettre du 5 de ce mois, où vous m'apprenez l'arrivée de M. de Mérona. Je vous remercie de votre bonne amitié; soyez sûr que je n'ai cherché que cela dans vos lettres.

CHATEAUBRIAND.

M. DE CHATEAUBRIAND A M. LE COMTE DE SERRE.

Paris, le 23 juin 1824.

Ma destitution vous aura prouvé, monsieur le Comte, mon impuissance à vous servir; il ne me reste qu'à faire des souhaits pour vous voir où vos talents vous appellent. Je me retire, heureux d'avoir contribué à rendre à la France son indépendance militaire et politique, et d'avoir introduit la septennalité dans son système électoral; elle n'est pas telle que je l'aurais voulue; le changement d'âge en était une conséquence nécessaire; mais enfin le principe est posé; le temps fera le reste, si toutefois il ne défait pas. J'ose me flatter, monsieur le Comte, que vous n'avez pas eu à vous plaindre de nos relations; et moi je me félicilerai toujours d'avoir rencontré dans les affaires un homme de votre mérite.

Recevez, avec mes adieux, etc.

CHATEAUBRIAND.

M. DE CHATEAUBRIAND A M. DE LA FERRONNAIS.

Paris, ce 16 juin 1824.

Si par hasard vous étiez encore à Saint-Pétersbourg, monsieur le Comte, je ne veux pas terminer notre correspondance sans vous dire toute l'estime et toute l'amitié que vous m'avez inspirées; portez-vous bien; soyez plus heureux que moi, et croyez que vous me retrouverez dans toutes les circonstances de la vie. J'écris un mot à l'empereur.

CHATEAUBRIAND.

La réponse à cet adieu m'arriva dans les premiers jours d'août. M. de La Ferronnais avait consenti aux fonctions d'ambassadeur sous mon ministère; plus tard je devins à mon tour ambassadeur sous le ministère de M. de La Ferronnais : ni l'un ni l'autre n'avons cru monter ou descendre. Compatriotes et amis, nous nous sommes rendus mutuellement justice. M. de La Ferronnais a supporté les plus rudes épreuves sans se plaindre ; il est resté fidéle à ses souffrances et à sa noble pauvreté. Après ma chute, il a agi pour moi à Pétersbourg comme j'aurais agi pour lui : un honnête homme est toujours sûr d'être compris d'un honnête homme. Je suis heureux de produire ce touchant témoignage du courage, de la loyauté et de l'élévation d'âme de M. de La Ferronnais. Au moment où je reçus ce billet, il me fut une compensation très-supérieure aux faveurs capricieuses et banales de la fortune. Ici seulement, pour la première fois, je crois devoir violer le secret honorable que me recommandait l'amitié.

M. DE LA FERRONNAIS A M. DE CHATEAUBRIAND.

Saint-Pétersbourg, le 4 juillet 1824.

Le courrier russe arrivé avant-hier m'a remis votre petite lettre du 16; elle devient pour moi une des plus précieuses de toutes celles que j'ai eu le bonheur de recevoir de vous ; je la conserve comme un titre dont je m'honore, et j'ai la ferme espérance et l'intime conviction que bientôt je pourrai vous le présenter dans des circonstances moins tristes. J'imiterai, monsieur le Vicomte, l'exemple que vous me donnez, et ne me permettrai aucune réflexion sur l'événement qui vient de rompre d'une manière si brusque et si peu attendue les rapports que le service établissait entre vous et moi; la nature même de ces rapports, la confiance dont vous m'honoriez, enfin des considérations bien plus graves, puisqu'elles ne sont pas exclusivement personnelles, vous expliqueront assez les motifs et toute l'étendue de mes regrets. Ce qui vient de se passer reste encore pour moi entièrement inexplicable; j'en ignore absolument les causes, mais j'en vois les effets; ils étaient si faciles, si naturels à prévoir, que je suis étonné que l'on ait si peu craint de les braver. Je connais trop cependant la noblesse des sentiments qui vous animent, et la pureté de votre patriotisme, pour n'être pas bien sûr que vous approuverez la conduite que j'ai cru devoir suivre dans cette circonstance; elle m'était commandée par mon devoir, par mon amour pour mon pays, et même par l'intérêt de votre gloire; et vous êtes trop Français pour accepter, dans la situation où vous vous trouvez, la protection et l'appui des étrangers; vous avez pour jamais acquis la confiance et l'estime de l'Europe; mais c'est la France que vous servez, c'est à elle seule que vous appartenez; elle peut être injuste, mais ni vous, ni vos véritables amis ne souffriront jamais que l'on rende votre cause moins pure et moins belle en confiant sa défense à des voix étrangères. J'ai donc fait taire toute espèce de sentiments et de considérations particulières devant l'intérêt général; j'ai prévenu des démarches dont le premier effet devait être de susciter parmi nous des divisions dangereuses, et de porter atteinte à la dignité du trône. C'est le dernier service que j'aie rendu ici avant mon départ; vous seul, monsieur le Vicomte, en aurez la connaissance; la confidence vous en était due, et je connais trop la noblesse de votre caractère pour n'être pas bien sûr que vous me garderez le secret, et que vous trouverez ma conduite, dans cette circonstance, conforme aux sentiments que vous avez le droit d'exiger de ceux que vous honorez de votre estime et de votre amitié.

Adieu, monsieur le vicomte : si les rapports que j'ai eu le bonheur d'avoir avec vous ont pu vous donner une idée juste de mon caractère, vous devez savoir que ce ne sont point les changements de situation qui peuvent influencer mes sentiments, et vous ne douterez jamais de l'attachement et du dévouement de celui qui, dans les circonstances actuelles, s'estime le plus heureux des hommes d'être placé par l'opinion au nombre de vos amis.

La Ferronnais.

MM. de Fontenay et de Pontcarré sentent vivement le prix du souvenir que vous voulez bien leur conserver : témoins, ainsi que moi, de l'accroissement de considération que la France avait acquis depuis votre entrée au ministère, il est tout simple qu'ils partagent mes sentiments et mes regrets.

XXV.

Examen d'un reproche.

Puisque nous avons été conduit naturellement par l'affaire d'Espagne jusqu'au récit de notre expulsion du ministère; puisque notre pensée s'est tournée vers le passé; puisque des souvenirs pénibles se sont présentés à notre mémoire, nous sera-t-il permis d'examiner un reproche, à nous souvent adressé, le reproche d'avoir contribué à la chute de la monarchie légitime? Ayant enseveli dans nos *mémoires* ce que nous avons cru devoir taire de notre vivant, nous aurions pourtant regret de nous en aller sans nous être expliqué sur une accusation grave : nous nous soulagerons d'un fardeau inutile à porter.

Les événements arrivés sous le ministère dont nous avons fait partie ont une importance qui le lie à la fortune commune de la France : il n'y a pas un Français dont le sort n'ait été atteint du bien que nous pouvons avoir fait, du mal que nous avons subi. Par des affinités bizarres et inexplicables, par des rapports secrets qui entrelacent quelquefois de hautes destinées à des destinées vulgaires, les Bourbons ont prospéré tant qu'ils ont daigné nous écouter, quoique nous soyons loin de croire avec le poëte, que notre *éloquence ait fait l'aumône à la royauté*. Sitôt qu'on a cru devoir briser le roseau qui croissait au pied du trône, la couronne a penché, et bientôt elle est tombée : souvent en arrachant un brin d'herbe on fait crouler une grande ruine.

Ces faits incontestables, on les expliquera comme on voudra; s'ils donnent à notre carrière politique une valeur relative qu'elle n'a pas d'elle-même, nous n'en tirons point vanité; nous ne ressentons point une mauvaise joie du hasard qui mêle notre nom d'un jour aux événements des siècles. Quelle qu'ait été la variété des accidents de notre course aventureuse; où que les noms et les faits nous aient promené, le dernier horizon du tableau est toujours menaçant et triste.

> . . . . Juga cœpta moveri
> Silvarum, visæque canes ululare per umbram.

Mais si la scène a changé d'une manière déplorable, nous ne devons, dit-on, accuser que nous-même : pour venger ce qui nous a semblé notre injure, nous avons tout divisé, et cette division a produit en dernier résultat le renversement du trône. Voyons.

M. de Villèle a déclaré qu'on ne pouvait gouverner ni avec nous, ni sans nous. Avec nous c'était une erreur; sans nous, à l'heure où M. de Villèle disait cela, il disait vrai, car les opinions les plus diverses nous composaient une majorité.

M. le président du conseil ne nous a jamais connu. Nous lui étions sincèrement attaché; nous l'avions fait entrer dans son premier ministère, ainsi que le prouve un billet de remerciements de M. le duc de Richelieu, que nous possédons encore. Nous avions donné notre démission de plénipotentiaire à Berlin, lorsque M. de Villèle s'était retiré. On lui a persuadé qu'à sa seconde rentrée dans les affaires nous désirions la place qu'il occupait; nous n'avions point ce désir. Nous ne sommes point de la race intrépide, sourde à la voix du dévouement et de la raison. La vérité est que nous n'avons aucune ambition; c'est précisément la passion qui nous manque, parce que nous en avons une autre dominatrice. Lorsque nous priions M. de Villèle de porter au roi quelque dépêche importante, pour nous éviter la peine d'aller au château, afin de nous laisser le loisir de visiter une chapelle gothique dans la rue Saint-Julien-le-Vieux, il aurait été bien rassuré contre notre ambition, eût-il mieux jugé de notre candeur puérile, ou de la hauteur de nos dédains.

Rien ne nous agréait dans la vie positive, hormis peut-être le ministère des affaires étrangères; nous n'étions pas insensible à l'idée que la patrie nous devrait, dans l'intérieur de la liberté, à l'extérieur l'indépendance. Loin de chercher à renverser M. de Villèle, nous venions de dire récemment au roi : « Sire, M. de Villèle est un président » plein de lumières; Votre Majesté doit éternel- » lement le garder à la tête de ses conseils. »

M. de Villèle ne le remarqua pas : notre esprit pouvait tendre à la domination, mais il était dominé par notre caractère; nous trouvions plaisir dans notre obéissance, parce qu'elle nous débarrassait de notre volonté. Notre défaut capital est l'ennui, le dégoût de tout et le doute perpétuel. S'il se fût rencontré un prince qui, nous comprenant, nous eût retenu de force au travail, il avait peut-être quelque parti à tirer de nous : mais le ciel fait rarement naître ensemble l'homme qui veut et l'homme qui peut. En fin de compte, est-il aujourd'hui une chose pour laquelle on voulût se donner la peine de sortir de son lit? On s'endort au bruit des royaumes tombés pendant la nuit, et que l'on balaie chaque matin devant nos portes.

Après notre renvoi, n'eussions-nous pas mieux fait de nous taire? la brutalité du procédé ne nous avait-elle pas fait revenir les salons et le public? M. de Villèle a répété que la lettre de destitution avait retardé; par ce hasard, elle avait eu le malheur de ne nous être rendue qu'au château : peut-être en fut-il ainsi; mais, quand on joue, on doit calculer les chances de la partie; on doit surtout ne pas écrire à un homme de quelque valeur une lettre telle qu'on rougirait de l'adresser au valet coupable qu'on jetterait sur le pavé, sans convenances et sans remords. L'irritation du parti Villèle était d'autant plus grande contre nous, qu'il voulait s'approprier notre ouvrage, et que nous avions montré de l'entente dans des matières qu'on nous avait supposé ignorer.

Sans doute, avec du silence et de la modération (comme on disait), nous aurions été loué de la race en adoration perpétuelle du portefeuille; en faisant pénitence de notre innocence, nous eussions préparé notre rentrée au conseil. C'eût été mieux dans l'ordre commun, mais c'était nous prendre pour l'homme que point ne sommes; c'était nous supposer le désir de ressaisir le timon de l'état, l'envie de faire notre chemin; désir et envie qui dans cent mille ans ne nous arriveraient pas.

L'idée que nous avions du gouvernement représentatif nous conduisit à entrer dans l'opposition ; l'opposition systématique nous semble la seule propre à ce gouvernement. L'opposition surnommée de *conscience* est impuissante. La conscience peut arbitrer un fait *moral;* elle ne juge point d'un fait *intellectuel;* force est de se ranger sous un chef, appréciateur des bonnes et des mauvaises lois. N'en est-il ainsi? alors tel député prend sa bêtise pour sa conscience et la met dans l'urne. L'opposition dite de *conscience* consiste à flotter entre les partis, à ronger son frein, à voter même, selon l'occurrence, pour le ministère, à se faire magnanime en enrageant; opposition d'imbécilités mutines chez les soldats, de capitulations ambitieuses parmi les chefs. Tant que l'Angleterre a été saine, elle n'a jamais eu qu'une opposition systématique : on entrait et l'on sortait avec ses amis; en quittant le portefeuille on se plaçait sur le banc des attaquants. Comme on était censé s'être retiré pour n'avoir pas voulu adopter un système, ce système étant resté près de la Couronne devait être nécessairement combattu. Or, les hommes ne représentant que des principes, l'opposition systématique ne voulait emporter que les principes, lorsqu'elle livrait l'assaut aux hommes.

D'ailleurs, depuis que M. de Villèle s'était séparé de nous, la politique s'était dérangée : l'ultracisme contre lequel la sagesse du président du conseil luttait encore, l'avait débordé. La contrariété qu'il éprouvait de la part de ses opinions intérieures et du mouvement des opinions extérieures le rendait irritable : de là la presse entravée, la garde nationale de Paris cassée, etc. Devions-nous laisser périr la monarchie, afin d'acquérir le renom d'une modération hypocrite aux aguets? Nous crûmes très-sincèrement remplir un devoir en combattant à la tête de l'opposition, trop attentif au péril que nous voyions d'un côté, pas assez frappé du danger contraire. Lorsque M. de Villèle fut renversé, on nous consulta sur la nomination d'un autre ministère. Si l'on eût pris, comme nous le proposions, M. Casimir Périer, le général Sébastiani et M. Royer Collard, les choses auraient pu se soutenir. Nous ne voulûmes point accepter le département de la marine, et nous le fîmes donner à notre ami Hyde de Neuville; nous refusâmes également deux fois l'instruction publique; jamais nous ne serions rentré au conseil sans être le maître. Nous allâmes à Rome chercher parmi les ruines notre *autre moi-même*, car il y a dans notre personne deux êtres bien distincts et qui n'ont aucune communication l'un avec l'autre.

Nous en ferons loyalement l'aveu, l'excès du ressentiment ne nous justifie pas selon la règle et le mot vénérable de vertu; mais notre vie entière nous sert d'excuse.

Officier au régiment de Navarre, nous étions revenu des forêts de l'Amérique pour nous rendre auprès de la légitimité fugitive, pour combattre dans ses rangs contre nos propres lumières, le tout sans conviction, par le seul devoir du soldat, et parce qu'ayant eu l'honneur de monter dans les carrosses du roi à Versailles, nous nous croyions particulièrement engagé au sang d'un prince dont nous avions approché. Nous restâmes huit ans sur le sol étranger, accablé de toutes les misères.

Ce large tribut payé, nous rentrâmes en France en 1800. Bonaparte nous rechercha et nous plaça; mais à la mort du duc d'Enghien, nous nous dévouâmes de nouveau à la mémoire des Bourbons. Nos paroles sur le tombeau de MESDAMES à Trieste, ranimèrent la colère du dispensateur des empires; il menaça de nous faire sabrer sur les marches des Tuileries. La brochure de *Bonaparte et des Bourbons* valut à Louis XVIII, de son aveu même, plus que cent mille soldats. Dans quelques pages sur l'arrivée du souverain à Compiègne, nous vînmes au-devant de l'effet que pouvaient produire sur les grenadiers de Napoléon les infirmités d'un monarque assis, succédant à un empereur à cheval. A l'aide de la popularité dont nous jouissions alors, la France anti-constitutionnelle comprit les institutions de la royauté légitime. Durant les *cent-jours*, la monarchie nous vit auprès d'elle à Gand, dans son second exil. Enfin, par la guerre d'Espagne, nous avions contribué à étouffer les conspirations, à réunir les opinions sous la même cocarde, et à rendre à notre canon sa portée. On sait le reste de nos projets : reculer nos frontières; donner, au Nouveau-Monde des couronnes nouvelles à la famille de saint Louis.

Cette longue persévérance dans les mêmes sentiments méritait peut-être quelques égards. Sensible à l'affront, il nous était impossible de mettre aussi entièrement de côté ce que nous pouvions valoir, d'oublier tout à fait que nous étions le restaurateur de la religion et l'auteur du *Génie du Christianisme*.

Notre agitation croissait nécessairement encore à la pensée qu'une mesquine querelle faisait manquer à notre patrie une occasion de grandeur qu'elle ne retrouverait plus. Si l'on nous avait dit : « Vos plans seront suivis; on exécutera sans » vous ce que vous aviez entrepris, » nous eussions tout oublié pour la France. Malheureusement nous avions la croyance qu'on n'adopterait pas nos idées; l'événement l'a prouvé.

Nous étions dans l'erreur peut-être, mais nous étions persuadé que M. le comte de Villèle ne comprenait pas la société qu'il conduisait; nous sommes convaincu que les solides qualités de cet habile ministre étaient adéquates du temps actuel; il était venu trop tôt sous la Restauration. Les opérations de finances, les associations commerciales, le mouvement industriel, les canaux, les

bateaux à vapeur, les chemins de fer, les grandes
routes, une société matérielle qui n'a de passion
que pour la paix, qui ne rêve que le comfort de la
vie, qui ne veut faire de l'avenir qu'un perpétuel
aujourd'hui, dans cet ordre de choses, M. de Villèle eût été roi. M. de Villèle a voulu un temps qui
ne pouvait être à lui, et par honneur il ne veut pas
d'un temps qui lui appartient. Sous la Restauration, toutes les facultés de l'âme étaient vivantes ;
tous les partis rêvaient de réalités ou de chimères ; tous, avançant ou reculant, se heurtaient en
tumulte ; personne ne prétendait rester où il
était ; la légitimité constitutionnelle ne paraissait à
aucun esprit ému le dernier mot de la république
ou de la monarchie. On sentait sous ses pieds remuer dans la terre des armées ou des révolutions
qui venaient s'offrir pour des destinées extraordinaires. M. de Villèle était éclairé sur ce mouvement ; il voyait croître les ailes qui, poussant à
la nation, l'allaient rendre à son élément, à l'air,
à l'espace, immense et légère qu'elle est. M. de
Villèle voulait retenir cette nation sur le sol, l'attacher en bas ; nous doutons qu'il en eût la force.
Nous voulions, nous, occuper les Français à la
gloire ; essayer de les mener à la réalité par des
songes : c'est ce qu'ils aiment.

Il serait mieux d'être plus humble, plus pro-
sterné, plus chrétien. Malheureusement nous
sommes sujet à faillir ; nous n'avons point la perfection évangélique. Si un homme nous donnait

un soufflet, nous ne tendrions pas l'autre joue : cet homme, s'il était sujet, nous aurions sa vie ou il aurait la nôtre ; s'il était roi......

Eussions-nous deviné le résultat, certes nous nous serions abstenu; la majorité qui vota la phrase sur *le refus du concours* ne l'eût pas votée si elle eût prévu la conséquence de son vote. Personne ne désirait sérieusement une catastrophe, excepté quelques hommes à part. Il n'y a eu qu'une émeute, et la légitimité seule l'a transformée en révolution; seule elle a eu le tort de l'attaque illégale, et, le moment venu, elle a manqué de l'intelligence, de la prudence, de la résolution qui la pouvaient encore sauver. Après tout, c'est une monarchie tombée ; il en tombera bien d'autres : nous ne lui devions que notre fidélité; elle l'a.

Dévoué à ses premières adversités, nous nous sommes consacré à ses dernières infortunes : le malheur nous trouvera toujours pour second. Nous avons tout renvoyé, places, pensions, honneurs, et afin de n'avoir rien à demander à personne, nous avons mis en gage notre cercueil. Juges austères et rigides, vertueux et infaillibles royalistes, qui avez mêlé un serment à vos richesses, comme vous mêlez le sel aux viandes de votre festin pour les conserver, ayez un peu d'indulgence à l'égard de nos amertumes passées; nous les expions aujourd'hui à notre manière qui n'est pas la vôtre. Croyez-vous qu'à l'heure du soir, à cette heure où l'homme de peine se repose, il ne sente pas le poids de la vie, quand ce poids est rejeté sur ses bras? Et cependant, nous avons pu ne pas porter le fardeau, nous avons vu Louis-Philippe dans son palais du 1er au 6 août 1830; il n'a tenu qu'à nous d'écouter des paroles généreuses : peut-être aurions-nous pu rentrer au ministère des affaires étrangères, peut-être retourner à l'ambassade de Rome, la plus grande des tentations pour un hanteur de ruines, et un habitué de solitude. Nous avons mieux aimé garder des chaînes d'autant plus étroites qu'elles sont rompues.

Plus tard, si nous avions pu nous repentir d'avoir bien fait, il nous était possible de revenir sur le premier mouvement de notre conscience. M. Benjamin Constant, homme si puissant alors, nous écrivait le 20 septembre : « J'aimerais bien
» mieux vous écrire sur vous que sur moi, la
» chose aurait plus d'importance. Je voudrais pou-
» voir vous parler de la perte que vous faites es-
» suyer à la France entière, en vous retirant de
» ses destinées, vous qui avez exercé sur elles une
» influence si noble et si salutaire! Mais il y au-
» rait indiscrétion à traiter ainsi des questions
» personnelles, et je dois, en gémissant, comme
» tous les Français, respecter vos scrupules. »

Nos devoirs ne nous semblant point encore accomplis, nous avons défendu la veuve et l'orphelin; nous avons subi les procès et la prison que

Bonaparte, même dans ses plus grandes colères, nous avait épargnés. Nous nous présentons entre notre démission à la mort du duc d'Enghien, et notre cri pour l'enfant abandonné; nous nous présentons appuyé sur un prince fusillé et sur un prince banni; ils soutiennent nos vieux bras entrelacés à leurs bras débiles: royalistes, êtes-vous aussi bien accompagnés?

Mais, plus nous avons garrotté notre vie par les liens du dévouement et de l'honneur, plus nous avons dégagé notre opinion; nous avons échangé la liberté de nos actions contre l'indépendance de notre pensée; cette pensée est rentrée dans sa nature. Maintenant, en dehors de tout, nous apprécions les gouvernements ce qu'ils valent. Peut-on croire aux rois de l'avenir? faut-il croire aux peuples du présent? L'homme sage et inconsolé de ce siècle sans conviction ne rencontre un misérable repos que dans l'athéisme politique. Que les jeunes générations se bercent d'espérances, avant de toucher au but, elles attendront de longues années. Les âges vont au nivellement général, mais ils ne hâtent point leur marche à l'appel de nos désirs: le Temps est une sorte d'Éternité appropriée aux choses mortelles: il compte pour rien les races et leurs douleurs dans les œuvres qu'il accomplit.

XXVI.

Madame la Dauphine.

Il résulte de tout ce qu'on vient de lire, que, si l'on avait fait ce que j'avais sans cesse conseillé, que si d'étroites envies n'avaient préféré leur satisfaction au salut de la France, que si le pouvoir avait mieux apprécié les capacités relatives ; que si les cabinets étrangers, moins obstinés dans leur haine anti-constitutionnelle, avaient jugé, comme Alexandre, qu'on ne pouvait sauver la monarchie française qu'en s'appuyant sur les nouvelles institutions; que si ces cabinets n'avaient point entretenu l'autorité rétablie dans sa défiance du principe de la Charte; il résulte de tout cela que la légitimité occuperait encore le trône. Mais ce qui est passé est passé; on a beau aller en arrière, se remettre à la place que l'on a quittée, on ne retrouve rien de ce qu'on y avait laissé : hommes, idées, circonstances, tout s'est évanoui.

La partie est perdue. Les succès de la guerre de 1823, poussés assez loin pour qu'on en pût espérer le reste, n'ont point été achevés; la France ne continuant point de grandir auprès de la Péninsule, l'Espagne, un moment réunie à nous, s'en est derechef détachée : les flots des révolutions sont revenus sur les deux pays et les ont couverts de nouveau : la victoire de M. le duc d'Angoulême n'a fait qu'aveugler la Légitimité. Tel est le mal que l'envie bornée a pu faire en nous renversant, et en amenant, par notre chute, les divisions si fatales à la monarchie restaurée.

A Dieu ne plaise qu'en parlant ici d'envie bornée nous désignions M. de Villèle, nous avons seulement en mémoire les Médiocrités qui l'ont obsédé : elles ont préparé le mariage d'Isabelle avec quelque fils de François II, ou de Georges III. Du reste, si nous avons exagéré autrefois dans notre défense légitime, nous reconnaissons pleinement, franchement, loyalement, notre injustice : quand on est blessé, les qualités d'un homme disparaissent; on ne voit que ses imperfections.

M. de Villèle est un homme de vigilance, de patience, de sang-froid; ses ressources sont infinies. Il a établi dans les Finances et la Comptabilité un ordre qui restera. Abstraction faite de l'avenir et du grand côté des choses, dont il ne se souciait pas, il était impossible de mettre plus de finesse, de clarté, de fermeté dans les affaires. Peut-être n'avait-il pas pour occuper la première place les frivolités utiles, et les qualités assorties; il est dommage qu'il n'ait pas deviné combien nos défauts lui étaient nécessaires; nous le complétions, en lui donnant ce qui lui manquait.

La Restauration avait rencontré en moi et en lui ses vrais ministres : elle ne devait jamais ni chasser l'un ni abandonner l'autre. Mais il était écrit que toujours favorisée elle laisserait tout échapper.

A Carlsbad, en 1832, nous prîmes la liberté de conseiller à madame la Dauphine d'appeler M. de Villèle auprès de Henri de France. Sur une observation bienveillante de la Princesse, nous répondîmes :

« J'ai eu à me plaindre de M. de Villèle, » mais je me mépriserais si, après la chute du

» trône, je continuais de nourrir le ressentiment
» de quelques mesquines rivalités. Nos divisions
» ont déjà fait trop de mal; je suis prêt à de-
» mander pardon à ceux qui m'ont offensé. Je
» supplie Madame de croire que ce n'est là ni
» l'étalage d'une fausse générosité, ni une pierre
» posée en prévision d'une future fortune. Que
» pourrais-je demander à Charles X dans l'exil?
» Et si la restauration arrivait jamais, ne serai-je
» pas dans ma tombe? »

Madame nous regarda avec affabilité; elle eut la bonté de nous louer par ces seuls mots : « C'est » très-bien, monsieur de Chateaubriand. » Elle avait comme un voile de larmes sur les yeux.

Les moments les plus précieux de notre longue carrière sont ceux que madame la Dauphine nous a permis de passer auprès d'elle. Au fond de cette âme, le ciel a déposé un trésor de magnanimité et de religion que les prodigalités du malheur n'ont pu tarir. Nous avions devant nous la fille que le roi martyr avait pressée sur son cœur avant d'aller cueillir la palme : l'éloge est suspect lorsqu'il s'adresse à la prospérité; mais, avec la Princesse, l'admiration était à l'aise. Nous l'avons dit : les malheurs de cette femme sont montés si haut, qu'ils sont devenus une des gloires de la révolution. Nous aurons donc rencontré une fois des destinées assez supérieures, pour leur dire, sans crainte de les blesser, ce que nous pensons de l'état futur de la société : on pouvait causer avec la Dauphine du sort des empires; elle qui verrait passer sans les regretter, aux pieds de sa vertu, tous ces royaumes de la terre, dont plusieurs se sont écroulés aux pieds de sa race.

XXVII.

Dernier coup d'œil sur la guerre d'Espagne. — La Restauration. —
Charles X. — Henri et Louise. — Résumé.

On sait maintenant le congrès de Véronne, le droit et le but de notre intervention. L'erreur historique dans laquelle le public a été entraîné sera redressée, car elle n'est pas encore une de ces erreurs consacrées du temps; l'amour-propre et des motifs aussi peu élevés n'ont aucun intérêt à la faire vivre. Aujourd'hui la guerre d'Espagne est passée; un monde a succédé à un monde; la royauté de Louis XIV, en France et en Espagne, a disparu. L'expédition de 1823, tout importante qu'elle aurait pu devenir pour la société, ne saurait donc ni réveiller ni prolonger l'esprit de parti. Cette expédition avortée n'est plus qu'un grand regret.

Lorsque nous entrâmes aux relations extérieures, la légitimité allait, pour la première fois, brûler de la poudre sous le drapeau blanc, tirer son premier coup de canon, après ces coups de l'empire qu'entendra la dernière postérité. Si elle reculait, elle était perdue; si elle n'avait qu'un médiocre succès, elle était ridicule. Mais enjamber d'un pas les Espagnes, réussir là où Bonaparte avait échoué, triompher sur ce même sol où les armées de l'homme fastique avaient eu des revers, faire en six mois ce qu'il n'avait pu faire en sept ans, c'était un véritable prodige. Ce prodige aurait frappé la France, comme il frappa l'Europe, si des préjugés ne nous avaient aveuglés.

Qu'on imagine Ferdinand régnant d'une manière raisonnable à Madrid, sous la verge de la France, nos frontières du midi en sûreté, l'Ibérie ne pouvant plus vomir sur nous l'Autriche et l'Angleterre; qu'on se représente deux ou trois monarchies bourbonniennes en Amérique, faisant, à notre profit, le contre-poids de l'influence et du commerce des États-Unis et de la Grande-Bretagne; qu'on se figure notre cabinet redevenu puissant au point d'exiger une modification dans les traités de Vienne, notre vieille frontière recouvrée, reculée, étendue dans les Pays-Bas, dans nos anciens départements germaniques, et qu'on dise si, pour de tels résultats, la guerre d'Espagne ne méritait pas d'être entreprise; qu'on dise si les injures des pamphlets, les déclamations de tribune, ne paraissent pas les préventions d'esprits ou qui n'avaient pas d'idée de la matière, ou qui craignaient une guerre heureuse, ennemis qu'ils étaient de la légitimité.

On prétend aujourd'hui que les systèmes sont épuisés, que l'on tourne sur soi en politique, que les caractères sont effacés, les esprits las; qu'il n'y a rien à faire, rien à trouver; qu'aucun chemin ne se présente; que l'espace est fermé : sans doute, quand on reste à la même place, c'est le même cercle de l'horizon qui pèse sur la terre. Mais avancez; osez déchirer le voile qui vous enveloppe, et regardez, si toutefois vous n'avez peur et n'aimez mieux fermer les yeux.

La plupart des résultats dont je parle avaient été obtenus : la France avait été sauvée de la conspiration des *carbonari* civils et militaires; Ferdinand avait été délivré, une armée formée sous la cocarde blanche, l'affaire des colonies menée si loin, que l'Espagne consentait à la soumettre à l'arbitrage de l'Europe.

Ce n'est point aux hommes des champs de Marengo, d'Austerlitz et d'Iéna qu'il faut vanter les rencontres du duc d'Angoulême dans la Péninsule ; mais un caractère particulier distingue son expédition. Une guerre silencieuse succède aux combats tonnants de l'empire : cette guerre s'accomplit comme elle avait été commencée. Il est sans exemple qu'on ait déclaré qu'on entrerait dans un pays où la nature du terrain a rendu, depuis les Romains jusqu'à nous, les entreprises militaires d'une difficulté insurmontable ; qu'on entrerait dans ce pays hérissé de forteresses et défendu par cent mille vaillants soldats, qu'on irait délivrer un roi, dût-il être enchaîné, au bout de son empire, dans une île réputée imprenable ; qu'on ne poserait les armes que quand cela serait exécuté, et qu'on reviendrait alors, sans remporter autre chose que ces mêmes armes : voilà ce qui, de point en point, s'est accompli.

Combien a-t-il fallu de temps à l'achèvement de cette entreprise ? Au mois d'avril 1824, les pairs et les députés retrouvèrent aux barrières du Louvre la Garde qui, passant la Bidassoa au mois d'avril 1823, alla poser des factionnaires aux portes de Ferdinand, à Séville. Ce que le roi avait dit, Dieu l'a voulu, l'armée l'a fait.

Quelle est donc cette guerre dont les résultats ont été universellement bénis (cause, passion, système, intérêt mis à part) ? Rome, pendant deux jours, illumine ses ruines ; la Bavière, la Saxe, le Danemarck envoient leurs félicitations ; Vienne,

Berlin, Pétersbourg, bien qu'opposés de sentiments, applaudissent. L'Europe, quand Bonaparte revenait de ses conquêtes, lui disait-elle comme elle a dit au duc d'Angoulême, qu'il avait sauvé le monde civilisé? M. Canning et lord Liverpool louaient-ils en plein parlement les soldats de Napoléon comme ils ont loué les soldats du prince généralissime? Bonaparte a-t-il ravagé ou respecté la chaumière du pauvre? On a rencontré en Ibérie des villes brûlées, des villages détruits : qui les avait brûlés et détruits? Se jetait-on aux pieds des capitaines de l'empire, afin de les retenir au milieu des ruines?

Personne ne serait assez stupide pour comparer le dauphin à Napoléon, une goutte d'eau à la mer : les maux dont Napoléon fut la cause l'ont couronné; ils ont tourné au profit de sa gloire : qu'on vive, non par ce que l'on a été, mais par ce que l'on a fait; que le géant soit encore aperçu lorsque la fin du monde viendra, c'est son sort; nous le reconnaissons. Néanmoins nous, homme, nous comptons les larmes pour quelque chose dans l'histoire de l'espèce humaine. Jamais conquête aussi brillante que celle de l'Espagne en 1823 a-t-elle moins coûté de pleurs? Vous n'ôterez pas du cœur des Français ce sentiment de sûreté et d'honorable orgueil qu'ils éprouvèrent à l'issue d'une guerre victorieuse d'une anarchie voisine, vengeresse de Waterloo, et régénératrice de l'honneur de la patrie.

Il en coûte d'avouer qu'un pouvoir que l'on a détesté a remporté des avantages auxquels on n'avait pas cru : on a donc voulu ravaler le mérite d'une réussite inattendue, en disant que la campagne de 1823 n'a été qu'une excursion sans péril. On ne s'aperçoit pas que l'on se crée de la sorte une autre difficulté: on substitue à une merveille militaire une merveille diplomatique. Expliquez alors comment des populations violentes, opposées les unes aux autres, ont tout à coup perdu leur caractère, comment elles nous ont guidé de fleuve en fleuve, de défilé en défilé, de montagne en montagne, nourrisant nos soldats, les hébergeant, leur livrant les clefs des villes, les conduisant sous des arcs de triomphe jusqu'au *nec plus ultra* des terres d'Hercule: expliquez pourquoi les armées et les généraux des Cortès ont accepté notre paix après avoir croisé le fer pour l'honneur des armes. Si tout cela n'est rien, essayez l'aventure; nous vous promettons d'applaudir de grand cœur à cette orgie de succès : sautez du haut des remparts, comme le prisonnier catholique du baron des Adrets, nous vous le donnons en dix.

Avant que nous eussions pénétré dans la Péninsule, des hommes habiles nous avaient fait toucher au doigt et à l'œil les impossibilités dont nous allions être murés et dans l'enceinte desquelles, ainsi que dans un amphithéâtre, nous serions exposés aux assauts de toutes les calamités. Maintenant ces mêmes hommes trouvent que ces impossibilités et ces calamités n'existaient pas ; que tout le monde pouvait faire ce que nous avons fait, alors qu'en surcroît de male-enchère nous avions en face Albion grondante, derrière nous l'Europe quasi-ennemie. Si nos Dépêches, étendues sous nos affûts, empêchaient qu'on n'entendît nos canons rouler, pourquoi Bonaparte n'a-t-il pas imaginé ce moyen de succès ? Pourquoi vous-mêmes, dans la position où vous êtes, ne prenez-vous pas le délassement d'une promenade dans la Catalogne et les Castilles ?

Est-il vrai que toute la France ne voulût pas la guerre, que toute l'Espagne ne voulût pas la guerre, que toute l'Angleterre ne voulût pas la guerre, que les plus grands politiques et les hommes d'expérience ne voulussent pas la guerre ? quel prodige de plus ! Cette guerre désastreuse et abhorrée a donc été faite avec succès par nous chétif, contre les peuples, la nature, le ciel et les dieux ! Devons-nous croire à un tel ascendant de notre génie !

Faudrait-il avouer qu'au fond d'une cause appuyée sur l'ordre et la religion, il y avait une force de sympathie humaine que le siècle n'avait pas soupçonnée ? Nous le confessons : nos succès ne sont pas les nôtres, ils sont l'ouvrage de la Providence ; et comme nous avons la petitesse d'être chrétien, nous dirons que l'heureuse issue de la guerre d'Espagne a été un des derniers miracles du ciel en faveur des enfants de saint Louis.

A entendre la passion ou l'ignorance, les Bourbons sont les auteurs de tous nos maux, ils sont complices et fauteurs de ces traités dont, à bon droit, nous nous plaignons : c'est trop oublier les dates et les faits.

La Restauration n'exerça quelque influence dans les actes diplomatiques qu'à l'époque de la première invasion. Il est reconnu qu'on ne voulait point cette restauration, puisqu'on traitait avec Bonaparte à Châtillon; que, l'eût-il voulu, il demeurait empereur des Français. Sur l'entêtement de son génie et faute de mieux, on prit les Bourbons qui se trouvaient là. Monsieur, lieutenant-général du royaume, eut alors une certaine part aux transactions du jour; on a vu, dans la vie d'Alexandre, ce que le traité de Paris, de 1814, nous avait laissé.

En 1815, il ne fut plus question des Bourbons; ils n'entrèrent en rien dans les contrats spoliateurs de la seconde invasion : ces contrats furent le résultat de la rupture du ban de l'île d'Elbe. A Vienne, les Alliés déclarèrent qu'ils ne se réunissaient que contre un seul homme; qu'ils ne prétendaient imposer ni aucune sorte de maître, ni aucune espèce de gouvernement à la France; l'Exilé de Gand était rentré dans sa cachette, comme l'Europe était sortie de sa tanière, à la seule apparition d'un Évadé. Alexandre même avait demandé au Congrès un roi autre que Louis XVIII. Si celui-ci en venant s'asseoir aux Tuileries ne se fût hâté de voler son trône, il n'aurait jamais régné. Les traités de 1815 furent abominables, précisément parce qu'on refusa d'entendre la voix paternelle de la Légitimité, et c'est pour les faire brûler, ces traités, que j'avais voulu reconstruire notre puissance en Espagne.

Le seul moment où l'on retrouve l'esprit de la Restauration, est au congrès d'Aix-la-Chapelle ; les Alliés étaient convenus de nous ravir nos provinces du nord et de l'est ; M. de Richelieu intervint. Le Czar, touché de notre malheur, entraîné par son équitable penchant, remit à M. le duc de Richelieu la carte de France, sur laquelle était tracée la ligne fatale. J'ai vu de mes propres yeux cette carte du Styx entre les mains de madame de Montcalm, sœur du noble négociateur.

La France occupée comme elle l'était, nos places fortes ayant garnison étrangère, pouvions-nous résister? Une fois privés de nos départements militaires, combien de temps aurions-nous gémi sous la conquête? Eussions-nous eu un souverain d'une famille nouvelle, un prince d'occasion, on ne l'aurait point respecté. Parmi les Alliés, les uns cédèrent à l'illusion d'une grande race, les autres crurent que, sous une puissance usée, le royaume perdrait son énergie et cesserait d'être un objet d'inquiétude : Cobbett lui-même en convient dans sa lettre. C'est donc une monstrueuse ingratitude de ne pas voir que, si nous sommes encore la vieille Gaule, nous le devons au sang que nous avons le plus maudit : ce sang qui depuis huit siècles circulait dans les veines mêmes de la France, ce sang qui l'avait faite ce qu'elle est, l'a sauvée encore. Pourquoi s'obstiner à nier éternellement les faits ? On a abusé contre nous de la victoire, comme nous en avions abusé contre l'Europe. Nos soldats étaient allés au bout du monde ; il ont ramené sur leurs pas les soldats qui fuyaient devant eux : après action, réaction, c'est la loi. Cela ne fait rien à la gloire de Bonaparte, gloire isolée et qui reste entière ; cela ne fait rien à notre gloire nationale, toute couverte de la poussière de l'Europe dont nos drapeaux sanglants ont balayé les tours : il était inutile dans un dépit d'ailleurs trop juste, d'aller chercher à nos maux une autre cause que la cause véritable. Loin d'être cette cause, les Bourbons de moins dans nos revers, nous étions partagés.

Appréciez maintenant les calomnies dont la restauration a été l'objet ; qu'on interroge les archives des relations extérieures, on sera convaincu de l'indépendance du langage tenu aux puissances sous le règne de Louis XVIII et de Charles X. Nos souverains avaient le sentiment de la dignité nationale ; ils furent surtout rois à l'étranger, lequel ne voulut jamais avec franchise le rétablissement, et ne vit qu'à regret la résurrection de la monarchie aînée. Le langage diplomatique de la France à l'époque dont je traite, est, il faut le dire, particulier à l'aristocratie ; la démocratie, pleine de larges et fécondes vertus, est pourtant arrogante quand elle domine : d'une munificence incomparable lorsqu'il faut d'immenses dévouements, elle échoue aux détails ; elle est rarement élevée, surtout dans les longs malheurs. Une partie de la haine des cours d'Angleterre et d'Autriche, contre la Légitimité, vient de la fermeté du cabinet des Bourbons.

Louis XVIII n'avait jamais perdu le souvenir de la prééminence de son berceau ; il était roi partout, comme Dieu est Dieu partout, dans une crèche ou dans un temple, sur un autel d'or ou d'argile. Jamais son infortune ne lui arracha la plus petite concession ; sa hauteur croissait en raison de son abaissement ; son diadème était son nom ; il avait l'air de dire : « Tuez-moi, vous ne » tuerez pas les siècles écrits sur mon front; on » ne tue pas les siècles. » Si l'on avait ratissé ses armes au Louvre, peu lui importait : n'étaient-elles pas gravées sur le globe ? Avait-on envoyé des commissaires les gratter dans tous les coins de l'univers ? Les avait-on effacées aux Indes, à Pondichéry ; en Amérique, à Lima et à Mexico ; dans l'Orient, à Antioche, à Jérusalem, à Saint-Jean-d'Acre, au Caire, à Constantinople, à Rhodes, en Morée ; dans l'Occident, sur les murailles de Rome, aux plafonds de Caserte et de l'Escurial, aux voûtes des salles de Ratisbonne et de Westminster, dans l'écusson de tous les rois? Les avait-on arrachées à l'aiguille de la boussole, où elles semblent annoncer le règne des lys aux diverses régions de la terre?

L'idée fixe de la grandeur, de l'antiquité, de la la dignité, de la majesté de sa race, donnait à Louis XVIII un véritable empire. On en sentait la domination; les généraux même de Bonaparte la confessaient : ils étaient plus intimidés devant ce vieillard impotent, que devant le maître terrible qui les avait commandés dans cent Arbelle. A Paris, quand Louis XVIII accordait aux monarques triomphants l'honneur de dîner à sa table, il passait sans façon le premier devant ces princes dont les soldats, campaient dans la cour du Louvre; il les traitait comme des vassaux qui n'avaient fait que leur devoir en amenant des hommes d'armes à leur seigneur Suzerain. Il avait raison : en Europe, il n'est qu'une monarchie, celle de France; le destin des autres monarchies est lié au sort de celle-là. Toutes les races sont d'hier auprès de la race de Hugues Capet, et presque toutes en sont filles. Notre ancien pouvoir royal était l'ancienne royauté du monde : du bannissement des Capets datera l'ère de l'expulsion des rois.

Cette superbe du descendant de saint Louis envers les alliés plaisait à l'orgueil national : les Français jouissaient de voir des souverains qui, vaincus, avaient porté les chaînes d'un homme, porter, vainqueurs, le joug d'une race.

La foi inébranlable de Louis XVIII dans son sang, est la puissance réelle qui lui rendit le sceptre; c'est cette foi qui à deux reprises, fit tomber sur sa tête une couronne pour laquelle l'Europe ne croyait pas, ne prétendait pas épuiser ses populations et ses trésors. En dernier résultat, le Banni sans soldats, se trouvait au bout de toutes les batailles qu'il n'avait pas livrées. Louis XVIII était la Légitimité incarnée; elle a cessé d'être visible quand il a disparu.

Loin de précipiter cette Légitimité, mieux avisé, on en eût étayé les ruines : à l'abri dans l'intérieur, on eût élevé le nouvel édifice, comme on bâtit un vaisseau qui doit braver l'océan sous un bassin couvert taillé dans le roc : ainsi la liberté anglaise s'est formée au sein de la loi normande. Il ne fallait pas conjurer le Fantôme monarchique, ce Centenaire du moyen âge qui, comme Dandolo *avait les yeux en la tête beaux, et si, n'en véoit goutte;* Vieillard qui pouvait guider les jeunes croisés et qui, paré de ses cheveux blancs, imprimait encore vigoureusement sur la neige ses pas ineffaçables.

Que dans nos craintes prolongées, des préjugés et des hontes vaniteuses nous aveuglent, on le conçoit; mais la distante postérité, républicaine comme elle le sera, cette postérité rassurée et juste, reconnaîtra que la Restauration a été, historiquement parlant, la plus heureuse des phases de notre cycle révolutionnaire. Les partis dont la chaleur n'est pas éteinte peuvent à présent s'écrier : « Nous fûmes libres sous l'empire, esclaves » sous la monarchie de la charte! » Les générations futures ne s'arrêtant pas à cette contre-vérité risible, si elle n'était un sophisme, diront que les Bourbons rappelés prévinrent le démembrement de la France, qu'ils fondèrent parmi nous le gouvernement représentatif, qu'ils firent prospérer les finances, acquittèrent des dettes qu'ils n'avaient pas contractées, et payèrent religieusement jusqu'à la pension de la sœur de Robespierre. Enfin pour remplacer nos colonies perdues, ils nous laissèrent en Afrique une des plus riches provinces de l'empire romain.

Dans l'expédition d'Alger, on vit notre marine, ressuscitée au combat de Navarin, sortir de ces ports de France, naguère si abandonnés. La rade était couverte de navires qui saluaient la terre en s'éloignant. Des bateaux à vapeur, nouvelle découverte du génie de l'homme, allaient et venaient portant des ordres d'une division à l'autre, comme des syrènes ou comme les aides-de-camp de l'amiral. Le Dauphin se tenait sur le rivage où toutes les populations de la ville et des montagnes étaient descendues : lui, qui après avoir arraché son parent le roi d'Espagne aux mains des révolutions, voyait se lever le jour par qui la chré tienté devait être délivrée, aurait-il pu se croire si près de sa nuit?

Ils n'étaient plus ces temps où Catherine de Médicis sollicitait du Turc l'investiture de la principauté d'Alger pour Henri III, non encore roi de Pologne : Alger allait devenir notre fille et notre conquête, sans la permission de personne, sans que l'Angleterre osât nous empêcher de prendre ce *Château de l'empereur*, qui rappellait Charles-Quint et le changement de sa fortune. C'était une grande joie et un grand bonheur pour les spectateurs français assemblés, de saluer du salut de Bossuet, les généreux vaisseaux prêts à rompre de leur proue la chaîne des esclaves; victoire agrandie par ce cri de l'aigle de Meaux, lorsqu'il annonçait le succès de l'avenir au grand roi, comme pour le consoler un jour dans sa tombe de la dispersion de sa race.

« Tu céderas, ou tu tomberas sous ce vain-
» queur, Alger, riche des dépouilles de la chré-
» tienté. Tu disais en ton cœur avare : Je tiens la
» mer sous mes lois et les nations sont ma proie.
» La légèreté de tes vaisseaux te donnait de la con-
» fiance, mais tu te verras attaqué dans tes murail-
» les comme un oiseau ravissant qu'on irait cher-
» cher parmi ses rochers et dans son nid, où il
» partage son butin à ses petits. Tu rends déjà
» tes esclaves. Louis a brisé les fers dont tu acca-
» blais ses sujets, qui sont nés pour être libres
» sous son glorieux empire. Les pilotes étonnés

» s'écrient par avance : *Qui est semblable à Tyr? Et*
» *toutefois elle s'est tue dans le milieu de la mer.* »

Paroles magnifiques n'avez-vous pu retarder l'écroulement du trône? Les nations marchent à leurs destinées : à l'instar de certaines ombres du Dante, il leur est impossible de s'arrêter, même dans le bonheur.

Ces vaisseaux qui apportaient la liberté aux mers de la Numidie, emportaient la Légitimité; cette flotte sous pavillon blanc, c'était la monarchie qui appareillait, s'éloignant des ports où s'embarqua saint Louis, lorsque la mort l'appelait à Carthage. Esclaves délivrés des bagnes d'Alger, ceux qui vous ont rendus à votre pays ont perdu leur patrie; ceux qui vous ont arraché à l'exil éternel sont exilés. Le maître de cette vaste flotte a traversé la mer sur une barque en fugitif, et la France pourra lui dire ce que Cornélie disait à Pompée: « C'est bien
» une œuvre de ma fortune, non pas de la tienne,
» que je te vois maintenant réduit à une seule
» pauvre petite nave, là où tu soulais cingler avec
» cinq cents voiles. »

Mais, si la Légitimité a disparu glorieusement, la personne Légitime s'est-elle retirée égale en gloire à la Légitimité? Tombé tout armé dans un fleuve après la bataille de Pescare, déjà recouvert par les flots, Sforze éleva deux fois son gantelet de fer au-dessus des vagues : est-ce le gantelet de Robert-le-fort qui s'est montré à la surface de l'abîme, dans le naufrage de Rambouillet?

Durée de race si salutaire aux peuples monarchiques, ne serait-elle pas redoutable aux rois? Le pouvoir permanent les enivre; ils perdent les notions de la terre; tout ce qui n'est pas à leurs autels, prières prosternées, humbles vœux, abaissements profonds, est impiété. Leur propre malheur ne leur apprend rien; l'adversité n'est qu'une plébéienne grossière qui leur manque de respect, et les catastrophes ne sont pour eux que des insolences. Ces hommes, par le laps du temps, deviennent des *choses ;* ils ont cessé d'être des *personnes;* ils ne sont plus que des monuments, des pyramides, de fameux tombeaux.

La dernière fois que je vis les proscrits de Rambouillet, c'était à Buschtirad, en Bohême. Charles X était couché ; il avait la fièvre : on me fit entrer de nuit dans sa chambre : Une petite lampe brûlait sur la cheminée : Je n'entendais dans le silence des ténèbres que la respiration élevée du trente-cinquième successeur de Hugues Capet. Mon vieux roi! votre sommeil était pénible : le temps et l'adversité, lourds cauchemars, étaient assis sur votre poitrine. Un jeune homme s'approcherait du lit d'une jeune fille avec moins d'amour, que je ne me sentis de respect en marchant d'un pied furtif vers votre couche solitaire. Du moins, je n'étais pas un mauvais songe comme celui qui vous réveilla pour aller voir expirer votre fils! Je vous adressais intérieurement ces paroles que je n'aurais pu prononcer tout haut sans fondre en

larmes : « Le ciel vous garde de tout mal à venir!
» Dormez en paix ces nuits avoisinant votre der-
» nier sommeil ! assez longtemps vos vigiles ont
» été celles de la douleur. Que ce lit de l'exil perde
» sa dureté en attendant la visite de Dieu ! Lui
» seul peut rendre légère à vos os, la terre étran-
» gère. »

Dans le refuge de Charles X., j'avais rencontré le frère et la sœur. Je les cherchais de la part d'une mère captive : ils avaient l'air de deux petites gazelles cachées parmi des ruines. Pour trouver ces deux aimables enfants, le pèlerin de Terre-Sainte avait heurté avec son bâton et ses sandales poudreuses à la porte de l'étranger : Blondel, en vain, chanta au pied de la tour du duc d'Autriche : il ne put rouvrir aux exilés les chemins de la patrie.

Devenu homme, Henri va se présenter seul à ses passions et à la terre : à quelle masure de sable se mêleront les magnifiques débris de Balbec et de Palmyre?

Plus heureux que Henri qui part du seuil de la vie, Charles a maintenant fini sa course. Point de hérauts d'armes n'ont paru à ses obsèques ; point de Grands n'ont jeté dans le caveau les marques de leurs dignités : ils en avaient fait hommage ailleurs. Rien ne repose aux côtés du prince, que son cœur et ses entrailles arrachés de son sein et de ses flancs, comme on place auprès d'une mère expirée le fruit abortif qui lui a coûté la vie. Oublié dans un cloître, le Roi très-chrétien, cénobite après trépas, entend quelque frère inconnu lui réciter les prières du bout de l'an; unique souvenir du royal Décédé parmi les générations vivantes. Les prières pour les morts sont une servitude d'immortalité imposée aux âmes chrétiennes dans leur fraternelle tendresse.

Mais quand un nouvel univers émerge du sein des âges, quand le passé n'est plus que de l'histoire, pourquoi ne réunirait-on pas tant d'ossements dispersés, comme on réunit des Antiques exhumés de différentes fouilles? A ce rappel de la Mort, la dépouille de Charles X rejoindrait celle de son fils et de ses frères, dans l'abbaye de Dagobert; la colonne de bronze élèverait ses batailles et ses victoires immobiles sur le squelette à jamais fixé de Napoléon, tandis qu'apportés du pays de l'éternité, quatre mille ans, dans la forme d'une pierre, ensevelissent l'échafaud de Louis XVI sous le poids des siècles. Un jour viendra que l'obélisque du désert retrouvera sur la place des meurtres les débris, le silence et la solitude de Luxor.

Entraîné par le sujet à rappeler la fin de la Restauration, qu'on m'excuse : j'ai fini, à mon tour. Quelques mots me suffiront pour résumer ce que cette Restauration a fait en passant sur la terre, en outre des autres avantages dont j'ai parlé plus haut.

Trois choses demeurent acquises à la Légitimité restaurée : elle est entrée dans Cadix ; elle a donné à Navarin l'indépendance à la Grèce ; elle a affranchi la chrétienté en s'emparant d'Alger ; entreprises dans lesquelles avaient failli Bonaparte, la Russie, Charles-Quint et l'Europe. Montrez-moi un pouvoir de quelques jours (et un pouvoir si disputé), lequel ait accompli de telles choses.

Prométhée sur son rocher, Napoléon a jugé avec équité l'administration des Princes, ses successeurs d'un moment, lorsqu'il a dit : « Si le duc » de Richelieu, dont l'ambition fut de délivrer son » pays des baïonnettes étrangères ; si Chateau- » briand, qui venait de rendre à Gand, d'émi- » nents services, avaient eu la direction des » affaires, la France serait sortie puissante et re- » doutée de ces deux grandes crises nationales[1]. »

En citant ailleurs ces paroles, j'avais ajouté : « Pourquoi n'avouerais-je pas qu'elles *chatouillent* » *de mon cœur l'orgueilleuse faiblesse ?* » Bien des petits hommes à qui j'ai rendu de grands services ne m'ont pas si favorablement jugé que le Poëte des batailles, captif de l'océan et de la terreur du monde.

---

[1] *Mémoires pour servir à l'histoire de France sous Napoléon*, par M. de Montholon, t. IV, p. 248.

XXVIII.

Appel des Personnages de Véronne et de la guerre d'Espagne.

Prêt à poser la plume, je jette un regard en arrière; je cherche les hommes dont je viens de parler. Déjà, traversant Véronne en 1833, cette ville si animée par la présence des souverains de l'Europe en 1822, était retournée au silence. Le congrès était aussi passé dans ses rues solitaires, que la cour des Scaligieri et le sénat des Romains. Les Arènes dont les gradins s'étaient offerts à mes regards, chargés de cent mille spectateurs, béaient désertes; les édifices que j'avais admirés sous l'illumination brodée à leur architecture, s'enveloppaient, gris et nus, dans une atmosphère de pluie.

Combien s'agitaient d'ambitions parmi les acteurs de Vérone, parmi ceux qui les dirigeaient ou leur tenaient de près ou de loin! Que d'avenirs rêvés! que de destinées de peuples examinées, discutées, pesées! Faisons l'appel de ces Poursuivants de songes; ouvrons le livre du jour de colère, *liber scriptus proferetur*.

Monarques! Princes! Ministres! voici votre ambassadeur, voici votre collègue revenu à son poste : où êtes-vous; répondez.

L'empereur de Russie, Alexandre?	Mort.
L'empereur d'Autriche, François?	Mort.
Le roi de France, Louis XVIII?	Mort.
Le roi de France, Charles X?	Mort.
Le roi d'Angleterre, Georges IV?	Mort.
Le roi de Naples, Ferdinand Ier?	Mort.
Le duc de Toscane?	Mort.
Le pape Pie VII?	Mort.
Le roi de Sardaigne, Charles-Félix?	Mort.
Le duc de Montmorency, ministre des affaires étrangères de France?	Mort.

M. Canning, ministre des affaires étrangères d'Angleterre?	Mort.
M. de Bernstorff, ministre des affaires étrangères en Prusse?	Mort.
M. Gentz, de la chancellerie d'Autriche?	Mort.
Le cardinal Consalvi, secrétaire d'état de Sa Sainteté?	Mort.
M. de Serre, mon collègue au congrès?	Mort.
M. de Lamaisonfort, ministre à Florence?	Mort.
M. d'Aspremont, mon secrétaire d'ambassade?	Mort.
Le comte Nieperg, mari de la veuve de Napoléon?	Mort.
Le comtesse Tolstoy?	Morte.
Son grand et jeune fils?	Mort.
Mon hôte du palais Lorenzi?	Mort.

Combien manque-t-il encore de personnages parmi ceux que l'on a comptés pendant la guerre d'Espagne? Ferdinand VII n'est plus, Mina n'est plus, sans parler du premier de tous à mes yeux, de Carrel, échappé des champs de la Catalogne et tombé à Vincennes. Carrel, je vous félicite d'avoir, d'un seul pas, achevé le voyage dont le trajet prolongé devient si fatigant et si désert. J'en-

vie ceux qui sont partis avant moi : comme les
soldats de César, à Brindes, du haut des rochers
du rivage, je jette ma vue sur la grande mer; je
regarde vers l'Épire, dans l'attente de voir revenir
les vaisseaux qui ont passé les premières légions,
pour m'enlever à mon tour.

Si tant d'hommes couchés avec moi sur le registre du Congrès se sont fait inscrire à l'Obituaire;
si des peuples et des dynasties royales ont péri; si la
Pologne a succombé; si l'Espagne est de nouveau
anéantie; si je suis allé à Prague, m'enquérant des
restes fugitifs de la grande Race dont j'étais le représentant à Véronne, qu'est-ce donc que les choses de la terre ! Prestige du génie ! personne ne se
souvient des discours que nous tenions autour
de la table du prince de Metternich : aucun voyageur n'entendra jamais chanter l'alouette dans
les champs de Véronne, sans se rappeler Shakespeare. Chacun de nous, en fouillant à diverses
profondeurs dans sa mémoire, retrouve une autre
couche de morts, d'autres sentiments éteints,
d'autres chimères sans vie, qu'inutilement il allaita,
comme celles d'*Herculanum,* à la mamelle de l'Espérance.

XXIX.

' Fin.

La fortune, écartant l'homme de vertu auquel était réservé un œuvre plus saint, me choisit pour me charger de la puissante aventure qui, sous la Restauration, aurait pu renouveler la face du monde : elle me transforma en homme politique. A la table de jeu où elle m'assit, elle plaça devant moi comme adversaires, une France ennemie des Bourbons et les deux grands ministres du temps, le prince de Metternich et M. Canning : elle me fit gagner contre eux la partie.

Les transactions de la guerre d'Espagne me resteront. Cette grande tache de faits répandue sur le tissu des rêves de ma vie, ne s'effacera point parce qu'elle est une ombre projetée de l'histoire. Pauvre et riche, puissant et faible, heureux et misérable, homme d'action, homme de pensée, j'ai mis ma main dans le siècle, mon intelligence au désert.

Du fond de ce désert, étudiant l'action composée de l'humaine nature, j'ai appris qu'il y a deux Nécessités : l'une vient de la *matière*, c'est la fatalité; l'autre vient de *l'esprit*, c'est la providence. Pour l'homme de courage, céder à la Nécessité, c'est force; il a senti que cette nécessité était absolue; pour l'homme timide, se soumettre à la Nécessité, c'est faiblesse; il a cru cette nécessité entière. La résignation du Pusillanime est une excuse qu'il se ménage, une manière de se débarrasser des exigences du présent et des soucis de l'avenir : la Poltronnerie se coiffe d'un froc pour se dispenser de prendre un casque et de demander raison à la destinée.

Grâce à Dieu, chrétien sans peur, je n'en suis pas là; mais tant de choses et tant d'hommes ont passé devant moi; j'ai tant vu faire d'inutiles efforts pour arrêter un monde qui se retire, que je me suis demandé s'il était possible de changer les conseils de la Providence. Ces temps d'arrêt, pendant lesquels les peuples haletants se reposent, ne peuvent être pris pour des pas en arrière que par des esprits superficiels, des désirs aveugles et des positions faites. Royauté et aristocratie sont deux choses qui survivent; elles ne vivent pas : l'idée démocratique creuse, l'égalité croît, le Mineur est sous les trônes : quand la galerie souterraine sera finie, la fougasse chargée, l'étincelle mise à la poudre, les remparts voleront en l'air, et les peuples entreront par les brèches des murs écroulés. On ne se défend point de l'invasion des années avec des souvenirs : Sabinus vainement entassa les statues des ancêtres sur le seuil des portes du Capitole pour empêcher l'ennemi d'y pénétrer la torche à la main; les Aigles mêmes qui soutenaient les voûtes, s'embrasèrent et mirent le feu à l'édifice, leur nid paternel.

Au-dessus des fluctuations terrestres, il est une loi constante, irrésistible établie, de Dieu, solitaire comme lui; elle emporte nos révolutions bornées en accomplissant une Révolution immense, de même que le mouvement général de l'Univers domine les mouvements particuliers des sphères : les Sociétés meurent comme les Individus. Dorénavant indépendant de ces sociétés transitoires et variables, je ne reconnais plus que l'autorité mystérieusement souveraine, attachée par le Christ aux branches de la croix avec la liberté première. Mieux vaut relever du ciel que des hommes : la Religion est le seul pouvoir devant lequel on peut se courber sans s'avilir.

NOTE.

Aux pages 412 et 413 du premier volume, on lit : « Une chose est consolante pour nous : les » hommes qui nous avaient été d'abord les plus » adverses sont devenus nos amis; témoins : » MM. Béranger, Benjamin-Constant et Carrel. » En preuve de cette assertion nous donnerons, à

» la fin de cet ouvrage, des lettres de ces illustres
» contemporains, c'est un présent que nous fai-
» sons à leur patrie. »

Le voici, ce présent :

Des trois hommes qui m'ont écrit les lettres
suivantes, deux ne sont déjà plus. Au milieu de
mes regrets, je ne puis me défendre d'une certaine satisfaction d'honnête homme, quand je vois
mes principales opinions religieuses et politiques
approuvées par des esprits éminents et divers.

J'ai accompagné M. Carrel au lieu de son repos ;
je suis retourné depuis au cimetière de Saint-
Mandé, solitaire asile où nul autre homme que
moi n'était debout. Beaucoup de personnages qui
se croyaient puissants ont défilé devant moi ; je n'ai
pas daigné ôter mon chapeau à leurs cendres : une
casaque brochée d'or ne vaut pas le morceau de
flanelle que la balle a enfoncé dans le ventre de
Carrel.

M. de Béranger nous reste : puisqu'il est pouvu
d'un des grands offices de la Renommée, il appartient à tous ; ce qu'il écrit tombe dans le domaine
public ; il me pardonnera donc d'avoir fait connaître sa lettre, aussi spirituelle qu'admirable
(ma foi catholique mise à part) ; elle prouve que,
chez lui, le grand poëte n'ôte rien à l'homme de
raison et au grand écrivain.

NOTE.

M. BENJAMIN DE CONSTANT A M. DE CHATEAUBRIAND.

Paris, ce 51 mai 1824.

Monsieur le Vicomte,

Je remercie Votre Excellence de vouloir bien, quand elle le pourra, consacrer quelques instants à la lecture d'un livre, dont, j'ose l'espérer, malgré des différences d'opinion, quelques détails pourront lui plaire. Elle doit, ce me semble, en aimer une des idées dominantes; c'est que sans le sentiment religieux, aucune liberté n'est possible, et que ce sentiment seul peut tirer l'espèce humaine de l'état d'abaissement dans lequel tant de causes concourent à la plonger.

Vous avez le mérite d'avoir le premier parlé cette langue, lorsque toutes les idées élevées étaient frappées de défaveur, et si j'obtiens quelque attention du public, je le devrai aux émotions que le *Génie du Christianisme* a fait naître, et qui se sont prolongées parce que la puissance du talent imprime des traces ineffaçables. Quelle que soit la croyance positive, tous les hommes, dont l'âme a quelque valeur, doivent se réunir pour faire triompher les sentiments qui nous rappellent au ciel, sur ceux qui nous courbent vers la terre.

Votre Excellence trouvera dans mon livre un hommage bien sincère à la supériorité de son talent et au courage avec lequel elle est descendue dans lice, forte de ses propres forces, tandis que ceux-là qui s'y montrent aujourd'hui y arrivent avec l'autorité pour appui, et menacent souvent de prendre la persécution pour auxiliaire.

Si, à cet hommage, j'ai osé joindre de légères critiques, mon tribut d'éloges ne vous en paraîtra que plus impartial, lors même que mes critiques seraient mal fondées. Cependant, si le livre n'eût pas été imprimé depuis trois mois, cette impartialité me serait devenue impossible. Car je me ferai toujours une grande joie de professer, envers Votre Excellence, ma reconnaissance personnelle, dans deux occasions importantes, et d'en joindre l'expression à celle des sentiments que je lui ai voués.

BENJAMIN CONSTANT.

M. DE BÉRANGER A M. DE CHATEAUBRIAND.

Passy, 19 août 1832.

Monsieur,

Huit jours passés dans une campagne, à quelques lieues de Paris, m'ont privé du plaisir de recevoir votre lettre à sa date et d'y répondre sur-le-champ.

Quoi! vous partez sans me donner l'espoir de vous revoir bientôt! C'est accroître le regret que j'ai éprouvé, Monsieur, de ne vous avoir pas trouvé chez vous, lorsque les journaux m'ont appris que vous alliez faire une nouvelle absence. Je ne considérais ce voyage que comme un besoin de santé et de repos moral, après des jours d'ennuis et de tracasseries. Mais vous ne me parlez pas de retour, et je m'en afflige vivement. Faut-il que le sort nous ait fait naître dans des camps opposés! Sans cela, peut-être vous aurais-je été bon à quelque chose. Oui, j'aurais pu vous être utile. Ne cherchez pas dans ces paroles une prétention ridicule. Elles me sont inspirées par une vive et franche affection, déjà bien ancienne. J'ai en moi quelque chose qui vaut mieux qu'on ne saurait croire : c'est un intinct assez juste du caractère et des sentiments des autres, ce qui, en rendant ma raison fort tolérante, la met à leur service, et cela presque à leur insu.

Lié plus intimement, Monsieur, j'ose croire que j'aurais pu verser quelques consolations dans votre âme de grand poëte, et vous aider à voir dans l'avenir autre chose que ce que vous semblez y démêler. Cet avenir, vous y aurez une si belle place, qu'il y a ingratitude à vous à douter de sa grandeur. Oui, Monsieur, la société subit une transformation; oui, elle accomplit la grande pensée chrétienne de l'égalité. Cette pensée chrétienne, que vous avez remise en honneur parmi nous, en l'ornant de toutes les richesses du génie, s'empare du monde, élaborée comme elle l'est, depuis près d'un demi-siècle, par notre chère et belle France. Beaucoup d'hommes des anciens jours le nient, parce qu'elle s'est dépouillée d'une partie de ses voiles religieux. Mais elle est claire et distincte pour ceux qui, comme moi, n'ont jamais vu dans le christianisme qu'une grande forme sociale qui, à sa naissance, a eu besoin de la sanction divine. Mon Dieu est bien au-dessus de ces changements humains; mais il n'en est pas moins présent au grand drame où nous avons tous une part plus ou moins active, et c'est sa présence qui me donne de la résignation. Mon rôle de comparse ou de niais s'est agrandi. Vous, Monsieur, à qui ce Dieu a donné à remplir un rôle principal, n'y puisez-vous pas de la force pour le conduire jusqu'au bout? Vous avez conservé bien plus de jeunesse qu'on n'en a ordinairement à notre âge. Votre esprit est si plein de verdeur qu'il semble que vous n'ayez reçu ce privilége que pour nous éclairer dans les routes nouvelles où voilà le monde lancé. On chante toujours sur des tombeaux, grâce à ce temps maudit qui va fauchant sans fin et partout; mais on n'a pas souvent l'avantage de chanter auprès d'un berceau qui contienne des destinées futures aussi grandes, ni peut-être aussi prochaines. Toutefois, il y a longtemps que je me dis comme vous, que ceux qui naissent aux époques de transition sont bousculés, renversés, écrasés dans la lutte des générations qui s'entre-choquent. C'est sur nos cadavres que doivent passer les combattants qui nous suivent. Nous comblerons le fossé qu'il leur faudra franchir pour prendre d'assaut la place où tous nos efforts n'auront pu que faire brèche. Mais espérons qu'une fois *ville gagnée*, les vainqueurs viendront relever les morts pour leur faire un bel enterrement, enseignes déployées et à grand bruit de fanfares. Et qui sait enfin si Dieu lui-même ne distribue pas des croix d'honneur aux braves restés sur le champ de bataille. Ah! pour celles-là, Messieurs de la police n'en tâteront pas.

Peut-être me direz-vous, Monsieur : mais, dans un tel conflit, qui peut être sûr d'avoir été utile? Je vous répondrai que j'ai peine à croire qu'un homme de génie, même méconnu, n'ait pas toujours un peu la conscience de sa valeur. Avec bien plus de raison doit-il avoir cette certitude, celui que les nations ont placé si haut dans leur estime et dans leur admiration. Chaque homme de talent se fait son effigie, en marbre ou en bronze; seulement les plus timides se contentent d'un buste, les autres vont à la statue. Tout revenu que vous êtes des vanités de ce monde, la voix de vos contemporains vous aura forcé de faire la vôtre colossale. Eh bien! quand au milieu de la foule, dont la marche paraît souvent inexplicable et étourdissante, vous éprouvez des moments de dégoût et d'abattement, convenez-en, Monsieur, vous jetez un regard sur cette glorieuse figure, et, vous appuyant sur elle, vous laissez avec plus de résignation le temps et la multitude passer au milieu du bruit et de la poussière.

Quand je vous sais des motifs d'affliction, je me plais à vous voir ainsi, et, par un retour sur moi-même, je suis tout fier alors de penser que vous m'avez permis d'écrire, à la pointe du couteau, mon nom sur le piédestal de cette statue.

A propos de cela, savez-vous, Monsieur, que que j'ai une véritable crainte? Je vais, comme je vous l'ai dit, publier dans quelques mois mon dernier recueil de chansons. Vous pensez bien que celle dont votre nom a fait le succès y figurera. Mais j'ai peur que vous ne vous y trouviez en bien mauvaise compagnie. Le goût que j'ai pour la poésie populaire me souffle souvent d'étranges choses. Mon antipathie pour le solennel affecté, si opposé au génie de notre langue, fait toujours, dans mes chants, suivre les tons graves de quelques notes burlesquement accentuées. Quoique, habituellement, ces disparates ne soient pas sans but, je conçois que vous autres gens d'en haut y trouviez à redire. Que faire à cela? J'ai voulu essayer de transporter la poésie dans les carrefours, et j'ai été conduit à la chercher jusque dans le ruisseau : qui dit chansonnier, dit chiffonnier. Doit-on être surpris que ma pauvre muse n'ait pas toujours une tunique bien propre? Le moraliste des rues doit attraper plus d'une éclaboussure. Au reste, si vous me lisez, pensez un peu à Aristophane, mais n'y pensez pas trop.

C'est le cas de répéter ce que je disais plus haut, mais dans un autre sens : lié plus intimement avec vous, Monsieur, je me serais sans doute amendé, et de plus nobles inspirations me seraient venues auprès de votre muse héroïque et pieuse, et nous voilà encore une fois loin l'un de l'autre! Ah! pour Dieu, revenez dans votre patrie, vous ne pouvez vivre heureux loin d'elle. Goutte de sang français où allez-vous vous extravaser? Quoi, vous pourriez longtemps rester loin de Paris ; loin de ce cœur si chaud, dont les rapides pulsations donnent tant à penser et à sentir? Non, vous nous reviendrez bientôt, j'en ai l'espérance, pour vivre encore ici de littérature et de gloire, entouré de nombreux amis, car vous devez en avoir beaucoup qui, comme moi sans doute, se plaignent de votre nouvelle absence.

En attendant votre retour, Monsieur, et sans redouter des réponses aussi longues que celle-ci, ayez la bonté de me donner de vos nouvelles. Les journaux m'en apprendront sans doute; mais vous devez juger du prix que j'attache à vos lettres. Quand vous me donnez une marque de souvenir, il me semble que j'entends la postérité prononcer mon nom.

Recevez, Monsieur, la nouvelle assurance

de mon entier dévouement et de ma respectueuse amitié.

Votre très-humble serviteur,

BÉRANGER.

M. CARREL A M. LE VICOMTE DE CHATEAUBRIAND.

Puteaux, près Neuilly, le 4 octobre 1834.

Monsieur,

Votre lettre du 31 août ne m'est remise qu'à mon arrivée à Paris. J'irais vous en remercier d'abord si je n'étais forcé de consacrer à quelques préparatifs d'entrée en prison le peu de temps qui pourra m'être laissé par la police informée de mon retour. Oui, Monsieur, me voici condamné à six mois de prison par la magistrature pour un délit imaginaire et en vertu d'une législation également imaginaire, parce que le jury m'a sciemment renvoyé impuni sur l'accusation la plus fondée et après une défense qui, loin d'atténuer mon crime de vérité, avait aggravé ce crime en l'érigeant en droit acquis pour toute la presse de l'opposition. Je suis heureux que les difficultés d'une thèse, si hardie par le temps qui court, vous aient paru à peu près surmontées par la défense que vous avez lue et dans laquelle il m'a été si avantageux de pouvoir invoquer l'autorité du livre dans lequel vous instruisiez, il y a dix-huit ans, votre propre parti des principes de la responsabilité constitutionnelle.

Je me demande souvent avec tristesse à quoi auront servi des écrits tels que les vôtres, Monsieur, tels que ceux des hommes les plus éminents de l'opinion à laquelle j'appartiens moi-même, si, de cet accord des plus hautes intelligences du pays dans la constante défense du droit de discussion, il n'était pas résulté enfin, pour la masse des esprits en France, un parti désormais pris de vouloir sous tous les régimes, d'exiger de tous les systèmes victorieux quels qu'ils soient, la liberté de penser, de parler, d'écrire comme condition première de toute autorité légitimement exercée. N'est-il pas vrai, Monsieur, que lorsque vous demandiez sous le dernier gouvernement la plus entière liberté de discussion, ce n'était pas pour le service momentané que vos amis politiques en pouvaient tirer dans l'opposition contre des adversaires devenus maîtres du pouvoir? Quelques-uns se servaient ainsi de la presse, qui l'ont bien prouvé depuis; mais vous, vous demandiez la liberté de discussion, comme le bien commun, l'arme et la protection générale de toutes les idées vieilles ou jeunes; c'est là ce qui vous a mérité, Monsieur, la reconnaissance et les respects des opinions auxquelles la révolution de juillet a ouvert une lice nouvelle. C'est pour cela que notre œuvre se rattache à la vôtre, et lorsque nous citons vos écrits, c'est moins comme admirateurs du talent incomparable qui les a produits, que comme aspirant à continuer de loin la même tâche, jeunes soldats d'une cause dont vous êtes le vétéran le plus glorieux.

Ce que vous avez voulu depuis trente ans, Monsieur, ce que je voudrais, s'il m'est permis de me nommer après vous, c'est d'assurer aux intérêts qui se partagent notre belle France une loi de combat plus humaine, plus civilisée, plus fraternelle, plus concluante que la guerre civile, et il n'y a que la discussion qui puisse détrôner la guerre civile. Quand donc réussirons-nous à mettre en présence les idées, à la place des partis, et les intérêts légitimes et avouables à la place des déguisements de l'égoïsme et de la cupidité? Quand verrons-nous s'opérer par la persuasion et par la parole ces inévitables transactions que le duel des partis et l'effusion du sang amènent aussi par épuisement, mais trop tard pour les morts des deux camps, et trop souvent pour les blessés et les survivants? Comme vous le dites douloureusement, Monsieur, il semble que bien des enseignements aient été perdus, et qu'on ne sache plus en France ce qu'il en coûte de se réfugier sous un despotisme qui promet silence et repos. Il n'en faut pas moins continuer de parler, d'écrire, d'imprimer; il sort quelquefois des ressources bien imprévues de la constance. Aussi de tant de beaux exemples que vous avez donnés, Monsieur, celui que j'ai le plus constamment sous les yeux est compris dans un mot : Persévérer.

Agréez, Monsieur, les sentiments d'inaltérable affection avec lesquels je suis heureux de me dire.

Votre plus dévoué serviteur.

A. CARREL.

FIN.

TABLE DES MATIÈRES

DU TOME SECOND.

GUERRE D'ESPAGNE. — I. Correspondance. 1
NÉGOCIATIONS. COLONIES ESPAGNOLES. 179
II. Expédition militaire. 184

III. Joie. — Diverses aptitudes des hommes. — Comment nous sommes reçus à la cour. 187

IV. Lettre de Louis XVIII à Ferdinand. — Explications sur cette Lettre. 192

V. Ordres des souverains. — Lettre de Henri IV. 199

VI. Ma chute. — Les cordons. 216

VII. Je veux rendre le portefeuille à M. le duc de Montmorency, et mes raisons à demeurer. — Pourquoi. 221

VIII. Frais de la guerre. — Ce qu'ont coûté à Louis XIV et aux Anglais leurs expéditions successives dans la Péninsule. — Le problème de l'ordre social ne se résout point par des chiffres. 224

IX. Ferdinand. — Le règne des *Camarillas* succède à celui des Cortès. — Colonies espagnoles. — La forme monarchique plus convenable à ces colonies que la forme républicaine. — J'en expose les raisons. 250

X. Suite des objections. — L'expédition d'Espagne n'a point précipité les colonies espagnoles dans les bras de l'Angleterre. — Preuves par les dates et les faits. — M. Canning. — Son discours. 255

XI. Difficultés existantes, *à priori*, pour reconnaître l'indépendance des colonies espagnoles. — Erreurs où tombent les esprits qui ne sont pas initiés aux secrets des négociations. 244

XII. Opposition des puissances continentales. — Opposition de l'Angleterre. — Instructions secrètes données aux consuls anglais. — Notre projet d'occuper Cadix pour forcer l'Angleterre à un arrangement général. — L'Angleterre a agi trop vite. 248

XIII. Opposition de l'Espagne. — Nous obtenons deux décrets fameux : l'un pour une demande en médiation, l'autre pour la liberté du commerce au Nouveau-Monde. — Où devaient conduire ces décrets. 253

XIV. Suite de l'opposition d'Espagne. — Nous conseillons des emprunts espagnols pour compenser les emprunts des colonies en Angleterre. — A quelles sommes montaient ces derniers emprunts. 256

XV. Opposition des colonies espagnoles. — Notre plan généralement adopté, même par l'Angleterre. — Congrès pour une médiation à tenir dans une ville neutre d'Allemagne. — Quelle a été notre politique. 260

XVI. Quelques affaires d'un ordre secondaire. — Amnistie. — Traité d'occupation. — M. de Caraman. — Le maréchal de Bellune. — M. de Polignac. — M. le baron de Damas. — Mort de Pie VII. — Conclave. — M. l'abbé, duc de Rohan. — M. de La Fare, archevêque de Sens. — M. le Cardinal de Clermont-Tonnerre. 265

XVII. SUITE DE LA CORRESPONDANCE DIPLOMATIQUE. 270

XVIII. Quelques mots sur cette correspondance. 372

XIX. Septennalité. — Bruits divers. — Mon caractère. 375

DES MATIÈRES.

XX. Conversion de la rente. — Mon opinion et ma résolution. — Inhabileté. — Hommes des pouvoirs.—M. de Corbière. 579

XXI. La conversion de la rente rejetée à la Chambre des Pairs. — M. le comte Roy, M. le duc de Crillon, M. l'archevêque de Paris. — Je vote en faveur de la loi. — La septennalité à la Chambre élective; M. de Corbière ne me laisse pas parler. 584

XXII. Pentecôte. — Je suis chassé. 589

XXIII. L'opposition me suit. 595

XXIV. Derniers billets diplomatiques. 598

XXV. Examen d'un reproche. 406

XXVI. Madame la Dauphine. 419

XXVII. Dernier coup d'œil sur la guerre d'Espagne. — La Restauration. — Charles X. — Henri et Louise. — Résumé. 424

XXVIII. Appel des personnages de Véronne et de la guerre d'Espagne. 444

XXIX. Fin. 448

Note. 455

ERRATUM.

Tome Ier, page 209, ligne 7; au lieu de ces mots : *elle, qui n'avait pas été mère*, lisez : *elle, qui n'était plus mère*.

Société pour l'Acquisition

DES

Mémoires et OEuvres inédites

DE M. DE CHATEAUBRIAND.

MM. H. Delloye, } gérants.
A. Sala,
Berryer fils, conseil de la Société.
Cahouet, notaire de la Société.

Membres du Conseil de Surveillance.

MM. le vicomte de Saint-Priest, duc d'Almazan.
le vicomte Arthur Beugnot.
Péraut.

LISTE DE MM. LES ACTIONNAIRES.

MM. Accary, à La Rochelle.
G. Andral, à Cambrai.
le vicomte d'Alès, à Paris.
Mademoiselle Ardin, à Paris.

LISTE

MM. le vicomte P. d'ARMAILLÉ, à Paris.
    AUBIN, libraire à Aix.
    AYDÉ, à Paris.
    BACOT DE ROMAND, à Tours.
Madame la baronne de la BARBÉE, à Montargis.
MM. BARAU, principal du collége, à Chaumont.
    BARON, à Gaillac.
    de BOSREDON, à Paris.
    BATAILLE, curé, à Équetot (Eure).
    BOBIN, à Louviers.
    BERMOND DE VACHÉRES, à Roquemaure.
    de BERMONVILLE, à Paris.
    BERRYER, député, à Paris.
    BERTIN, capitaine d'artillerie, à Besançon.
    le comte de BESENVAL, à Paris.
    BÉTHUNE, imprimeur, à Paris.
    le vicomte ARTHUR BEUGNOT, à Paris.
    le vicomte de BEURET, à Paris.
    BILLARD, curé à Saint-Aubin d'Écroville (Eure).
    AMBROISE BONNET, à Paris.
    A. BONNET, à Cambrai.
    BONAVIE, à Périgueux.
    BOUCHEZ, professeur à Cambrai.
    de BOUCHAUD, à Vienne (Isère).
    BOUARD, à Paris.
    le comte de BRANCAS, à Paris.
    L. de BRAY, à Paris.
Madame de BRÉOLLES, à Paris.
M. BRETON, à Paris.
Madame la marquise de BRIDIEU, à Paris.

DE MM. LES ACTIONNAIRES. 471

MM. de Brigaud de Montpezat, à Mezy (Seine-et-Oise).

Ph. de la Brunière, à Paris.

le comte de Buissy, officier-supérieur en retraite.

Campigny, curé de Quillebeuf.

Cardin, ancien magistrat, à Poitiers.

de Caradeuc, à Paris.

Carlier, à Servon (Seine-et-Marne).

Charles, à Paris.

le vicomte L. de Charencey, à Paris.

le baron Chasseloup de la Motte, à Paris.

le comte L. de Chazelles, à Paris.

Chevalier, à Paris.

de Cheverry, à Paris.

le comte R. de Choiseuil, à Paris.

Colles, à Rouen,

Collet aîné, à Saint-Georges-sur-Cailly (Seine-Inférieure).

de Collières, à Mortagne.

Corcellet, à Paris.

Coulon, à Paris.

de Courtigis, chef de bataillon d'état-major, à Paris.

Le marquis de Courtivron, à Bussy (Côte-d'Or).

Coupel du Lude, à Loigny (Mayenne).

Crespin fils, à Cambrai.

Curtet, lieutenant-colonel en retraite, à Paris.

Dayrenx, à Auch (Gers).

LISTE

MM. A. DAUBRÉE, à Paris.
 DAVID, à Paris.
 F. DELCROIX, à Cambrai.
 DEHERAIN, à Paris.
 H. DELLOYE, à Paris.
 CHARLES DELLOYE, à Cambrai.
 le comte DESSOFFY DE CSERNEK, à Stenay.
 DESTOMBES VESMÉE, à Turcoing (Nord).
 L. DOUAI, substitut, à Arras.
 le marquis de DREUX BREZÉ, à Paris.
 DROUYN, à Paris.
 DUCHESNE, à Paris.
 DUBIÉ (Jean-Marie), à Douai.
 DUJARIER, à Paris.
Mademoiselle DUMAINE, à Paris.
MM. DUQUESNE, à Paris.
 le duc d'ESCARS, à Paris.
 ESMANGART DE BOURNONVILLE, à Paris.
 le colonel des ÉTANGS, à Paris.
 FLINIAUX, maître de pension, à Cambray.
 FOUCHET, à Paris.
 FOUQUIER LONG, à Paris.
 le vicomte A. de FORESTIER, à Paris.
 le vicomte E. de FORESTIER, à Livry (Seine-et-Oise).
 FORTIN, curé, à Canapeville (Eure).
 FORTUNET, à Avignon.
 THÉOPHILE DE FREMERY, à Cambrai.
 de FREMICOURT, à Paris.
 le marquis de FREMEUR, à Paris.

MM. Froger, à Paris.
    Furne, libraire, à Paris.
    Garnier, à Paris.
    Genneau, à Paris.
    Ghisdal, à Paris.
    de Gigord, à Luchat (Charente-Inférieure).
    Titaire de Glatigny, à Paris.
    de la Gorgette, lieutenant-colonel, à Paris.
    le comte de Gourgues, à Bordeaux.
    Gremion, avocat à Paris.
    Gruner, à Paris.
    Guibert, curé de Villiers-le-Maréchal (Aube).
Mademoiselle de Hainault, à Clécy (Calvados).
Madame veuve Hapard, à Paris.
MM. Auguste Hattu, professeur à Douai.
    Adolphe Hattu, libraire à Cambrai.
    Hattu père, à Douai.
Madame la baronne d'Haussez, à Paris.
MM. Hecquart, à Paris.
    Honein, à Chartres.
    Houdaille, libraire, à Paris.
    Huysman d'Honnesem, à Bruxelles.
    le baron Hyde de Neuville, à Paris.
    Jauge, banquier à Paris.
    Jouault Lemoigne, à Troies.
    A. de Julvecourt.
    Labesse, à Paris.
    Labiche, à Paris.
    le colonel de Lacombe, à Tours.
    Charles Lacombe, à Douai.

M. L'Écuyer de Villers, à Paris.

Madame la comtesse de Lagranville.

MM. A. Lallier, banquier, à Cambrai.

    Lambert, à La Rochelle.

    le comte de Lamyre-Mory, à Bordeaux.

    le marquis Henry de La Rochejacquelein, à Paris.

    le comte Achille de La Rozière, à Château-Renault.

Madame Rosine de La Lauzière, à Signes.

MM. E. Lecaron, à Rouen.

    Leblond, directeur de la Banque de Bordeaux.

Mademoiselle Leblond, à Paris.

MM. Lecointe, libraire à Laon.

    le colonel Lelieurre de l'Aubepin, à Paris.

    Lemarchand, imprimeur en taille-douce, à Paris.

    Leroi, à Ailly (Somme).

    le duc de Levis, à Paris.

    de Longperier, à Paris.

    de Lorgeril, à Dinan.

    Mandaroux-Vertamy, à Paris.

    H. de Mauduit, à Paris.

    Manet, curé doyen de Brantôme.

    Marsac, à Paris.

    A. Mastrik, substitut, à Cambrai.

    de Melqué Lecomte, à Borny (Moselle).

    E. Mennechet, à Paris.

    Michel, curé, doyen de Saint-Walfran d'Abbeville.

    le comte de Montlivault.

MM. le comte Henri de Montlivault.
  le général Montlivault.
  Moloré de Freneaux, à Seez.
  de Fresse-Monval, à Aix (Bouches-du-Rhône).
  le marquis de Moyria Chatillon, à Châlons-sur-Saône.
  le colonel O'Neill, à Paris.
  le baron de Paraza, à Paris.
  Peraut, à Paris.
  Ch. Phelippeaux, à Paris.
  Piers, bibliothécaire, à Saint-Omer.
  Plon, imprimeur à Paris.
  Praille, à Paris.
  Preaux, à Paris.
  de Portets, à Paris.
  Proth, capitaine du train d'artillerie, à Rennes.
  de Puitesson, à Saint-Fulgent (Vendée).
Madame de Puitesson, à Saint-Fulgent (Vendée).
MM. Quarré, à Boissy-Saint-Léger (Seine-et-Oise).
  Ramond Delabastiole, à Paris.
  Ravinet, à Paris.
  Renault, à Paris.
  le lieutenant-colonel Renault, à Paris.
Madame la marquise de Rilly, à Paris.
MM. le baron Rouillard de Beauval, à Chartres.
  de Saint-Aignan, à Moulins-Lamarche.
  le comte de Saint-Clou, à Paris.
  le marquis de Sainte-Fère, à Paris.
  E. Sala, à Paris.
  Ad. Sala, à Paris.

MM. le vicomte de Saint-Priest, duc d'Almazan, à Paris.
  l'abbé Stéphani, à Paris.
  le baron Michel de Saint-Albin, à Paris.
  Saulse, officier-supérieur en retraite, à Paris.
  Surivet, à Paris.
  Soudan, à Paris.
  Simier, relieur, à Paris.
  Tastu, à Paris.
  de Taveau, à Montmorillon.
Mademoiselle Virginie Tattiaux, à Douai.
MM. l'abbé Teillac, à Paris.
  Thomas, à Paris.
Madame veuve Thomas, à Cambrai.
M. Josse-Jean-Louis Top, juge à Arras.
Madame la comtesse de Toustain, à Nanci.
M. Valère Martin, à Cavaillon (Vaucluse).

www.ingramcontent.com/pod-product-compliance
Lightning Source LLC
Chambersburg PA
CBHW050242230426
43664CB00012B/1790